【新訂版】
教育課程編成論

奈須正裕　坂野慎二　編著
Nasu Masahiro　Sakano Shinji

玉川大学出版部

はじめに

　第二次世界大戦以降，日本の学校における教育課程の基本的な枠組みとなっているのは学習指導要領です。学習指導要領は1947（昭和22）年に公表されてから，ほぼ10年ごとに改訂されてきました。そして2017（平成29）年3月，幼稚園及び小中学校の新しい学習指導要領等が，その翌年には高等学校の学習指導要領が改訂，公示されました。

　学習指導要領の改訂は，学校教育に大きな影響を及ぼします。1947（昭和22）年や1951（昭和26）年の学習指導要領では，「教師の手引き」として，参考に資する文書としての位置づけでしたが，1958（昭和33）年には「法的拘束力」を持つ最低基準として位置づけられました。その後，1968（昭和43）年，1977（昭和52）年，1989（平成元）年，1998（平成10）年の改訂では，法的拘束力を持つ「標準」として位置づけられ，学校が遵守すべき内容とされてきました。

　1998年版学習指導要領は，1977年版で行われた教育内容の「精選」から更に進んで，内容の「厳選」が行われ，合わせて授業時数も削減されることとなりました。一般に「ゆとり教育」と位置づけられています。その後，学力低下を危惧する報道が増加し，2003（平成15）年には学習指導要領の一部が改訂され，学習指導要領は再び「最低基準」として位置づけられ，発展的な学習が推奨されるようになりました。

　2006（平成18）年の教育基本法の改正と，翌2007（平成19）年の学校教育法等の改正により，学校教育の目的と目標は時代の変化への対応を目指したものとなりました。とりわけ，学校教育法第30条第2項において，学校教育の目標として，「基礎的な知識及び技能を習得」し，それらを「活用して課題を解決するために必要な思考力，判断力，表現力」などの能力をはぐくみ，「主体的に学習に取り組む態度を養うこと」が目標として明記されました。

　こうした法令改正は，学校教育で何を教えるのかという事前の資源投入（インプット）を重視する考え方から，「何ができるようになるのか」という

成果・結果（アウトカム，アウトプット）を重視する方向への転換を示唆するものでした。2008（平成20）年版学習指導要領の改訂は，こうした意図の下で実施されました。

　学校教育の成果・結果は，学習の評価によって明らかになります。児童生徒等一人ひとりの学校における指導の成果・結果は，指導要録として記録されます。指導要録は児童生徒等の学校教育の状況を，学籍に関する記録と指導に関する記録として保存する公的文書です。指導要録の各教科の学習の記録は，観点別学習状況と評定によって評価する形式になっています。この評価の観点は，上述の学校教育法の学校教育の目標に沿った形で評価されるようになってきました。

　2016（平成28）年の中教審答申「幼稚園，小学校，中学校，高等学校及び特別支援学校の学習指導要領等の改善及び必要な方策等について」は，学校教育の今後の方向性を示唆しています。そこでは，①学校教育で何ができるようになるか（目指す資質・能力「3つの柱」），②何を学ぶか（教育課程），③どのように学ぶか（「主体的・対話的で深い学び」），④子供一人一人の発達をどのように支援するか（子供の発達を踏まえた指導），⑤何が身に付いたか（学習評価），⑥実施するために何が必要か（実施の方策）といった内容が並んでいます。この答申で特徴的なことは，教育の目的・目標，教育内容，教育方法，教育評価等が一体的なものとして位置づけられ，従来は強調されてこなかった教育方法まで踏み込んでいることでしょう。2017（平成29）年版学習指導要領は，こうした考え方の下で作成，公示されました。

　国は法令及び学習指導要領等で学校の教育課程の枠組みを提示していますが，実際に学校の教育課程を編成するのは，校長を中心とした学校です。学校は，それぞれの地域や児童生徒等の実状に応じて，教育課程を計画し，教育活動を実施し，その評価を行い，改善していく必要があります（カリキュラム・マネジメント）。

　学校教育は，児童生徒等と教職員，そして保護者や地域住民等が中心となって実施していくものです。そのための諸条件を整備するのが学校設置者（公立ならば市町村や都道府県等）や国の役割といえます。それぞれがどのような役割を引き受け，どのようにして学校教育のより良い成果・結果を挙げ

ていくのかが問われています。

　本書は，学校教育関係者が実際に教育課程をどのように編成し，教育活動を実施していくための基盤を理解し，学校教育の在り方を考え，より良い教育へのヒントとなることを目指して作成されました。大学で教職を目指している学生やその指導に当たる大学教職員，すでに学校で指導に当たっている教員，学校教育に関わる多くの方々が，本書を手に取り，学校の教育課程について考えていただければ幸いです。

　　　　　　　　　　　　　　　2018（平成30）年師走に

　　　　　　　　　　　　　　　　　　　　　　　　　　　　編著者

目　次

はじめに　iii

第1章　教育課程とは何か　3

第1節　教育内容の計画　3
第2節　カリキュラムの2つの水準　6
第3節　教育内容の選択を支える論理　11
第4節　経験としてのカリキュラム　15

第2章　教育課程編成の基本原理　21

第1節　文化遺産の継承・発展　21
第2節　社会現実への対応　25
第3節　子どもの求めの実現　29
第4節　3つの編成原理から見た学習指導要領の現状　35

第3章　資質・能力の育成と教育課程　38

第1節　すべての子どもを優れた問題解決者にまで育て上げる　38
第2節　資質・能力の育成と2017年版学習指導要領の学力論　43
第3節　「見方・考え方」の角度から各教科等と教育課程を眺め直す　47

第4章　就学前教育と幼稚園教育要領等　55

　第1節　就学前教育の概要　55
　第2節　幼稚園教育要領等の改訂（定）を通して重視すること　63
　第3節　教育課程及び全体的な計画の編成の考え方　68

第5章　小学校と学習指導要領　77

　第1節　小学校教育課程編成の法的枠組み　77
　第2節　小学校学習指導要領(平成29年3月告示)の構成とポイント　84
　第3節　小学校教育課程の運用　90

第6章　中学校と学習指導要領　96

　第1節　中学校の教育課程と今次改訂の経緯　96
　第2節　2017年版学習指導要領の特色　99
　第3節　主体的・対話的で深い学びとカリキュラム・マネジメント　104

第7章　高等学校と学習指導要領　113

　第1節　高等学校の教育課程と学習指導要領改訂の経緯　113
　第2節　2018（平成30）年版高等学校学習指導要領の特色　117
　第3節　主体的・対話的で深い学びとカリキュラム・マネジメント　126

第8章　特別支援教育と学習指導要領　131

　第1節　特別支援教育について　131
　第2節　小学校学習指導要領等における特別支援教育について　135
　第3節　特別支援学校学習指導要領について　136
　第4節　教育課程編成と個別の指導計画　146

第9章　単元計画と授業づくり　150

　第1節　授業の構成要素としての活動と内容　150
　第2節　単元計画　153
　第3節　教材単元の計画と教科書との付き合い方　157
　第4節　経験単元における単元計画の実際　161

第10章　年間指導計画とカリキュラム・マネジメント　167

第1節　年間指導計画　167
第2節　カリキュラム・マネジメントとは何か　170
第3節　カリキュラム・デザインの側面　174
第4節　PDCAサイクルの側面　177
第5節　内外リソースの活用の側面　181

第11章　学習指導要領の変遷　185

第1節　明治時代から昭和前半の教育課程　185
第2節　学習指導要領の変遷　189
第3節　新しい能力観への転換
　　　　——2008年・2017年の学習指導要領　198

第12章　社会における学校の役割とカリキュラム　206

第1節　近代学校の成立と学校教育の機会均等　206
第2節　学校教育の目的・目標と学校カリキュラム　212
第3節　学校教育の内容とその評価　216

索引　225

教育課程編成論

新訂版

第1章　教育課程とは何か

　教育課程とは，各学校において編成する全学年のすべての各教科等にわたる1年間の教育内容の計画であり，典型的には年間指導計画という形で表される。本章では，教育課程とは何かという問いを巡って，その基準としての学習指導要領や，実施に際し大きな影響を与える教科書等，周辺に位置する様々なものとの関係を構造的に把握することを目指す。
　教育課程は子どものよりよい成長を目指して編成されるべきであるが，教育内容の選択や，結果的に個々の子どもが経験するもの，伝達されてしまう意味内容には，子どもの成長に望ましいのか疑問を感じるものが紛れ込むことも少なくない。どのようなことが，どのようなメカニズムで生じるのかを知ることにより，教育課程編成において留意すべき点を理解する。

第1節　教育内容の計画

1　行政用語としての教育課程，学術用語としてのカリキュラム

　よくもわるくも，学校は子どもたちの学習を意図的，計画的，組織的に促し支援すべく制度化されている。そこには，何をどのような領域区分で，どのような順序・時期に教えるか，すなわち教育内容に関する計画（プラン，プログラム）がある。これを教育課程と呼ぶ。
　社会教育にもプログラムはあるが，特定の子どもが長期にわたって安定的に参加する保障はない。家庭教育は学校以上の長期にわたるが，明確なプログラムの下に実施されることはまれである。教育課程に基づく意図的，計画的，組織的な教育の実施は，学校教育ならではの大きな特徴である。
　とは言え，計画はあくまでも計画であり，万事が当初の意図通りに展開さ

れ、また実現されるとは限らない。中学の卒業証書を手にした生徒の果たして何割が、教育課程に盛られた教育内容を満足できる水準で身に付けたかと問えば、残念ながら、実に心許ない返事が返ってきそうである。

もっとも、だからこそ子どもたちがより着実に、より深く、またより楽しく学べるよう、学校も教師も日々心を砕いている。そして、その日々の懸命な努力が目指すべき方向性なり到達点について、校内で議論し共有した結果を、子どもたちや保護者、さらに地域をも含めた社会全体に向けて公表し、理解と協力を求めているものが教育課程なのである。

したがって、よりよい教育課程を編成するには、編成主体である学校の意図や計画を超えて生じてしまう様々な現象や、立場の違い等から発生する複雑な利害関係までをも視野に入れる必要がある。

また、教育課程は各学校で好き勝手に編成してよいわけではない。私立学校も含め、公教育である以上、実施される教育の質や公共性を担保すべく、様々な制度的な枠組みや仕組みが存在している。

これらまで含めて考え議論するには、教育課程よりも、さらに指し示す範囲の広い言葉があると便利である。このような事情等から、我が国では教育課程という訳語とともに、その原語であるカリキュラムという言葉を並行して用いることで、より豊かで精緻な理解の実現が図られてきた。

カリキュラムに比べ、教育課程は、より限定された意味合いで用いられる。裏返せば、だからこそ我が国の教育制度、政策、行政では、基本的に教育課程が用いられてきた。一方、教育学等の学術研究では、より幅広い意味合いを持つカリキュラムという言葉が好んで用いられる傾向にある。

以下では、よりよい教育課程編成のために、関連する広範な事柄を取り扱うとの趣旨から、主にカリキュラムという言葉を用いて議論を進める。そこにおいてカリキュラムという言葉を必要とした理由の1つ1つが、そのまま教育課程編成において留意すべき重要な事項であると理解されたい。

2 教育内容の選択と配列

教育内容の計画としてのカリキュラムを巡る最大の問題は、当然のことながら何を教えるか、つまり教育内容（コンテンツ：content）の選択である。

加えて，カリキュラムが教育内容の計画であるとは，それが単なる教育内容の羅列的リストにとどまらないことを意味している。

　カリキュラムは一定の内容的な区分をもって構成され，ある順次的な流れの中で展開されていく。日本では「掛け算」という内容は算数科という教科の，さらにその中の「数と計算」という領域区分に位置付けられており，「足し算」や「引き算」よりも後，「割り算」よりも前の順序で，また小学校2年生という時期から指導を開始するといった具合である。

　この内容的な区分の領域をスコープと呼び，順次的な流れの系列をシーケンスと呼ぶ。スコープとシーケンスはカリキュラムの横糸と縦糸であり，単元や授業はその結接点で生み出される。どのようなスコープを設定し，どのようなシーケンスで展開するかは，教育内容の選択と並ぶ，カリキュラム編成における最重要の問題である。

　カリキュラムは学校における教育計画の中核をなすが，教育内容だけで教育活動は実施できない。当然，どのように教えるか（教育方法）の計画が必要である。また，教育内容の選択の背後には，教育に関する一貫した価値判断の体系（教育目標）が存在する。教育目標を具体化したものが教育内容であり，さらに個々の実践場面に現実化すれば教育方法と結びつく。

　加えて，教育は責任ある営みであり，やりっぱなしではいけない。カリキュラムが子どもたちにどのような成果をもたらしたのか，あるいはもたらさなかったのか，子どもに対する学習評価が不可欠である。さらに，成果が不十分であった場合には，どのような追加的指導が求められ，今後に向けてカリキュラム自体もどのように改善すべきかの検討，すなわちカリキュラム評価や，それに基づくカリキュラム・マネジメントが行われる必要がある。

　このように，教育内容は教育目標や教育方法，教育評価と照応関係にある。近代的なカリキュラム編成論を確立したタイラー（Tyler, R. W.）が，カリキュラム編成は，目標，内容の組織，教授と学習の方法，評価の4要素をもつと定式化したのは，このことを指している[1]。

　その一方で，教育内容を教育目標や教育方法と区別することにも意味がある。教育内容は教育課程における唯一の客観的実在として強力な具体性，明示性，安定性をもつ。教育目標は単なるお題目になりかねない危うさを伴う

し，教育方法は個々の実践場面がもつ特殊事情によって大きくその姿を変えざるを得ない。教育内容の計画としてのカリキュラムは，実施しようとする，あるいはすでに実施された教育活動の質を明瞭に表現し，他者に伝達するのに役立つと共に，教育活動の適否を吟味するためのよりどころとなる。

現に人々が「日本の教育」や「イギリスの教育」を話題にする時，多くはカリキュラムについて語っている。国や地域の教育政策がカリキュラムを基軸に策定され議論されるのも，教育内容が客観的実在として十分な具体性，明示性，安定性をもつからである。

第2節　カリキュラムの2つの水準

カリキュラムには，目標・内容水準と活動・教材水準という2つの水準が存在する。日本ではカリキュラムというと，文部科学大臣が告示する学習指導要領（幼稚園については教育要領）と，各学校が作成する年間指導計画が思い浮かぶが，前者が目標・内容水準のカリキュラム，後者が活動・教材水準のカリキュラムの典型である。

1　学習指導要領

学習指導要領は，ナショナル・カリキュラム・スタンダード（国家が定める教育課程の基準）である。日本では，憲法および教育基本法において教育の基本的性格が，学校教育法において学校段階ごとの目的，目標が定められ，学校教育法施行規則においてどのような教科や領域を設けるか，およびその授業時数標準が示されている。しかし，これらの法令はその具体的内容にまで立ち入ってはいない。そこで，学習指導要領が文部科学大臣によって官報に告示（後に冊子等の形で提供）されることになる。

もちろん，文部科学大臣が告示するといっても，大臣が小学校算数の指導内容を直接考えるわけではない。大臣は学習指導要領をどのように改訂すべきかについて，有識者の集まりである中央教育審議会に諮問を行う。諮問を受けた中央教育審議会は，この領域を主に担う初等中等教育分科会教育課程部会を中心に，さらにその中に設置された数多くの部会，ワーキンググルー

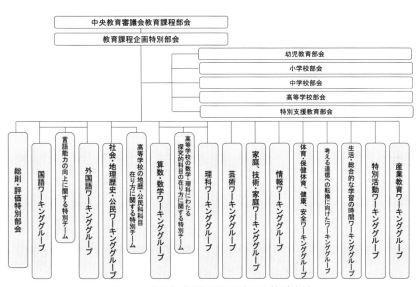

図 1-1　学習指導要領改訂に向けた検討体制

プで広範かつ専門的な議論を展開する（図 1-1）。

　2017 年 3 月 31 日から順次告示された学習指導要領を例に取れば，大臣からの諮問は 2014 年 11 月 20 日，中央教育審議会から大臣への答申，つまり諮問に対する返答しての意見具申は 2016 年 12 月 21 日，その間の議論の参加者は延べ 470 名，会議時間は 440 時間を超えている。なお，基本的に会議はすべて公開であり，手続きさえ取れば大学生も含め，誰でも傍聴できる。

　答申を受けた大臣は，その趣旨を尊重し，答申に基づいて学習指導要領を告示する。時間的に見ても，答申から告示まではわずか数カ月であり，しかもパブリックコメントの期間も含まれているから，この間に大きな変更を行うことはほぼ不可能である。このように，学習指導要領は明確なルールの下，多くの人の目と手を経て，また膨大な時間をかけて作成される。

　学習指導要領の中核をなすのは「場面の移り変わりや情景を，叙述を基に想像しながら読むこと」（国語科），「昆虫の育ち方には一定の順序があり，成虫の体は頭，胸及び腹からできていること」（理科）などの内容（指導事項）であって，「ごんぎつね」や「モンシロチョウを育てよう」といった教

第1学年	「うみ」「かたつむり」「日のまる」「ひらいたひらいた」
第2学年	「かくれんぼ」「春がきた」「虫のこえ」「夕やけこやけ」
第3学年	「うさぎ」「茶つみ」「春の小川」「ふじ山」
第4学年	「さくらさくら」「とんび」「まきばの朝」「もみじ」
第5学年	「こいのぼり」「子もり歌」「スキーの歌」「冬げしき」
第6学年	「越天楽今様」「おぼろ月夜」「ふるさと」「われは海の子」

図1-2　小学校音楽科の共通教材

材や活動に関する記述は基本的にはない。学年別漢字配当表のようなきわめて具体的な指示もあるが，多くはその学年でとりあげるべき内容の大枠を述べるにとどまっており，音楽科の共通教材（図1-2）の提示などを例外とすれば，どのような教材を用い，どのような単元構成でその内容を扱うかも，おおむね現場にまかされている。また，学年内での指導順序や指導時期も，特に指示のある場合を除き，各学校において工夫するものとされている。

2　学校カリキュラム

　したがって，さらに学校ごとに地域や学校，子どもたちの実態を考慮し，活動・教材水準のカリキュラムを編成する必要がある。これが学校カリキュラム（教育課程）であり，具体的には年間指導計画という形で作成される。学校教育法施行規則にもあるように，学習指導要領は「教育課程の基準」であって，教育課程という言葉は我が国では主に学校カリキュラムを指す。

　学校カリキュラムの編成に際しては，学習指導要領の各教科等において「指導計画の作成と内容の取扱い」等として特に配慮が求められている事項を遵守し，その学年（複数学年の場合もある）に配当されたすべての内容を適切に実現できるならば，どの内容をいつ，何時間かけて，どのような教材や活動を用い，どのような教育方法や学習形態で指導するかの一切は学校の自由裁量である。さらに，各学校において特に必要がある場合には，学習指導要領に示されていない内容を加えて指導することができる（学習指導要領第1章総則第2の3の（1）のイ）。また，他の各教科等と異なり，総合的な学習の時間（高校は，総合的な探究の時間）については，目標や内容それ自体から各学校において独自に定めることになっている。

現場にこれほどの裁量があることを意外に感じるかもしれないが，多くは学習指導要領と教科書（正式名称は教科用図書）を混同している。現場に課せられているのは教科書を教えることではなく，学習指導要領に示された内容を実現することである。教科書は学習指導要領に示された各教科の内容を指導するための「主たる教材」であって，教科内容そのものではない。

　民間の教科書会社等が作成し，文部科学省により学習指導要領に準拠しているかどうかの検定を受け，合格となったものが教科書である。その意味で一定の質を担保していることは確実だが，地域や学校，目の前の子どもの事実に照らしたとき，常に最善の教材である保証はないのであって，各学校でのさらなる吟味，検討が望まれる。小中学校には広域採択という採択手続き上の制限がある（高校は学校ごとの採択）ものの，教科書自体は実に多種多様なものが出版されている。他の出版社の教科書を手にしてみるだけでも，様々なアイデアが得られるはずである（第9章第3節参照）。

　学校カリキュラムの編成権については，学校における全教育活動の管理，運営責任者である校長に属するという考え方と，全教職員が参画する最高意思決定機関としての職員会議にあるとする考え方があり，かつては鋭く対立した。しかし，質の高いカリキュラムを生み出すという実際的要求からは，その編成には校長を中心としてすべての教職員が一致協力してあたる必要がある。学校カリキュラムは，学級や学年，各教科等を越え，全体として一貫性のある，また調和のとれた構造物として編成されなければならない。教職員全員の相互信頼に根ざした，緊密な協力体制が求められるゆえんである。

3　地域カリキュラム

　以上，学習指導要領と学校カリキュラム（年間指導計画）について見てきたが，学校とその周辺には，さらに2種類のカリキュラムが存在している。

　まず，学習指導要領と学校カリキュラムを結ぶものとして地域カリキュラムと呼ぶべきものが編成されており，これが個々の学校におけるカリキュラム編成のより実際的な基準となっている場合がある。地方分権化の動きとも相まって，近年，各地において優れた地域カリキュラムが独自に開発され，注目を浴びている[2]。

地域カリキュラムとは，地方の教育委員会等が地域の特殊性を考慮して作成した学校カリキュラムの基準ないしは例示であり，学習指導要領よりも具体的で詳細な内容となっている。地域カリキュラムは個々の学校でのカリキュラム編成を支援し，その質の向上に資するものであるが，記述が詳細なだけに，かえって規制として現場の創意工夫を必要以上に制限する危険性をもはらんでいる。したがって，その運用に際して地方行政には，各学校の状況や主体性を受け入れる柔軟さが求められよう。

4　指導計画

　さらに，我が国の学校現場では年間指導計画，すなわち，その学校における全学年のすべての各教科等にわたる年間単位の計画以外に，その中の一部分計画，すなわち特定の学年，学期，月，週などの，あるいは特定の教科等ごとの計画をもカリキュラムと呼ぶことがある。行政慣行として，前者のみを教育課程と呼び，後者を指導計画と呼んで区別するのが一般的ではあるが，実体として学校カリキュラムがこのような階層構造をなし，縦横の有機的なつながりを有しているという理解が，教師には求められる。

　毎日の授業に追われる現場では，各教科等，各学年，あるいは単元や時には授業時間ごとに教育活動が分断され，孤立しがちである。しかし，教育とは何年にも及ぶ様々な学習活動の全体を通して，子どもに調和のとれた全人格的発達を保障していく企てである。日々の実践的営みをカリキュラムという観点から構造的に把握することは，時間と領域の両面における活動及び内容相互のつながりへの理解と配慮を促し，目の前の子どもの育ちを長期的で全体的なものとしてとらえ，十全に育て上げる基盤を提供するであろう。

　このように，教育内容の計画としてのカリキュラムには，目標・内容水準と活動・教材水準の2つの水準がある。そしてその具体としては，国家レベルの学習指導要領，地方教育委員会レベルの地域カリキュラム，学校全体の計画としての学校カリキュラム（教育課程），その一部分の計画としての指導計画の4つがある。このうち，学習指導要領は目標・内容水準であり，学校カリキュラムと指導計画は，総合的な学習の時間を例外として基本的に活動・教材水準である。地域カリキュラムは活動・教材水準に加えて，一部，

目標・内容水準を含みこむ可能性を持つ。

　教師はカリキュラム編成の担い手であり，様々な人々と連携しながら，目の前の子どもの事実に即してカリキュラムを創造していく立場にある。

第3節　教育内容の選択を支える論理

　カリキュラムには，1日，1週間，1年間に実施可能な授業時数，あるいは学校段階やそれぞれの学年の時数等により，自ずから量的な限界がある。一方，子どもの将来を心配し，また期待する気持ちから，あるいは様々な立場の大人や社会の思惑から，さらに時代が進み社会が変化するに連れ，教えるべきこと，教えたいと願うことは，常に増大する傾向にある。カリキュラムに盛られる内容が実施可能な物理的限界を超えて溢れてしまう現象，カリキュラム・オーバーロードは，世界的にも大きな問題となっている。

　では，限られた枠組みの中で何を教えるのか。その選択なり優先順位の決定を巡って，どんなことが起きているのか。1939年にアメリカで書かれた想像上の物語を通して，このことを考えてみよう[3]。

1　旧石器時代のカリキュラム

　時代は旧石器時代，洞窟に住む人々の集落があった。大人たちは，子どもたちがしっかりと生きていくために，どのような知識や技能を教えるべきか，議論していた。

　ある人が提案した。川岸に流れをせき止めたプールを作れば，小さい子どもでも川に流されず，魚を捕まえる訓練ができるのではないか。こうして，素手で魚を捕まえることが，子どもたちの第1のカリキュラムとなった。

　川には水を飲みに馬が来る。これを捕まえ，棒を使って飼い慣らす訓練をしてはどうか。提案を受けて，これが第2のカリキュラムとなった。

　当時の人々にとって最大の脅威は巨大な牙をもったトラであり，どう猛なトラをどう追い払うかが大きな悩みであった。ある時，一人の大人が，洞窟の前でたき火にくべた1本の棒に火をつけたまま振り回すとよいということを発見した。途端に，この火のついた棒でトラを追い払うという訓練が，子

どもたちの第3のカリキュラムとなった。

　これらのカリキュラムは，生活実践そのものではなく，一種のシミュレーションである。実際に巨大なトラとの戦いに，子どもを向かわせることはできない。そこで，実生活をシミュレーション化した学習が，カリキュラムとして子どもに提供される。それは，極めて実用的なカリキュラムであった。

　このような教育が功を奏して，村の人々は以前のように飢えることもなく，また安全も保たれるようになった。

　しかし，順調な生活は永久には続かない。地球に氷河期がやってきたのである。川の水は少なくなり，濁ってしまい，素手で魚を捕まえるのは困難になった。寒さのため，飼いならすべき馬もいなくなった。トラも環境に適応できず消えたが，代わりに寒さに強いホッキョクグマが南下してきて，新たな脅威となっていた。

　村人は困り果てた。寒さで食べ物もないし，ホッキョクグマは火を怖がらない。せっかくのカリキュラムは，まったくの役立たずになってしまった。

　あるとき，知恵の回る子が岸辺に垂れ下がる細い丈夫な蔓を見つけた。それを結んで遊んでいるうちに，蔓を編んで魚を捕る網を作ることを思い立った。また別の子は，かつて馬がいた森に羊がいるのを見て，蔓で羊の罠を作ることを思いつく。この羊の肉と毛皮により，村人は飢えと寒さから解放された。ホッキョクグマに対しては，落とし穴を作り，そこに誘い込むという方法が考案された。かくして，新たな脅威も克服されたのである。

　これらの工夫により，村は再び活気を取り戻した。大人たちは，新たに生み出された革新的な知識や技能を子どもたちに伝える，新たなカリキュラムが必要ではないかと議論しはじめた。魚の網を作ること，羊の罠を作ること，クマを退治する方法が時代のニーズに応える知識であり，技能である。

　しかし，村の長老たちは顔をしかめる。そして，「それは本物の教育ではない。ただの技術の訓練ではないか」と批判するのである。

　「すでにカリキュラムは，川魚の手づかみと棒による馬追いとトラ退治の活動をこなすので精一杯であり，新たな内容など，どこにも入る余地はない。そもそも，網を編んだり，羊の罠を作ったり，クマ用の落とし穴を作るといった流行りの技を磨くことなど，本当のカリキュラムではない。そんなもの

よりも，今の子どもには，『基礎基本』が大切だ。今の若者は，素手で魚を捕まえたり，棒で馬を操作したり，たいまつに火をつけることすら，ろくにできない。だいたい教師でさえ，できないやつがいるとは，けしからん。」

議論は白熱する。

「今の時代に，素手で魚を捕るなんて時代遅れだし，馬やトラなどすでにどこにもいないのに，どうやってその知識や技術を使うというのか。」

長老たちの反論も，なおいっそうの熱を帯びてくる。

「魚を素手で捕る技術の学習は，単なる技能ではない。それは子どもたちに『一般的な機敏さ』を育む。同様に，馬を棒で追うことは『一般的な強靱さ』を育てるし，トラを追い払うたいまつの訓練は，トラを追い払うことが目的ではなく，生活全般に役立つ『一般的な勇気』を養っているのだ。」

長老たちは，時代の流行り廃りに左右されない，空高くそびえる山の頂のごとき普遍的なカリキュラムこそが重要なのだと主張するのである。

2　形式陶冶と実質陶冶

特定の内容をカリキュラムに組み入れ，子どもに教えるのは，旧石器時代の大人たちもまたそうであったように，第一義的には，教えた知識や技能それ自体がその領域の学習や問題解決に直接的，特殊的な効果や実用性を持つからであろう。この考え方を実質陶冶と言う。

と同時に，長老たちがそうであったように，人々は特定の領域の知識や技能の指導を通して，その領域にとどまらない，より一般的な能力の育成をも期待している。たとえば，数学は子どもに帰納や演繹といった形式的な思考操作を要求するが，そこで培われた思考力は図形や数量はもとより，生活全般に役立つ思考力，さらには一般的な頭の良さをもたらすのではないか。実際，数学を将来において直接的に必要としない文科系の高校生にも必修とする根拠として，同様の論理はしばしば持ち出されてきた。

このような，領域固有な知識や技能それ自体は仮に実用性が低くとも，その学習を通して思考力や創造性など汎用性のある資質・能力が鍛えられ，ひいては当初の狭い領域を超えて幅広い分野の学習や問題解決の質を高めるという考え方を，形式陶冶と呼ぶ。

特定の内容の学習が他の領域の学習や問題解決に何らかの影響を及ぼす現象を学習の転移（transfer）と言う。たとえば，中高での英語学習は大学でのフランス語やドイツ語の学習を促進し，一定量の学習を節約する効果をもたらすだろう。形式陶冶は転移の働きを暗黙の前提とし，大いに期待する学習論である。一方，実質陶冶は必ずしも転移を必要とはしない。

　実質陶冶と形式陶冶は学習の意義や効用に関する2つの立場であり，カリキュラムや授業のあり方を巡って時に鋭く対立し，論争を繰り返してきた。実質陶冶と形式陶冶の考え方を踏まえる時，先の物語は少なくとも次の2つのことを示唆しているように思われる。

①多くの場合，新たな教育内容のカリキュラムへの組み入れや取り扱いの強化は，その内容自体に関する実用上の要求（実質陶冶）から生じる。
②教育内容の実用性が時代や社会の変化等により失われたり低下しても，なおその内容を引き続きカリキュラム内に留める論拠として，より一般的な能力の涵養や教養的意義（形式陶冶）が主張されることが多い。

　実際，先の物語に登場する動物や人々の対応，開発された知識や技能と，その子どもの教育へのカリキュラム化は，現代のカリキュラムになぞらえても，そのままなるほどと思える事例がたくさんある。

　たとえば，かつては漢文に関する知識・技能は，すべての学問，またすべての高度な職業における必須の学力であった。つまり，漢文は極めて実用性が高かったのである。そして，すでに実用的な価値の多くが失われた漢文を引き続き学ぶ根拠として挙げられるのは，漢文が我が国の古典，さらには現代の国語やそれを用いて生み出されたすべての言語文化の理解に資するというものである。なるほどと頭では納得するものの，あまりに距離がありすぎはしないか。実際，漢文を学ぶ意義をどうやって生徒たちに納得させるかに頭を悩ませている高校の国語教師は，決して少数派ではない。

　あるいは，ソロバンの腕前も，かつてはより有利な奉公先に上がる際の決定打となる，競争的で実用的な学力であった。しかし，携帯電話の標準機能

として電卓が安価で身近にある今日，ソロバンを学ぶ意義をどこに求めるのか。暗算の能力，あるいはそれをも超えた発想力，記憶力，集中力等が高まるといった主張もあるし，ある程度はそういうことも起こるのかもしれない。しかし，それらの形式陶冶的な成果を，果たしてソロバンだけが圧倒的有利さをもって実現しうるのか。もし，そうでないとすれば，特にソロバンである必要はないのではないか。結局のところ，ソロバンを教えたい，残したいという大人の都合が，子どもの学びに先んじて存在するのではないか。

それどころか，ソロバンと筆算では計算手続きに違いがあるため，ソロバンでは正解できるのに，筆算では誤りを繰り返す子どもの存在することが知られている。しかも，子どもはソロバンの知識を使って筆算の誤りを修正することができない。その理由として，ソロバンの学習が単なる機械的手続きの習熟に終止しており，なぜそうするのかの意味理解が十分ではないことが指摘されている[4]。筆算にすら転移しない学力が，様々な形式陶冶的学力をもたらすと考えるのは，やや楽観的に過ぎるのではないか。

一方，社会の変化に伴って生じた新たな実質陶冶的要求から，様々な内容をカリキュラムに盛り込むべきとの要請も，食育，環境教育，キャリア教育，プログラミング教育から果ては海洋教育まで，枚挙にいとまがない。

カリキュラム・オーバーロードの解消とより質の高い学びの実現に向けて，いっそう踏み込んだ議論と思い切った改革が求められている。

第4節　経験としてのカリキュラム

1　個々人の経験の総体

カリキュラムとは通常，教育内容の計画を指す。しかし，教師としては教えたつもりでも，様々な理由から子どもが学び取らないことも少なくない。実際の学習は，教える側の意図や計画を超えたところで展開されているのである。ならば計画のいかんによらず，結果として子どもが経験したものをカリキュラムと見てはどうか。カリキュラムとは個々人の経験の総体であるとのカリキュラム観，経験としてのカリキュラムという概念がそこにある。

そもそもカリキュラムという言葉には，集団で行う，あらかじめ定められた活動のコースといった意味はなかった。履歴書を curriculum vitae というように，カリキュラムには個々人が歩むべき道，あるいはすでに歩んできた人生の来歴という語源がある。本来そのような意味をもつカリキュラムという言葉が，国家までが関与する教育内容の計画という意味に転じた背景には，学校が個々人の歩む道をあらかじめ定めるという，近代における個人の発達過程への公的規定の拡大がある。したがって，個々人の経験の総体というカリキュラム観は何ら特異なものではなく，むしろ本来的な概念である。

　近年，子どもと教師が協働して，学習過程における個々人の多様な記録や表現を学習履歴として丁寧に保存し，教育評価の対象にする（ポートフォリオ評価）と共に，指導と評価の一体化の観点からそれを次の指導に生かしていく取り組みが広がりを見せている。このような学習履歴への注目は，経験としてのカリキュラムという概念に依拠した実践展開の好例の1つである。

2　潜在的カリキュラム

　子どもの経験の側からカリキュラムを見るという視点は，いかに従来のカリキュラム概念が，教える側の，意図的で計画的な，見える部分だけに偏っていたかを鋭くえぐりだす。さらに多くの学びの領域が，学ぶ側の，無意図的で非計画的な，見えにくい，あるいは見えない部分として存在している。そこには，教えたはずなのに学べていないこと，子どもが意図的に学ばなかったこと，逆に教えたはずがないのに学んでいること，むしろ学んで欲しくないにもかかわらず学んでいることなど，様々な可能性が考えられる。

　たとえば，いくら教師が考え方を重視した授業を行おうとも，その知識がテスト得点に有利に働かないのであれば，受験を控えた子どもたちは授業に集中しないだろう。また，子どもたちは，教師の「わかりましたか」や「いいですか」に対しては，理解していようがいまいが，「はい」とか「いいでーす」と応えておけばその場が過ぎ去ることを心得ている。

　このような，意図的に計画されたカリキュラムとは無関係に，あるいは相反して学ばれていく意味内容を潜在的カリキュラム（hidden curriculum）と呼ぶ。潜在的カリキュラムを発見したジャクソン（Jackson, P. W.）は，学校

生活から子どもたちが真に学び取っているのは，同じスリー・アールズ（the three R's）でも，読み（Reading），書き（wRiting），算（aRithmetic）ではなく，近代社会が規律訓練のために生み出した社会装置としての学校における過酷な生活を生き抜くのに必要な，規則（Rules），規制（Regulations），慣例（Routines）であり，それこそが潜在的カリキュラムの主成分であると言う[5]。潜在的カリキュラムには，学校の制度・組織や現代社会におけるその意味，学校文化や子ども文化，教師の言動や行動から受け取るメッセージなど，様々なものが含まれている。

潜在的カリキュラムへの気づきは，従来カリキュラムと呼んでいた部分の相対化を促し，通常の意図的で計画的な，公的に表明されたカリキュラムに顕在的カリキュラムという呼び名を与えた。今日では，カリキュラムという概念は顕在的，潜在的の双方を含むものと考えるのが一般的である。

教師側の意図と子どもが実際に経験したものを分類・整理する視点としては，あらかじめ計画され意図されたカリキュラム，現実の授業実践として実施されたカリキュラム，個々の子どもによって経験されたカリキュラムという3分類もあり，現場的にはこの方がわかりやすく有用かもしれない。

顕在的カリキュラムが潜在的カリキュラムと一致すると，その効果はいっそう高まるが，両者に食い違いがある場合，潜在的カリキュラムの方が優勢となり，顕在的カリキュラムは建前にすぎなくなる恐れがある。物語文の読み深めで，いくら授業中に「自分なりの読みでいいんだ。正解も間違いもないんだよ」と言い，全員の発言をニコニコしながら板書しても，多肢選択で作者の意図を問うようなテストばかりすれば，子どもたちは正解にしか興味を示さなくなるだろう。ナイーブな子どもは教師の裏切りに傷つき授業に参加しなくなり，したたかな子どもは適当におつきあいしながら正解が決まるのを待っている。ついには，まとはずれな意見は黒板の隅に書かれるというからくりも見透かされ，授業はまったくの茶番になりはててしまう。

もちろん，教師の自覚や善意だけでは解消しがたい問題も多い。学歴社会や受験競争といった本来の学習を歪めかねない社会構造が，学校教育に重くのしかかっているからである。しかし，それがいかに理不尽で矛盾に満ちていようとも，現に子どもはその中に生きており，様々な潜在的カリキュラム

を受け取っている。公的な学校文化（顕在的カリキュラム）と社会構造によって規定される裏の教育世界（潜在的カリキュラム）との間に重大な食い違いがある場合，子どもたちはしばしばそのはざまで苦しむことになる。

3　カリキュラムの政治性

　さらに，国家や地方行政の教育政策，あるいは教科書等の教材それ自体が，無意識的，結果的に，あるいは明確な意図を持って，特定の社会階層や文化的背景を持つ子どもに有利ないしは不利に働くよう，しかしそれが表立っては見えにくいように巧妙に組織されている場合がある。

　たとえば，生活科や社会科の教科書に，ごく普通の暮らしであるとの位置付けで描かれている場面が，海外にルーツを持つ子どもや異なる文化的背景を持つ子どもには，どうにもピンとこないといった具合である。

　また，カリフォルニア州では，1968年のバイリンガル教育法成立以来，スペイン語を母語とする子どものために英語での授業に加えて実施してきたスペイン語による授業を，英語がしっかり身に付かなければ結果的にその子自身の将来における不利益になるとの理由で，1998年に廃止した。しかし，親や近所の大人がスペイン語しか話さない環境で暮らす幼い子どもに，いきなり英語のみですべての授業を行うというのは無謀であろう。

　この政策は，マイノリティの子どもの将来を考えてとの建前の下に，現実にはその切り捨てを意図したとの批判がある。実際，政策の背景には，自己責任論を基調とする新自由主義的な思潮が広がる中で，低所得層であり，したがって納税額の少ないマイノリティの子どものために多額の経費を要するスペイン語クラスを特設するのは説明責任（アカウンタビリティ），この場合には納税に見合った見返りの公平性という観点からは，かえって不平等であるとの見方が存在したと言われている。

　このように，貧困や格差を解消し平等を実現することが期待され，建前上もそう言明している学校やそれを支える公教育の制度・政策が，実際には貧困や格差を温存して再生産し，時にはかえって拡大する方向で機能している場合がある。潜在的カリキュラムはカリキュラムの政治性（カリキュラム・ポリティクス）と密接な関係にある。教師と学校には，それが無意識的なも

のであれ，意図的なものならなおさら，このような動きを監視し，批判的に吟味する姿勢と資質が求められている。

潜在的カリキュラムは，教室で子どもが経験している学びの質を検討する足場として，公的に表明されたカリキュラムが不十分なことを強く印象づけ，カリキュラム研究の重心を2つの方向へと移動させる契機ともなった。

その1つは，かつて盛んだった教育内容の選択と配列の研究から，授業と教師の研究へという動きである。近年における授業研究と教師教育研究の世界的規模での隆盛の背後には，それこそが子どもの経験の総体としてのカリキュラム研究であるという認識が存在している。

今1つの動きは，自分たちが進めてきた教育内容の選択と配列の研究が，本来の意図に反して，結果的に不平等の温存や格差の拡大に荷担してきたことを猛省するが故に，少なくとも当面の間は顕在的カリキュラムの開発に手を貸すことを断念する。そして，哲学や社会学や政治学等を駆使し，カリキュラムが現に生み出している矛盾や問題，そしてその背後にうごめくカリキュラムの政治性の告発と批判に徹するというものである。

徹底した批判は，それ自体が学術的にも実際的にも十分な意味がある。しかしその一方で，立ち止まっての批判は次に動き出す創造のためにこそ本来意図されたことを忘れてはならない。自己目的化し，新たな創造へと赴く意思を喪失した批判は，時に空虚であり，無責任である。批判から創造へという，新たな展開への一手をどう打つか。今日におけるカリキュラム研究の重要な課題の1つと言えよう。

参考文献

1) Tyler, R. W. *Basic Principles of Curriculum and Instruction*. Chicago: University of Chicago Press, 1949.
2) 横浜市教育委員会事務局『横浜版学習指導要領』ぎょうせい。2009年から順次，教科等別に刊行されている。
3) Peddiwell, J. Abner. *The Saber-Tooth Curriculum*. New York, NY: McGraw-Hill Book Co. 1939.
4) 天岩静子「珠算・筆算間の減算手続きの転移」『教育心理学研究』1987年，35巻，41-48頁。

5) Jackson, P. W. *Life in Classrooms*. California: Holt & Rinehart and Winston. 1968.

学びを深めるための参考図書
奈須正裕編著『平成29年版小学校学習指導要領ポイント総整理総則』東洋館出版社，2017年。
安彦忠彦編『新版カリキュラム研究入門』勁草書房，1999年。

学びを深めるための課題
(1) 小学校音楽科の共通教材（図1-2参照）の提示には，どのような意義があり効果が見込まれるか，音楽科の学力とは何かという視点から，さらにカリキュラムの政治性の視点からも考えてみよう。
(2) カリキュラム・オーバーロードを解消するには，学習指導要領に盛られた内容の何をどのように削減・軽減すべきか，第3節で例示した「ソロバン」のような具体的な内容，さらに教科等そのものの改廃や統合の可能性も含めて，考えてみよう。
(3) 自身の経験を振り返って，潜在的カリキュラムの具体例を複数列挙し，他者と交流してみよう。

第2章　教育課程編成の基本原理

　カリキュラムは，文化遺産の継承・発展，社会現実への対応，子どもの求めの実現という3つの原理のいずれか，あるいはそれらの組み合わせによって編成される。本章では，これら3つの原理と，それぞれが生み出してきたカリキュラムの特質，さらにそこで戦わされた議論の概観を通して，カリキュラム編成の実像に迫ると共に，主要な論点の把握と，3つの原理の実践的統一の方途に関する理解を深める。

第1節　文化遺産の継承・発展

1　3つの原理

　カリキュラム編成とは，教育内容の選択と配列を主な課題とした作業である。第1章でも述べた通り，教育内容は教育目標の具体化であるが，さらにそこには意識しようとしまいと，編成主体が抱く教育観，知識観，学習観，子ども観などが色濃く反映される。何をよりどころにカリキュラムを編成するか。大まかにいって，そこには3つの原理がある。第1は文化遺産の継承・発展，第2は社会現実への対応，第3は子どもの求めの実現である。

2　本質主義

　第1の原理である文化遺産の継承・発展とは，人類が永い時間をかけて累々と築いてきた科学や学問や芸術などの文化遺産を次世代に伝え，さらに自分たちで発展させていくよう仕向けることが教育の課題であるという考え方である。学習の主体としての子どもや，子どもが生きる社会的文脈とはひ

とまず切り離したところに教えるべき内容が存在すると考えることから，本質主義（エッセンシャリズム）とも呼ばれる。その教えるべき内容を正確かつ効果的に習得させることが，この立場でのカリキュラム編成の方針となる。

形式的には，文化遺産の内容に応じて教科という枠組みを設け，各教科内容を体系的に習得できるよう配列する（教科カリキュラム）。親学問という言葉がある通り，各教科の背後にはそれに対応する大人の世界で認定ずみの知識・技能・価値の体系が厳然と存在し，教科の後ろ盾となっている。

したがって，教科とはスコープの一般名称ではなく，文化遺産の継承・発展という原理に立った場合に限ってのスコープの名称である。特別活動や総合的な学習の時間が教科ではないのも，この点に起因する。

とは言え，子どもに大人の世界の知識をそのまま教えることはできない。無理なく学べるよう，子どもの発達や学習のメカニズムに即して親学問を再構成する必要がある。たとえば，伝統的な大学の学科編成では独立している物理学，化学，生物学，地学を，高校以下では理科という1つの教科に統合し，自然科学的な見方や考え方を総合的に学び取れるよう配慮してきた（融合カリキュラム）。それでも高校では4つの学問は別科目として教科書も別だが，中学では主に物理・化学からなる第1分野と生物・地学からなる第2分野の2領域編成であり，小学校ではすべてが融合されている。そこには学問の体系を保持しつつ，子どもの発達に配慮しようとの意図が感じられる。

さらに，教科カリキュラムでは表層的知識の羅列的記憶に終わることなく，多くは親学問にルーツを持つ，その教科ならではの対象の捉え方やアプローチの仕方，さらにそこにおいて知識や価値や美を生成する独自にして必然性のある方法論を身に付け，自在に活用できるようにしたい。いわゆる教科の本質ないしは教科の系統であり，教科の系統に沿って行われる指導を系統学習と呼ぶ。系統学習の立場では，日常の生活経験だけでは到達しがたい科学的認識の深まりを提供する場としての学校の役割を重視するのである。

3　構造の重視

ただ，実際には伝統的な教科カリキュラムの多くは，この目的を達成する具体的方策をもたぬまま，親学問の成果としての知識・技能をできるだけ多

く教え込むことに腐心していた。しかしこの論法では，時代の進展や学問の発展に伴って教えるべき知識が増大し，カリキュラムもどんどん膨れ上がる。必要な知識のすべてを子どもに教えるのは不可能であり，また限られた時間で大量の知識を教えようとすると，いきおい深い意味的理解を欠いた暗記に陥りやすくなる。さらには，そうして教えた知識さえも，科学技術や社会が急激に変化する現代においては，早晩，時代遅れとなる危険性が高い。

これに対し，知識の量よりも知識の質を，成果としての知識の教授よりも知識に至る過程の学習を重視したカリキュラム編成の方策が考え出された。1950年代後半から60年代にかけて，アメリカが国家的規模で研究と実践を推進した学問中心カリキュラムであり，我が国では1968（昭和43）年の学習指導要領改訂がその大きな影響を受けた。学問中心カリキュラムは，急速な発展を遂げてきた現代科学と学校の教育内容とのギャップを埋めるべく，最先端の学問・科学の現状をカリキュラム編成に反映させる動向のなかで生まれてきたものであり，これを教育内容の現代化と呼ぶ。

学問中心カリキュラムでは，各学問に固有な，そして中心となる概念や考え方を，より学ぶ価値の高い一般性のある知識として重視する。たとえば，ブルーナー（Bruner, J. S.）は『教育の過程』(1960) において，それぞれの学問の根底にある基礎的・一般的概念を構造と呼び，構造をこそ教えるべきだと主張した[1]。ブルーナーは，その意義として次の4点を挙げている。

①教科の基本的な構造を理解すれば，教科の内容を理解しやすくなる。
②構造を理解し記憶しておけば，関連する細かい部分はそれをもとに再構成したり想起したりできるので，細かな事実的知識をいちいち記憶する必要がなくなる。
③構造は一般性をもつ基礎的な概念なので，後に出合う事柄を，すでに習得している構造の特殊事例として理解することができる。構造は，関連する特殊な内容を学ぶ際のモデルとして機能する。
④伝統的なカリキュラムでは，小中学校で学ぶ初歩的な知識がその学問分野の発展からあまりに遅れているため，高学や大学で学ぶ知識との間にギャップが生じ，子どもたちを惑わせることもあった。構造を重

視すれば，これら初歩の知識と進んだ知識のギャップをせばめられる。

4　螺旋型カリキュラム

　このような考え方は，シーケンスにも大きな変革をもたらす。その基本的立場は，ブルーナーの「どの教科でも，知的性格をそのままに保って，発達のどの段階のどの子どもにも効果的に教えることができる」という仮説に端的に表されている。

　たとえば，確率や集合のような現代科学にとって基礎的で一般的な概念の学習が，従来は難しい内容として先に追いやられてきた。もちろん，年少の子どもにそれらの計算手続きや形式的表現を教えることはできない。しかし，くじびきやルーレットゲーム，仲間分け遊びを題材として，彼らに直観的ではあるが本質的な概念を把握させることは可能である。

　また，文学のスタイルを教える際，悲劇や喜劇といった用語を一切使わずとも，同じお話，たとえば浜田広介の『泣いた赤鬼』を，1つは悲しさを強調した書きぶりで，もう1つはおもしろおかしく描いて投げかければ，子どもたちはスタイルの概念を発見的に学習するだろう。「どんな内容も本来難解だということはなく」「それを提示するのに適切な」手立てにより，従来よりも早く構造を学ばせることが可能であり，また早く教え始めるべきだというのがブルーナーの立場である。

　直観的ではあるが本質的な理解を伴うように構造を学び取らせた後は，そこを拠点に，発達に即して段階的に正式な手続きや形式的表現を指導していく。このように，各教科において基礎的・一般的な概念である構造を中核に，それらを何度も繰り返し扱いながら，徐々に具体的で直観的な把握から高度な処理や厳密で形式的な表現へと質的高まりを遂げていくよう編成されたカリキュラムを，螺旋型（スパイラル）カリキュラムと呼ぶ。

5　発見学習

　学問において最も中心となる，そして応用力があり強力な概念とは，それぞれの学問に固有な認識や表現の方法であり，内在する探究の論理やそれを実行する技術であろう。であるならば，それをこそ教えるべきである。

伝統的な教科カリキュラムには，科学や学問（研究者）と学校教育（子ども）とでは，その認識過程に質的な違いがあるという暗黙の前提があった。前者が知識を生み出し（知識の生成），後者はそれを受け取る（知識の受容）という関係が想定されていたのであり，知識との向かいあい方において，研究者の能動性と子ども（学校）の受動性は好対照をなしている。また，それが学校教育における認識の内容と方法の二元化，乖離をもたらしてきた。

　これに対しブルーナーは「知的活動は，知識の最前線であろうと第3学年の教室であろうと，どこにおいても同じものである」と言う。科学の現場では，探究によって得られる知識と探究の方法は不可分の関係にあり，両者は一体である。学校教育においても，子どもたちが「小さな科学者」として事物，現象そのものと直接向かいあい，そこから帰納的，発見的に知識を生成しながら獲得する認識過程をたどる（発見学習）ことは可能であろう。

　もちろん，研究者の研究と子どもの学習には様々な相違がある。しかし，多くは社会的評価にかかわるものであって，学習への動機や認識過程の特質においては同質だと，学問中心カリキュラムの立場では考える。

第2節　社会現実への対応

1　社会生活への準備

　カリキュラムを巡って，子どもたちは常に「こんなことを勉強して将来何の役にたつのか」との疑問を抱いてきた。教師は「このくらいはすべての基礎だから」と応じてきたが，上級学校での学習の基礎にはなっても，将来の社会生活にはおよそ無関係な，あるいは無用と思えるものも少なくない。

　これは部分的には，教科カリキュラムが大学で講じられる学問を親とし，学校段階を追って上位下達的に下ろしていく形で組織されてきたことに起因する。しかし，すべての子どもが大学に進学するわけではないし，進学しても何を専攻するかにより，それが準備として有効かどうかは異なってくる。

　ならば，将来必要となるかどうかが疑わしい学問への準備ではなく，確実に必要となる社会生活への準備ないしは望ましい社会を創造する資質・能力

の育成を教育の最優先課題としてはどうか。社会現実への対応という第2のカリキュラム編成の原理が，ここにある。このような原理に基づいて編成されたカリキュラムを，社会中心カリキュラムと言う。

　この立場の直接的起源は，イギリスのスペンサー（Spencer, H.）の『教育論』（1860）にまで遡ることができる。スペンサーは，学校は限られた時間で子どもを教えるのだから，しきたりや好みではなく合理的な尺度を設けて相対的に価値の高い内容を見出すべきだと考えた。

　そして，教育の目的を「完全な生活への準備」とし，この目的に対する有用性を相対的価値の尺度と位置付け，そこから生活を構成する主な活動に関する5領域の知識，すなわち，①健康や傷害など直接的自己保存活動に必要な知識，②科学や技術など間接的自己保存活動に必要な知識，③生理学やしつけなど親になるのに必要な知識，④歴史や社会学など市民になるのに必要な知識，⑤絵画や音楽など余暇の充足に必要な知識によってカリキュラムを編成することを提起した。なお，5つの領域の知識はこの順番で重要性，つまり有用性が高く，カリキュラム編成に際し優先されるべきとされた。

　しかし，スペンサーの提案は思弁の域を出ない。彼は科学的方法によって自身の主張を現実化することを望んだが，当時はまだ十分な方法論が確立されていなかった。その志は，20世紀前半のアメリカへと受け継がれる。

2　活動分析法

　19世紀後半のアメリカは小学校8年制，中学校4年制が主流であり，より短い期間で効率的に充実した教育を求める声が高まっていた。これに心理学や統計学などの進歩が相まって，実証的な手続きにより，社会生活への準備を効率的に進められるカリキュラムを開発する動きが盛んとなる。

　1918年，ボビット（Bobbitt, F.）は教育目標を理想的な大人の社会に求め，社会生活の諸活動を科学的に分析することで実用性の高い目標と活動を決定し，カリキュラムを編成する方法を考案した（活動分析法）。具体的には，社会現実を映し出すものとして，定期刊行物，雑誌，百科事典などの書籍，有識者へのインタビュー，子どもを対象とした大規模調査など14の資料を蒐集，分析し，社会生活を構成する10の活動，①言語活動，②健康活動，③

市民活動，④一般社会活動，⑤余暇活動，⑥精神衛生活動，⑦宗教活動，⑧家庭的保護活動，⑨一般的実際活動，⑩職業活動を抽出している。

ボビットはスペンサー以上に徹底した生活準備主義者であり，しかもその生活とはもっぱら大人の生活であった。彼は，教育は「50年間の成人期への準備」を目指して進めるべきであり，「20年間の児童期及び青年期」に対して責任を負う必要はないと言い切っている。

3　社会改造主義

活動分析法はスペンサー同様，社会現実への対応を教育課題とするが，そこでの「対応」が意味するのは現状の社会生活への「適応」であり「順応」であった（社会的効率主義）。これは，当事者におけるその意図の有無や自覚にかかわらず，結果的に現状の社会秩序や政治・経済体制の安定化と再生産に奉仕し，これを強化する方向で教育がその機能を発揮することを意味する。彼らはそれまでの思弁的な方法が抱える問題点を指摘し，それを乗り越えるべく科学的な態度と形式的に手順化された，その限りにおいて客観的な方法を選択したが，形式的な価値中立主義は，しばしばその時代，その社会において支配的な価値に絡め取られ，利用される運命にある。

そして，現状の社会秩序や政治・経済体制が常に望ましい保障はない。仮に重大な問題を抱える社会生活への適応を教育の名の下に子どもに強いたならば，それは非教育的であり，子どもへの裏切りである。実際，戦前の日本やナチスドイツの教育を例に出すまでもなく，そのような可能性は歴史上幾度となく現実のものとなり，その度に多くの子どもを不幸に陥れてきた。

ここに，同じく社会現実への対応を主要な教育課題としながらも，適応主義的で保守的な活動分析法とは正反対の特質を有するカリキュラムの生まれる可能性が立ち現れる。現状の社会が抱える深刻な社会問題をこそ学習対象として取り上げ，そのありのままを直視し，問題が生じた原因や背景を暴きだすと共に，批判的な検討を経てその解決にまで挑む学習をカリキュラムの中核に据えるものであり，社会改造主義と呼ばれる。

社会的効率主義と社会改造主義の違いは，教育は社会の変化に付いて行くのか，社会の変化を生み出すのか，という立場性の違いにまで敷衍すること

が可能である。それは，教育の機能や任務の根幹に関わる大問題である。

社会改造主義は1930年代のアメリカで盛んとなるが，その背景には1929年の大恐慌がある。大恐慌を契機に，少なくともアメリカにおいて，それまで自分たちを幸せにすると信じてきた資本主義や産業主義の拡大が大きな矛盾をはらむ存在として人々に自覚され，社会のあり方や人間の生き方に関する根本的な問いが数多く提起された。しかも，長年アメリカを支えてきた価値や原理の故郷であるヨーロッパでは，ファシズムが台頭していた。この困難や矛盾とどう向きあうべきかが，教育の課題ともなっていたのである。

社会改造主義のカリキュラムでは，大恐慌以降の社会や経済の混乱を学習対象としてそのまま教室に持ち込み，たとえば国民所得の政府による再分配か，それとも競争の作用と適者生存の原理に委ねるかといった，大人の世界においてすら決着がついていない社会的論争問題を子どもたちが自由に討議する。それにより，社会変化の意味を知的に読み解き，主体として責任ある判断を下すことを可能とする「社会的知性」を育むと共に，あらゆる伝統や慣習にとらわれることなく，自らの信じる生き方に向けて信念や行動を不断に再構築することを可能とする，「知性の自由」の実現が目指された。

社会改造主義では子どもたちの自由な討論を大切にするが，題材の選択は主に教師が行う。そして，そこには当然のことながら，一定の価値判断が介在する。社会改造主義の提唱者たちは，生産と分配の不均衡，敵対的競争，利己的個人主義，道徳の退廃，犯罪の増加などを当時の社会の矛盾として指摘し，その原因を行き過ぎた個人主義や自由放任的な経済・社会秩序に求める。そして，計画経済による恐慌からの脱出と経済的安定の実現，さらには天然資源と資本を集団所有とする集産主義の経済・社会秩序による真に平等で民主主義的な社会の実現を目指す点では一致していた。

このような問題意識や解決への見通しを共有しながらも，デューイ（Dewey, J.）やキルパトリック（Kilpatrick, W. H.）ら穏健派は，論争的問題を扱うのは問題の処理の仕方を学ぶためであり，決して一定の結論や立場を教えてはならないとした。社会的知性や知性の自由のような形式陶冶的学力を育むことで，子どもたちは未来における民主主義社会の建設者となり，その時点でのあるべき社会改造を自らの判断と責任で成し遂げると期待したので

ある。

　一方，カウンツ（Counts, G. S.）ら急進派は，学校が社会改造の担い手としてその役割を存分に果たしていくことを求め，そのためには集産主義それ自体を指導すべき内容として子どもに教えることも辞さないとする。カウンツの主張は実質陶冶的色彩を帯びており，穏健派と急進派では，同じ社会改造主義でもカリキュラムや教育方法の構想において大きな隔たりがあった。

　社会現実への対応に関わる教育において，適応主義的か改造主義的か，同じ改造主義でも形式陶冶的か実質陶冶的かといった立場性の違いは，今日でも道徳教育や市民教育（シティズンシップ教育）を巡ってしばしば認められる。過去に学び，しっかりと未来を展望したい。

第3節　子どもの求めの実現

1　非準備型カリキュラム

　子どもが学習の主体であるというのは，あまりに当然のことである。実際，ほとんどのカリキュラムは何らかの形で子どもを要因として含み込んできた。文化遺産を継承するにも，子どもの能力を加味し，発達段階を考慮しなければならない。しかし，多くは「加味」や「考慮」という副次的な扱いであって，子どもにまつわる事情，なかんずく子ども一人一人の興味や必要感や問題意識を第1優先の原理とはしてこなかった。

　子どもが興味を抱き，学びたいと願う内容を中心にカリキュラムを編成すれば，それは生き生きとした主体的な学習を生むであろう。他人事ではない自分事の学習であるから，学ばれた知識や技能も深い意味的理解や「活用」の文脈を伴う「生きて働く学力」となるに違いない。子どもの求めを基盤とし，子どもの外側からではなく子どもの内側からカリキュラムを編み出すという第3の原理がここにある。教育史上において，ルソー（Rousseau, J. J.），ペスタロッチー（Pestalozzi, J. H.），デューイらが生み出し発展させてきた，いわゆる子ども中心主義の教育思想である。

　そこでは，子どもたちは将来への準備のために今日を犠牲にするのではな

く，かけがえのない今日をよく生きることに専念すればいい。デューイが主張した通り，教育は将来の生活への準備ではないのである。

　もちろん，それは子どもたちの将来に責任を持たない，その場限りの刹那的な教育などではない。キルパトリックが言うように，「もし将来の価値ある生活がよく選択された目的的活動からなるとしたら，価値のある目的の形成と実行を注意深く指導しつつ，現在これを実践させること」が，結果的に「将来の生活へよりよく準備する」ことになると考えるのである。

　子どもの求めを基盤としたカリキュラムでは，子どもたちの求めに即して導き出された学習課題を子どもたち自身が主体的に探究していくなかで，自然と経験が深まったり，その範囲が広がったりするよう教育内容を組織する。これを子ども中心カリキュラム，あるいは文化遺産の体系ではなく学習者の経験のまとまりを基本に編成されるという意味で経験カリキュラムと呼ぶ。なお，社会現実への対応を基盤としたカリキュラムも社会生活経験のまとまりを単位とすることから，経験カリキュラムに含めることがある。

2　問題解決学習

　子どもたちが「こんなことをやってみたい」「このことをもっと深く知りたい」という求めをもつ。子ども中心カリキュラムは，そこから生成する。

　たとえば，「自分たちの手で大きな動物を飼ってみたい」と言い出したとしよう。幼い子どもたちは「ライオンを飼ってみたい」などと平気で言う。途端に「どうすればライオンを飼えるか」が，解決すべき切実な問題となる。子どもたちは問題を解決すべく，図書室で本を調べたり，いろいろな人に話を聞きにいったりする。その探究のなかで「ライオンはアフリカにいる」とか「ライオンは猫の仲間」などの知識を得るだろうし，そこから「アフリカってどんなところ」「猫の仲間にはライオンのほかにどんな動物がいるの」などと新たな興味がわいてきて，さらに探究が広がっていくかもしれない。

　いずれにせよ「ライオンは無理らしい」との結論に達すれば，今度は別の動物，たとえば「牛さんを飼ってみたい」へと問題が転換していく。再び牛や牧場についての探究が進められ，ホルスタインは難しいが，小柄でおとなしいジャージーなら大丈夫という解決へと到達した。すると，牧場のおじさ

んが子牛を貸してくれるよう，気持ちの伝わるお願いの手紙を書くことが次の学習課題となる。牛を借りられるとなれば，今度は「丈夫な牛小屋をつくるにはどうすればいいか」「エサ代はどうするか」などの問題が発生してくる。「エサ代は自分たちの畑でつくった野菜を売ってなんとかしよう」となれば，スーパーや八百屋さんの野菜の値段を調べたり，野菜の重さを量って袋詰めしたり，おつりの計算をしたりといった活動が展開される。

　長く飼っていれば，牛が体調をくずすこともある。自分たちの問題という観点も含め，病気や身体の仕組みについて学ぼうとするだろうし，種つけ，出産ともなれば，性や命の問題に直面せざるをえない。獣医さんや農協の人たちとの交流を契機に，自分たちを支えてくれる社会の仕組みや人々へと意識が向かうことも予測される。

　様々な局面で，子どもたちは牛への思いを文章に綴り，絵に描く。卒業記念に，それらをまとめた本を自費出版したいと言い出す可能性もある。

　このように，子どもたちは自らの求めを実現しようとする中で様々な問題に出合う。そして，自らの求めから発した身近で切実な問題の解決を目指して探究活動を展開し，その過程で様々なことを学ぶ（問題解決学習，学習指導要領でいう「探究」）。1つの問題の解決は別な，あるいはより高次な問題を生み，新たな探究へと子どもたちを導く。この問題→探究→解決→問題の絶えざる連鎖のなかで，子どもの経験は深まり，広がっていくのである。

　何が問題かは子どもたちが意識し，決定し，また子どもたちが主体となって解決していかなければならない。「ライオンを飼ってみたい」という声に対し，即座に「ライオンは無理だと思うよ」と言ってはいけないのである。

　子ども中心カリキュラムでは，いつ何をどのように探究するか，学習にかかわる重要な意思決定の主体は子どもである。大人から見れば迂遠な道のりに見え，無駄な活動に思えるかもしれない。失敗することもあるだろう。しかし子どもたちは，その子たちなりの筋道でしか探究を進められないし，失敗や遠回りも含め，その中でこそ多くの大切なことを学ぶ。表面的に何かを成し遂げたからといって，多くを学ぶとは限らない。大切なのは結果的な成功ではなく，探究過程における子どもの経験の深まりと広がりである。

3 総合学習

　子どもが求め，探究していく学習では，自ずから極めて総合的でダイナミックな学びが生み出される。学びを教科のようなあらかじめの領域区分に閉じ込めることはできない。それでは，かえって学習の展開は不自然なものとなり，深まりや広がりを欠くだろう。

　各教科等の枠組みにとらわれず，子どもの求めに根ざした主体的な探究を見守っていくと，結果的に学習内容が広範囲に及ぶことから，このような学習を総合学習と呼ぶ。総合とは縦割り分科としての教科と対峙する概念であり，その拠り所は子どもの本来的な学びの姿がもつ総合性にある。

　もちろん，探究の中でお手紙の書き方を学び，お店調べをし，計算技能を身につけ，身体の仕組みを知り，命の大切さを痛感する。それらを，国語，社会，算数，理科，道徳と呼べなくはないが，子どもは教科を学ぼうとしてその探究に至ったのではないし，教科という自覚のないことも少なくない。子どもたちの多様な活動を貫くのは，「牛さん」への思いなのである。

　指導効果を上げるために，複数の教科等の内容を1つの題材や活動に埋め込んで指導する教育方法上の工夫を合科的・関連的な指導と言う。表面的には総合学習と同じく広い領域にわたる学びとなるが，教科等を前提とする点，子どもの求めや活動に先んじて一定の目的や内容が存在する点，基本的に教師の側で行う工夫である点などにおいて，総合学習とは一線を画する。

4 事前計画の役割と題材の吟味

　子どもの求めを基盤にするとは，子どもたちが口々にやりたいということを何でも好き勝手にやらせることではない。また，多くの場合必然的に体験的，活動的な学習となるが，体験や活動それ自体が目的でもない。それでは単なる放任主義や活動主義であり，教育的に価値ある経験が生み出される保証はないからである。また，子どもの場当たり的で表層的な興味にまかせて右往左往しているだけでは，経験の積み上げに偏りやむらが生じ，深い探究や充実した学習につながらない。

　したがって，子どもの求めを最優先としながらも，経験が教育的なものと

なるよう，教師の側で柔軟かつ周到な事前計画（見通し）を立て，それを目安に適切な支援や学習環境整備を行う必要がある。実際，様々な求めを抱く数十人の子どもたちを前に，何ら事前計画をもたず，その場その場でカリキュラムを決め，活動を組織していくというのは不可能に近い。むしろ逆で，事前計画をしっかりともつことで子どもの求めや事実をよりよく見とることができ，適切に応じられる。子ども中心で進めるからこそ，いよいよ周到な事前計画が大切になってくるのである。

　もちろん，計画は子どもの求めや事実に即して随時修正されるべきであるし，そもそも事前計画自体が子どもの求めや事実の見とりから構想されるべきである。重要なのは，教師も子どもも，自分たちが立てた計画に拘束されないということであろう。

　子どもの求めや事実の見とりとともに，題材の吟味も教師の重要な仕事である。どんな題材とのかかわりが，子どもたちに教育的な経験を生むのか。長野県伊那市立伊那小学校では，次の4点を題材の価値を点検する窓口として「学習の成立の4条件」を定めている[2]。

> ①素材が子どもたちにとって共通の関心事に属しているか。その関心も頭だけのものではなく，子どもたちの胸をときめかすようなものであるか。
> ②その素材とかかわることによって，子どもに「こうしたい」「どうしてだろう」という求めが次々と生まれ，その求めが「〇〇を〇〇によって〇〇したい」という具体的なめあてとなって連続していく見通しがあるか。
> ③そこで行われる活動がどの子にとっても可能なものであり，しかもやりがいのあるものになりそうか。
> ④その活動を展開することを通して，その子にふさわしい「学力」を身につけることになりそうか。

　実際には，4条件すべてがそろってから学習を始めることは少なく，教師の判断で思い切って活動に入ることも重要である。なぜなら，活動を始める

には子どもの意識や意欲が何よりも大切であり，タイミングを逸してはならないからである。また，活動を展開する中で，子どもも教師もその材のよさを認識し，条件がそろってくることも多い。このように，子ども中心カリキュラムとは，子どもと教師が協働し，綿密な計画を立てながらも活動の展開に即して柔軟にそれを変更しながら生成し続けていくものである。

5　生活教育における原理の実践的統一

　カリキュラム編成の第2の原理である社会現実への対応と第3の原理である子どもの求めの実現は，生活現実の吟味・拡充という，より大きな原理を構成する2つの側面でもある。そして，生活現実の吟味・拡充という原理は，文化遺産の継承・発展という第1の原理と明瞭なコントラストをもって対峙する。教育史を振り返っても，教育の原理としての科学と生活，知識と経験，教育方法としての系統学習と問題解決学習，カリキュラム編成原理としての教科学習と総合学習は常に対立してきた。

　自分たちを取り巻く生活現実に明晰に自覚し，時に批判的に吟味し，多様な他者と協働してよりよい未来を切り開くと共に，その過程において自己の生き方，在り方を更新していく。そのための資質・能力を育てたい。生活現実の吟味・拡充という原理は，このような教育観に立っている。

　このような教育の立場は広く生活教育と呼ばれてきたが，その際，客体としての社会現実に重心をおくか，主体としての子どもに重心をおくか，その違いが第2の原理と第3の原理を分ける。同じく生活教育の立場にありながらも，両者は時に鋭く対立してきた。しかし，両者は二律背反の関係にはなく十分に両立し得るし，それこそが目指すべき生活教育の姿であろう。

　まず，子どもとても現代社会に生きる一員であり，未来社会の当事者である。したがって，資源の枯渇や少子高齢化のような現代社会の問題，生命やキャリアといった社会生活の本質に関わる問題に，心のどこかでは関心を抱き，問題意識の芽を育ててきている。つまり，社会課題について潜在的な学びへの求めをもっていると考えるのである。ならば，彼らの内面を見とり，適切な投げかけや場づくりをすることで，子どもたちは環境問題やいのちの問題を，自らの求めに根差した学習として探究していくのではないか。

たとえば，朝の会の話し合いでごみの分別回収やリサイクルが話題になるかもしれないし，国語の説明文教材にも環境問題を取り扱ったものは少なくない。力業は禁物だが，無理のない範囲でそのことをより明確に意識化するような手立てを講じ，反応を見守ってみる。そこから，自然な形で現代社会の課題を探究する学習が立ち上がる可能性は決して低くはない。

　また，純粋に子どもの求めから発した活動といえども，現代社会の一隅で展開する以上，社会課題と何らかの接点を持ち得る。当初の求め自体，活動自体は社会課題と無関係でも，ちょっとした出来事がきっかけとなって社会課題の探究へと展開することは，子ども中心の学習の中でしばしば生じてきた。先に例示した牛の飼育でも，いのちや性の学習が生み出されていたし，おいしい豆腐をつくろうと懸命の努力を続ける中で，遺伝子組み換え大豆やポストハーベスト農薬のことが気がかりとなり，食の安全・安心から日本の農業の現状，さらには世界の食糧問題へと発展した事例もある。

　社会現実への対応と子どもの求めの実現という2つの原理，2つの教育的要求は決して対立しない。すでに社会現実を引き受けて生きている子どもの潜在的求めや現に活動する姿を丁寧に見とるという実践的営為の中に，伝統的対立を乗り越え，両者を統一的に実現する方途はいくらもある。

第4節　3つの編成原理から見た学習指導要領の現状

　以上検討してきたように，カリキュラム編成には3つの原理があるが，今日ではいずれか1つのみによってカリキュラムが編成されることはまれで，多くは3つの原理を組み合わせて用いている。

　学習指導要領は現在，各教科，特別の教科である道徳，特別活動，総合的な学習の時間の4領域を柱に編成されている（さらに小学校では外国語活動が加わり，高校では道徳がない）。このうち，生活科を除く各教科は科学・学問・芸術の教育を担っており，文化遺産の継承・発展という原理に立脚している。一方，道徳，特別活動，総合的な学習の時間と生活科は，それぞれの角度から生活教育を担っている。このように，学習指導要領には，教科課程と生活課程という編成原理の異なる2課程が独立・併存している（図2-1）。

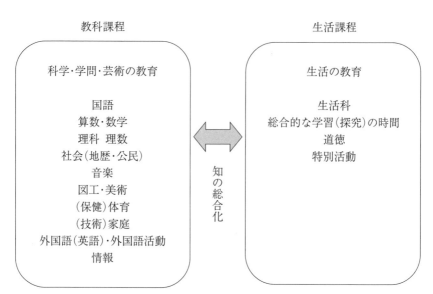

図2-1　現代日本の学校における教育内容の構造

　先述の通り，教科課程を支える文化遺産の継承・発展と生活課程を支える生活現実の吟味・更新は，カリキュラムを生み出す2大原理であり，歴史的には鋭く対立することもしばしばであった。両者は一見，水と油であるが，この点について学習指導要領は，知の総合化という概念によって両者の有機的関連を図り，一方の充実が他方の発展に寄与するという相互促進的な働きを生み出そうとしている。知の総合化とは，各教科で学ぶ系統的な知識や技能を総合的な学習の時間等における生活実践上の問題解決に用いることで，教科を学ぶ意義を深く実感させると共に，「習得」した知識や技能の「活用」力を高めようという考え方であり，実践上の工夫である。

　一方，生活課程の質の向上にも，知の総合化は大きく貢献する。生活教育はややもすれば生活実践上の具体的な処し方に意識が向かいがちで，なぜそうするのかという原理的理解を欠いた反知性的なものに陥りやすい。総合的な学習の時間に地域の人たちから生き生きとした暮らしの知恵を学ぶことは意義深いが，さらに何でも鵜呑みにすることなく批判的に吟味する姿勢が望まれる。そして，そこでこそ日常の生活経験だけでは到達しがたい科学的認

識の深まりを目指す教科の学力が有用な武器となる。「考える子ども」「だまされない国民」を育てるという意味からも，教科で培われた力を存分に駆使し，生活実践上の問題解決にあたることは極めて重要である。

　教科課程と生活課程，文化遺産の継承・発展と生活現実の吟味・更新は対立するどころか，有機的な関連を適切に図ることで，2つの課程が相互促進的に躍動するカリキュラムを生み出すことができる。学習指導要領は，まさにそのような教育をこそ想定し，現に目指しているのである。

参考文献
1) Bruner, J. S. *The Process of Education*. Harvard University Press, 1960. J. S. ブルーナー著，鈴木祥蔵・佐藤三郎訳『教育の過程』岩波書店，1963 年。
2) 北原和俊「内から育つ」平野朝久編著『子どもが求め，追究する総合学習』学芸図書，1995 年。

学びを深めるための参考図書
平野朝久『はじめに子どもありき──教育実践の基本』東洋館出版社，2017 年。
守屋淳・澤田稔・上地完治編著『子どもを学びの主体として育てる──ともに未来を切り拓く教育へ』ぎょうせい，2014 年。

学びを深めるための課題
(1) 1つの教科を選び，ブルーナーの言う構造に当たるものを，文部科学省から出ている学習指導要領解説等を参考にリストアップしてみよう。
(2) 社会的効率主義と社会改造主義の違いは，教育は社会の変化に付いて行くのか，社会の変化を生み出すのか，という立場性の違いでもある。このことを参考に，学校教育と社会，さらには政治とのあるべき関係について議論してみよう。

第3章　資質・能力の育成と教育課程

　近年，内容中心から資質・能力を基盤としたものへと，学力論の拡張が世界的な規模で進行している。本章ではまず，資質・能力とは何か，内容中心の教育のどこに問題があったのかを，子どもの学習を巡る研究の進展に沿って整理する。

　2017年版学習指導要領は，資質・能力育成を目指して改訂された。その経緯と学力論上の意味，教育課程編成のポイントについて，「各教科等の特質に応じた見方・考え方」を中心に検討し，各教科等の特徴や果たすべき役割について，資質・能力の視点から理解する。

第1節　すべての子どもを優れた問題解決者にまで育て上げる

1　学習の転移は簡単には生じない

　学校では様々な知識を教えてきたが，その習得自体は最終的なゴールではない。子どもがその知識を活用して洗練した問題解決を成し遂げ，よりよい人生を送ることができるところまでを視野に入れる必要がある。

　もちろん，少しでも多くの知識を教え込むことに腐心してきたように見える従来型の教育も，子どもを「歩く百科事典」にしようとしたわけではなく，質の高い問題解決者にまで育て上げることを視野に入れてはいた。従来型の教育は，この目標を，学問・科学・芸術などの文化遺産から知識・技能を選りすぐり教授することで達成できると考え，現に実行してきたのである。

　なぜなら，それらは人類が成し遂げてきた最も偉大にして洗練された革新的問題解決の成果であり，子どもは習得した知識を適宜上手に活用すること

で，同様の優れた問題解決を成し遂げながら人生を生きていくに違いない。さらには，たとえば数学は知識の習得に際し，厳密な形式論理的思考を要求する。したがって，その過程では論理性や思考力が培われ，それは図形や数量以外の，それこそ政治や経済のような社会的事象の構造的理解や批判的思考にも礎を提供するであろうと考えた。つまり，従来型の教育は大いなる学習の転移（第1章第3節参照）が常に生じること，それに伴って形式陶冶的な学力がほぼ自動的に形成されることを暗黙の前提としていたのである。

　しかし，心理学は1970年代までに転移はそうそう簡単には起きないし，その範囲も極めて限定的であることを証明してしまったから，この前提はもろくも崩れ去る[1]。たとえば，2007（平成19）年の全国学力・学習状況調査の小学校算数の問題において，同じ平行四辺形の面積に関する知識を適切に用いれば正答できる問題であるにもかかわらず，授業で教わった通りの尋ねられ方をするA問題の正答率が96％だったのに対し，図形が地図の中に埋め込まれたB問題では18％と，両者の間には大きな乖離が認められた（図3-1）。

　この事実は，知識は単に教わっただけでは自在には活用されないこと，つまり学習の転移が簡単には生じないことを鮮明に示している。したがって，

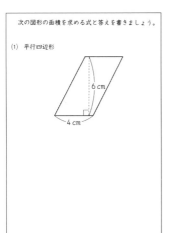

図3-1　平成19年度全国学力・学習状況調査6年生算数のA問題（左）とB問題（右）

特定の教科における思考や創造の経験が思考力や創造力をもたらし，それがほぼ自動的に他の領域にも自在に適用可能なものとなるのかについても，大幅な留保や見直しが必要であろう。

2　非認知的能力の重要性と育成可能性

　一方，マクレランド（McClelland, D.）は，領域固有知識の所有や基本的理解を問う伝統的な学力テスト，学校の成績や資格証明書の類いが，およそ職務上の業績や人生における成功を予測し得ないことを多数の事実を挙げて論証した。たとえば，国務省は海外で働く外務情報職員（任地で図書館を運営したり文化的催しを企画する）の人事選考を，経済学や行政学などの専門教養，語学，一般教養などのテスト成績によって行っていた。ところが，それらのスコアと任地での仕事ぶりや業績との間には，ほとんど相関が認められなかった。要素的知識の単なる所有は，およそ質の高い問題解決の十分条件ではなかったのである。

　では，何が職務上の業績を予測するのか。この探究に際しマクレランドは，卓越した仕事ぶりを示す職員と凡庸な業績しか挙げられない職員を国務省に選んでもらうと共に，職員に詳細な面接を行った。その結果，以下の3つが，卓越した職員を凡庸な職員から区別する要因として見出された[2]。

　　①異文化対応の対人関係感受性：異文化に属する人たちが語り，意味することの真意を聴き取る能力，彼らがどう対応するかを予測する能力。
　　②他の人たちに前向きの期待を抱く：敵対する人も含め，すべての他者の基本的な尊厳と価値を認める強い信念，さらにストレス下でもこの前向きの信念を保ち続ける能力。
　　③政治的ネットワークをすばやく学ぶ：そのコミュニティにおいて誰が誰に影響を及ぼしており，各人の政治的，権力的立場がどのようなものかをすばやく察知する能力。

　これらは大学教育まで含めて，およそ学校で育成されるもののリストには含まれてこなかったか，少なくとも中核的ではなかっただろう。しかし，実

際の仕事ぶりを左右したのはこれらの要因だった。

　マクレランドによると，人生における成功には，もちろん知識も必要不可欠ではあるが，その比重は従来の常識から見ればかなり小さい。そして，より大きな影響力を示したのは，意欲や感情の自己調整能力，肯定的な自己概念や自己信頼などの情意的な資質・能力であり，対人関係調整能力やコミュニケーション能力などの社会スキルであった。

　これら，非認知的能力の重要性は，大好きなおやつを一時的に先送りできるかどうかという4歳時点での自制心の高さが，彼らの将来を正確に予測できるというミシェル（Mischel, W.）の研究などによって，今や広く知られている[3]。おやつを待てた子は待てなかった子に比べ，青少年期に問題行動が少なく，理性的に振る舞い，大学進学適性試験（SAT）のスコアが2400点満点中，平均で210点も高かった。また，成人後の肥満指数が低く，危険な薬物に手を出さず，対人関係に優れており，自尊心が高いとの報告もある。

　しかも，近年の研究によると，感情の自己調整能力や社会スキルは生得的に運命づけられた不変な人格特性ではなく，組織的・計画的な教育によって十分に育成・改善が可能であり，むしろ幼児教育段階から適切に育てられることが有効であり，望まれてもいる。

3　世界のトレンドとしての資質・能力育成

　ならば，生涯にわたる洗練された問題解決の実行に必要十分なトータルとしての学力育成を最優先の課題として，学校教育を抜本的にデザインし直してはどうか。これが，資質・能力（コンピテンシー：competencies）を基盤とした教育の基本的な考え方である。

　それは，教育に関する主要な問いを「何を知っているか」から「何ができるか」，より詳細には「どのような問題解決を現に成し遂げるか」へと転換する。そして，学校教育の守備範囲を知識・技能に留めることなく，それらをはじめて出合う問題場面で自在に活用できる思考力・判断力・表現力等の汎用的（generic）認知スキル，粘り強く問題解決に取り組む意志力や感情の自己調整能力，対人関係的困難を乗り越える社会スキルの育成にまで拡充すること，すなわち学力論の大幅な拡充と刷新を求める。知識・技能について

表3-1　諸外国の教育改革における資質・能力目標

DeSeCo		EU	イギリス	オーストラリア	ニュージーランド	(アメリカほか)	
キー・コンピテンシー		キー・コンピテンシー	キースキルと思考スキル	汎用的能力	キー・コンピテンシー	21世紀スキル	
相互作用的道具活用力	言語, 記号の活用	第1言語外国語	コミュニケーション	リテラシー	言語・記号・テキストを使用する能力		基礎的なリテラシー
	知識や情報の活用	数学と科学技術のコンピテンス	数学の応用	ニューメラシー			
	技術の活用	デジタル・コンピテンス	情報テクノロジー	ICT技術		情報リテラシー ICTリテラシー	
反省性(考える力) (協働する力) (問題解決力)		学び方の学習	思考スキル (問題解決) (協働する)	批判的・創造的思考力	思考力	創造とイノベーション	認知スキル
						批判的思考と問題解決	
						学び方の学習	
						コミュニケーション	
						協働	
自律的活動力	大きな展望	進取の精神と起業精神		倫理的行動	自己管理力	キャリアと生活	社会スキル
	人生設計と個人的プロジェクト						
	権利・利害・限界や要求の表明	社会的・市民的コンピテンシー 文化的気づきと表現	問題解決 協働する	個人的・社会的能力 異文化間理解	他者との関わり 参加と貢献	個人的・社会的責任	
異質な集団での交流力	人間関係力						
	協働する力						
	問題解決力					シティズンシップ	

(国立教育政策研究所, 2013)

も，記憶中心の個別的な知識から概念的な理解へ，さらに必要に応じて自在に繰り出されるものへと，その質を高めていこうとの動きが顕著である。

　具体的には，まず1997年から2003年にかけてOECDのDeSeCoプロジェクトがキー・コンピテンシーを提起し，PISA（学習到達度調査：Programme for International Student Assessment）をはじめとする国際学力調査に導入した。一方，EUはキー・コンピテンシーを独自に定義し，域内における教育政策の共通的基本枠組みとした。また，北米では21世紀型スキルという名称の下，主に評価を巡って検討が行われ，その成果は後にPISAにも反映された。このような動向はイギリス，オーストラリア，ニュージーランドなどにも波及し，現在，多くの国や地域で資質・能力を基盤とした様々な教育改革が進行中である。

　国立教育政策研究所は，諸外国の動向を表3-1のように整理している[4]。そして，資質・能力を基盤とした各国の新しい学力論が，①言語や数，情報を扱う基礎的なリテラシー，②思考力や学び方の学びを中心とする高次の認知スキル，③社会や他者との関係やその中での自律に関わる社会スキル（上記の非認知的能力に対応）の三層に大別できると結論づけている。

第2節　資質・能力の育成と 2017 年版学習指導要領の学力論

1　3つの視点と学力の三層構造

　我が国に目を転じると，1996 年に提起された「生きる力」の中に，すでに資質・能力を基盤とした教育への胎動を認めることができるが，「次期学習指導要領に向けての基礎的な資料を得ること」を明記して本格的検討を進めたのは，2012 年 12 月に文部科学省内に設置された「育成すべき資質・能力を踏まえた教育目標・内容と評価の在り方に関する検討会」であろう。検討会は 2014 年 3 月に「論点整理（主なポイント）」を公表し，「現在の学習指導要領に定められている各教科等の教育目標・内容を以下の 3 つの視点で分析した上で，学習指導要領の構造の中で適切に位置付け直したり，その意義を明確に示したりすることについて検討すべき」とした。

　　ア）教科等を横断する汎用的なスキル（コンピテンシー）等に関わるもの
　　　①汎用的なスキル等としては，例えば，問題解決，論理的思考，コミュニケーション，意欲など
　　　②メタ認知（自己調整や内省，批判的思考等を可能にするもの）
　　イ）教科等の本質に関わるもの（教科等ならではの見方・考え方など）
　　ウ）教科等に固有の知識や個別スキルに関するもの

　これらは，単に検討すべき視点が 3 つ存在することを示す以上に，学力をこのような三層構造で考えるという新たな視座を提供したものと言える。
　歴史的に見ても，ア）の汎用的スキルと，ウ）の領域固有知識は，「問題解決力の育成が本質で，知識はその手段に過ぎない」とする経験主義的な立場と，「まずは知識を教えなければ，そもそも考えることすらできない」とする系統主義的な立場の間の論争を典型として，「あれかこれか」の対立図

式で議論されがちであった。これに対し上記の三層構造では，イ）の教科等の本質を仲立ちとすることで，二元論的解釈に陥りがちなア）とウ）を有機的に統合し，調和的に実現する教育が明確にイメージされている。

　それぞれの教科等で指導しているいかなる領域固有知識も，もとを正せば，その教科等ならではの「見方・考え方」に基づく探究や議論の中から析出してきたに違いない。したがって，一見すると多岐にわたる膨大な領域固有知識も，その教科等の本質との関わりにおいて，必ずや体系的，統合的に把握できるはずである。また，教科等の本質との関わりを意識することによって，個々の知識に関する理解も深まり，結果的に定着もよくなるであろう。

　一方，汎用的なスキルには，特定の教科や領域にあまり依存しない文字通りの汎用的スキルも確かにある。外務情報職員の研究でマクレランドが見出した3つの要因などはその典型であろう。その一方で，ある教科等の「見方・考え方」が，当初の領域や対象を超えて，他の領域や対象に適用されるものもある。自然の事物・現象をよりよく探究するために発展してきた近代科学の方法や原理は理科の中で体系的に指導されるが，それを社会事象や人間の理解に適用するというのは，その代表的なものである。

　このような理解に立った時，水と油の関係に見えたア）の汎用的スキルとウ）の領域固有知識は，イ）の教科等の本質を仲立ちとして有機的に結びつき，三者が全体として調和的な1つの構造を成す。

2　資質・能力の3つの柱

　その後，2014年11月に文部科学大臣から中央教育審議会への諮問があり，学習指導要領の改訂作業がスタートした。2年間の議論を経て，2016年12月21日，中央教育審議会は「幼稚園，小学校，中学校，高等学校及び特別支援学校の学習指導要領等の改善及び必要な方策等について」（以下，答申と略記）を取りまとめる。そして，2017年3月より順次，学習指導要領が告示されてきた。

　中央教育審議会での議論は，もちろん先の検討会の結論を踏まえて行われたが，結果的に学習指導要領は，その学力論として「資質・能力の3つの柱」，つまり「知識及び技能」「思考力，判断力，表現力等」「学びに向かう

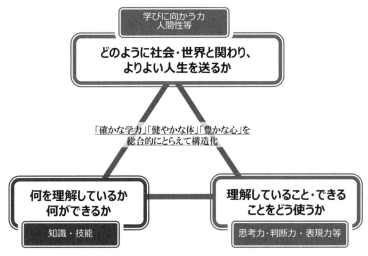

図3-2　資質・能力の3つの柱

力，人間性等」という表し方を選択する（図3-2）。

　3つの視点と3つの柱は，イメージしている学力それ自体に大きな違いはない。では，なぜこうも違ってくるのか。学力というのはいわば立体的な構造物だから，その表現に際しては，何らかの角度でもってスライスして見せる必要がある。つまり，3つの視点と3つの柱では，同じ学力という構造体をどの角度から切って見せるか，その切断面の角度が違うのである。

　3つの柱を生み出す角度が選択された最大の理由は，学校教育法第30条第2項に規定された，いわゆる「学力の3要素」，すなわち「基礎的・基本的な知識・技能」「知識・技能を活用して課題を解決するために必要な思考力・判断力・表現力等」「主体的に学習に取り組む態度」との整合性であろう。もちろん，それ自体は極めて妥当な判断である。また，同様の整理はOECDや世界各国の学力構造論でも提起されている。つまり，資質・能力の3つの柱は，目下における学力論のグローバル・スタンダードに準拠したものであり，妥当性の高いよくできた学力モデルと言える。

　では，改めて3つの視点と3つの柱の関係を見てみよう（図3-3）。3つの視点の「ア」教科等を横断する汎用的なスキル（コンピテンシー）等に関わ

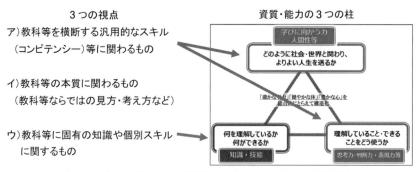

図3-3 「3つの視点」と「資質・能力の3つの柱」の関係構造

るもの」は，メタ認知をも含めた，認知的・情意的・社会的なすべての汎用的スキルを含み込んでいる。さらに，明示こそされてはいないが，価値や態度に関わる学力要素も，ここに位置付けられると解釈していいだろう。

これに対し，3つの柱の「思考力，判断力，表現力等」には，主に認知的な汎用的スキルが，「学びに向かう力，人間性等」には，情意的・社会的なスキルに加えて，価値や態度に関わる学力要素が位置付くと考えられる。つまり，3つの視点と3つの柱は，この部分について，ほぼ1対2の関係でそれぞれ整理されていると解釈しうる。

一方，3つの視点の「ウ）教科等に固有の知識や個別スキルに関するもの」は，3つの柱の「知識及び技能」ときれいに対応している。

かくして，3つの視点の側においてのみ，「イ）教科等の本質に関わるもの（教科等ならではの見方・考え方など）」が残る。2017年版学習指導要領では，これを「各教科等の特質に応じた見方・考え方」という新たな概念として3つの柱とは別建てにし，各教科等の目標の中に記載するなどして，明確に学力論の中に位置付ける。

2017年版学習指導要領では，各教科等の目標の記述様式が大幅に刷新された。たとえば，小学校算数科の目標は次の通りである。

> 数学的な見方・考え方を働かせ，数学的活動を通して，数学的に考える資質・能力を次のとおり育成することを目指す。

(1) 数量や図形などについての基礎的・基本的な概念や性質などを理解するとともに，日常の事象を数理的に処理する技能を身に付けるようにする。
(2) 日常の事象を数理的に捉え見通しをもち筋道を立てて考察する力，基礎的・基本的な数量や図形の性質などを見いだし統合的・発展的に考察する力，数学的な表現を用いて事象を簡潔・明瞭・的確に表したり目的に応じて柔軟に表したりする力を養う。
(3) 数学的活動の楽しさや数学のよさに気付き，学習を振り返ってよりよく問題解決する態度，算数で学んだことを生活や学習に活用する態度を養う。

　具体的な表現は各教科等により微妙に異なるが，基本的な構造としては，まず第1の文において，各教科等の特質に応じた「見方・考えを働かせ，○○な活動を通して，△△する（のに必要な）資質・能力を次の通り育成することを目指す」と宣言される。そして，その後に (1)～(3) として，資質・能力の3つの柱に基づき，知識及び技能，思考力，判断力，表現力等，学びに向かう力，人間性等に関する具体的な記述が列挙されている。
　つまり，3つの視点における「イ）教科等の本質に関わるもの（教科等ならではの見方・考え方など）」から姿を変えた「各教科等の特質に応じた見方・考え方」を働かせた学習活動を通して，資質・能力の3つの柱を育成するという構造になっているのである。
　このように，2017年版学習指導要領では学校教育法等との整合性を確保しつつ，3つの視点が示した学力の三層構造の理念を発展的に継承している。

第3節　「見方・考え方」の角度から各教科等と教育課程を眺め直す

1　対象と方法

　以上の整理からもわかるように，「各教科等の特質に応じた見方・考え方」

は，資質・能力の育成を目指した教育課程編成における重要な鍵概念である。では，「各教科等の特質に応じた見方・考え方」とは，具体的にどのようなものか。この問いに答えるには，そもそも教科等とは何かという地点にまで一度立ち戻って考える必要がある。

ごく普通に「この教科は何をするんですか」と尋ねると，理科なら「自然の事物・現象を扱う」，国語科なら「言葉や文章について必要な事項を教える」といった答えが返ってきそうである。しかし，各教科等は取り扱う対象や領域と共に，それらにどうアプローチするかという認識や表現の方法によっても明確に特徴づけることができる。

たとえば，理科は自然の事物・現象を対象とするが，輪廻転生は教えない。「輪廻転生は間違いだから」と理科教師は言うかもしれないが，近代科学主義なり実証主義という認識論的立場に立つからそういう判断になる。哲学や宗教，文学や芸術から見れば，輪廻転生というアイデアには大きな可能性があり，現にそれに依拠して美的創造を成し遂げ，あるいは幸せな人生を送った人々は，歴史的に見ても膨大な数に上る。

実際，国語科では佐野洋子の『100万回生きたねこ』を教材文にし，「どうしてねこは死んだのか」を学習問題に議論するが，それはファンタジーという世界観なり方法論を基盤にしてこそ，成立する。一方，サイエンスに立脚する理科では，それは「荒唐無稽な」議論として退けられるし，国語科でも教材文がネコに関する説明文であれば，やはりそうはしないだろう。

このように，各教科等には，知識や価値や美を生み出す独自にして根拠のある方法論がある。しかも，それらの間に優劣を付けることはできない。サイエンスから見ればファンタジーは荒唐無稽な絵空事に映るかもしれないが，ファンタジーという形式や方法でしか描くことのできない人生における重要な真実もまた，確実に存在するのである。

文部科学省は「各教科等の特質に応じた見方・考え方」の英訳として，a discipline-based epistemological approach を用いてきた。第2章第1節で紹介した学問中心カリキュラムの原語が discipline centered curriculum であるように，discipline とは学問分野を意味する。しかし，同じ学問分野でも対象や領域ではなく，その分野に固有な原理原則や独自な方法論を強調する

表現がdisciplineである。したがって，a discipline-based epistemological approachとは，その教科に独自な方法論を基盤とした認識論的アプローチという意味になり，上記の議論と整合する。そして，それこそが「見方・考え方」が具体的に指し示すものにほかならない。

　内容中心の立場からすれば，各教科等の存在意義，さらには教育課程上に固有の時数を確保する根拠は，第一義的には，そこで教授される領域固有知識の価値であり量であろう。一方，資質・能力育成の視点からすれば，教科等の特質に応じた，それぞれに意味のある，代替不可能な対象に対するアプローチをその内に抱え込んでおり，それを指導する内容との関連において効果的に実現しうることが，むしろ重要になってくる。そして，そのような意味でそれぞれの色合いを持った各教科等が共存・共栄し，カラフルに調和する教育課程の創造を，学校教育は目指すべきだと思考する。

2　対象適合的な「見方・考え方」と，その他領域への適用

　ところで，なぜ理科は近代科学的な「見方・考え方」で自然の事物・現象にアプローチするのだろう。それは，永年に渡って人類が自然の事物・現象に対し様々な挑み方をした末の現状における到達点として，こと自然の事物・現象に関する限り，どうも近代科学的なアプローチが最も多くの豊かな実りをもたらすらしいとの認識が，広く社会的なコンセンサスを得ているからである。

　つまり，各教科等の「見方・考え方」は，その教科等が主に取り扱う対象に対し，現状において最も適合的なものが選択され，体系化されている。この対象適合的な「見方・考え方」を働かせて個別・具体的な対象にアプローチするからこそ，それに見合った「思考力，判断力，表現力等」や「学びに向かう力，人間性等」が培われ，もちろん「知識及び技能」もまた，適切かつ着実に習得できるのである。

　このことを答申では，「教科等における学習は，知識・技能のみならず，それぞれの体系に応じた思考力・判断力・表現力等や学びに向かう力・人間性等を，それぞれの教科等の文脈に応じて，内容的に関連が深く子供たちの学習対象としやすい内容事項と関連付けながら育むという，重要な役割を有

している」（33頁）と説明している。

　と同時に，理科の学習を通して育まれる近代科学という認識論・方法論は，自然の事物・現象以外の，たとえば社会事象に対しても大いに有効である。実際，私たちは自然科学のような厳密なやり方ではなく，多分に擬似的かもしれないが，「条件制御」や「系統的な観察」など近代科学が編み出した知識生成の発想や道具立てを，社会事象の理解や予測にも日常的に様々に適用し，随分とその恩恵に預かってきた。先にも述べたように，汎用的スキルの多くは，特定の教科等の「見方・考え方」として鍛えられたものの，他の領域や対象への適用なのである。

　このように，その教科等の学びを深く豊かなものとし，目標に記された資質・能力の3つの柱を十全に育むために，まずは各教科等の中で，しっかりと「見方・考え方」を育むことが大切である。さらに，それらを当初の領域や対象以外にも適用する機会を設け，どのような場合に，どのような理由でそれが効果的なのかを感得できるようにすることで，その教科等ならではの「見方・考え方」は，様々な問題場面で自在に活用の効く汎用的スキルへと進化を遂げていくであろう。

　ならば，むしろ「見方・考え方」に注目し，各教科等の特質を明確化してはどうだろうか。それは，もっぱら対象や領域の角度から眺めてきた各教科等を，90度ずらした地点から眺め直してみることである。きっと，すっかり別な景色や表情が見えてくるに違いないし，まったく別物と思い込んでいた教科等同士に思わぬ共通点を発見できるかもしれない。

3　野生の思考

　各教科等ならではの「見方・考え方」と言うが，対象にどうアプローチするかという認識論や方法論という意味では，時に複数の各教科等にまたがって現れる場合もある。

　たとえば，図工科の「材料を基に造形遊びをする」では，あらかじめの意図や計画ではなく，材料との間にその都度生じる多分に偶発的な出合いと，その子どもによる闊達自在な必然化や選択の絶えざる繰り返しにより，美的な創造の営みが展開されていく。そこでは，本来異なるカテゴリーに属する

もの同士を独自な視点や理路により大胆に「つなげる」「見立てる」「たとえる」といった思考の様式，かつてレヴィ＝ストロース（Lévi-Strauss, C.）が「野生の思考」と呼んだものが豊かに作動している[5]。

　要素技術の思いもかけない新領域への適用や，限られたリソースを駆使して高い付加価値を有する商品を開発する場合など，知識基盤社会での新たな知や価値の創造，つまりイノベーションにおいて，この「野生の思考」が豊かに発揮され，目覚ましい成果を挙げていることに疑いの余地はない。アップル社の創業者であるスティーブ・ジョブズなどは，その典型と言えよう。それは，産業社会を支えてきた近代合理主義に基づく一方向的で等速直線運動的な発想や構想とはすっかり異なるものであり，従来の学校教育がおよそ明晰な意図を持ってしっかりと育んではこなかった類いの思考である。

　造形遊びに潜在するこのような可能性について，現状では十分に自覚的ではなく，そこで培われている豊かな発想・構想の力が美的造形以外の対象に発動されることを想定しきれていないのは，実にもったいないことである。

　なお，この「つなげる」「見立てる」「たとえる」といった思考を基盤とした美や価値の創造は，造形領域に留まらない。国語科で扱う短歌，俳句，詩などにも，ほぼ同様の思考と表現の操作を言語に対して適用している側面を認めることができる。

　興味深いのは，言語を対象とする国語科の中に，命題論理的な操作という意味で，むしろ算数・数学科や理科に近い思考操作をする学びと，「野生の思考」を行う領域が同居していることであろう。国語科は，物語文と詩と説明文，つまり散文と韻文と論説文という，思考操作的に大きく異なる少なくとも3種類の言語文化を扱っている。まずはこのことを明晰に自覚し，子どもたちにも同じ言葉や文章を，かなり異なるアプローチで読んだり書いたりしていることに気付かせたい。そして，それぞれの思考操作の特質を感得し，自在に使いこなせるよう指導したいものである。

　同様のことは前述の図工科にもあって，「造形遊び」と並ぶ内容である「表したいことを絵や立体，工作に表す」では，あらかじめの意図や計画に沿った造形活動の展開が期待されている。

　その意味では，家庭科の調理や被服の領域において，あらかじめの意図や

計画に沿った創出に終始しているとすれば、やや不自然かもしれない。実際の家庭生活では、冷蔵庫の残り物と対話しながらもう一品を「でっちあげる」のであり、それはまさに「野生の思考」的創造である。何日も前から計画を立て、大枚をはたいて食材を準備し、中途半端に様々な材料を残しながらやっとこさで一品を仕上げる「男の料理」と、どちらが家庭科、つまりホーム・エコノミクス的に見て優れたアプローチなのか考えてみるのも面白いし、それによって調理実習のあり方も少なからず変わってくるかもしれない。

4　教科等を超えて有効な知識生成の方略

　「野生の思考」を例に、特定の「見方・考え方」が複数の教科等にまたがって現れることを見てきた。しかし、さらに複雑なことも起こっている。

　たとえば、比較、分類、関連付けなどはどの教科等の学びでも出てくるし、有効である。「では、どの教科で分担して教えるのですか」と悩む人があるが、そういう堅苦しい発想は得策ではない。およそ比較という方法論を用いない学問はないから、実はこれはごく自然なことなのである。

　したがって、有効な場面があればどの教科でもどんどん使えばいいし、様々な対象や状況に対して同じ比較なり分類という操作を繰り返し適用する経験を通してこそ、比較なり分類という知識生成の方法論に熟達する。

　その際、同じ比較なり分類であっても、対象や状況によって、その様相は微妙に変化してくる。理科の比較と社会科の比較では、当然どこに注目し何を重要な違いとみるかは異なってくるだろう。と同時に、それでもなお同じ比較という思考操作である限り、常に現れてくる特徴や留意点などの共通項もあるはずである。

　大切なのは、比較なり分類という操作において何が教科等を超えて共通しており、何が教科等によって変化するのか、さらに変化の理由は何かといったことに関する知識であり、その全体的で統合的な理解である。同一の知識生成の方法論を多様な対象や状況に適用する経験を積み上げる中で、次第にそういった知識は増大し理解も深まっていく。また、教師がそのことを、子どもにもそれとわかるように明示的に指導することで、より着実に理解を促すことも有効である。

さらには，なぜ理科と社会科では比較の枠組みや基準が異なるのかと考えていけば，自ずと理科なり社会科が一貫して用いている「見方・考え方」の本質的特徴に行き着くはずである。そして，その気付きは各教科等の本質や系統に関する子どもの洞察を一気に深めるに違いない。

5　鋭角的な学びと間口の広い学び

　以上，見てきたように，まずはその教科等における対象適合的な「見方・考え方」をしっかりと子どもが学び取れるよう配慮・工夫することが，今後の教育課程編成と授業づくりに求められる。しかし，それだけでは子どもたちは複雑多岐に渡る実社会・実生活の問題場面や状況において，洗練された独創的な問題解決を果たしていけるまでにはならない。

　さらに，「各教科等で育まれた力を，当該教科等における文脈以外の，実社会の様々な場面で活用できる汎用的な能力に更に育てたり，教科等横断的に育む資質・能力の育成につなげたりしていくためには，学んだことを，教科等の枠を越えて活用していく場面が必要」なのであり，「正にそのための重要な枠組みが，各教科等間の内容事項について相互の関連付けを行う全体計画の作成や，教科等横断的な学びを行う総合的な学習の時間や特別活動，高等学校の専門学科における課題研究の設定などである」(32頁)と，答申は述べている。

　これら教科横断的な探究が求められる場においては，どの方法が使えるのかがあらかじめ見えていない。しかし，だからこそ子どもたちは各教科等で身に付けてきた「見方・考え方」という問題解決の「道具」の数々を自覚し，整理して俯瞰的に眺め，どれがどんな理由でどの問題状況に適合するのかを考え，現に試し，その有効性や留意点を深く実感していく。

　このように，対象適合的な「見方・考え方」を鋭角的に学び深めていく各教科等と，それらを間口の広い対象に適用する中で，教科等の枠組みを超えて「見方・考え方」を整理・統合し，ついには自家薬籠中のものとする教科等横断的な学びとが，各学校の教育課程の中で豊かなハーモニーを奏でるよう工夫することが，これからの教育課程編成に求められている。

参考文献
1) 奈須正裕「学習理論から見たコンピテンシー・ベイスの学力論」奈須正裕・久野弘幸・齊藤一弥編著『知識基盤社会を生き抜く子どもを育てる——コンピテンシー・ベイスの授業づくり』ぎょうせい，2014 年，54-84 頁。
2) McClelland, D. 1993 Introduction. In Spencer, L. M. & Spencer, S. M. 1993 *Competence at work: Models for a superior performance.* John Wiley & Sons. pp. 3-8.
3) ウォルター・ミシェル著，柴田裕之訳『マシュマロ・テスト——成功する子・しない子』早川書房，2015 年。
4) 国立教育政策研究所「社会の変化に対応する資質や能力を育成する教育課程の基本原理」平成 24 年度プロジェクト研究調査研究報告書，2013 年，13 頁。
5) レヴィ＝ストロース著，大橋保夫訳『野生の思考』みすず書房，1976 年。

学びを深めるための参考図書
奈須正裕『「資質・能力」と学びのメカニズム』東洋館出版社，2017 年。
C・ファデル，M・ビアリック，B・トリリング著，岸学監訳，関口貴裕・細川大輔編訳，東京学芸大学次世代教育研究推進機構訳『21 世紀の学習者と教育の 4 つの次元』北大路書房，2016 年。

学びを深めるための課題
(1) 表 3-1 などを参考に，特定の国や地域の資質・能力育成のあり方について調べ，「3 つの視点」や「資質・能力の 3 つの柱」と比較してみよう。
(2) 比較，分類，関連付け等，どの教科等でも用いる知識生成の方法論について，複数の教科等でそれぞれの特質を検討し，なぜその教科等ではそのような用い方をするのか，教科等を超えた共通点は何か，考えてみよう。

第4章 就学前教育と幼稚園教育要領等

　就学前教育を行う施設は，主に3種類に区分される。幼稚園は文部科学省が所管し，幼稚園教育要領で内容を，保育所は厚生労働省が所管し，保育所保育指針で内容を，幼保連携型認定こども園は内閣府が所管し，幼保連携型認定こども園教育・保育要領で内容を，それぞれ規定している。これらの施設を規定する法令は異なるが，教育・保育の内容は整合性が図られている。2017年の改訂（定）は，「幼児期に育みたい資質・能力」及び「幼児期の終わりまでに育ってほしい姿」を10項目に整理して提示した。その実現のためには，各施設においてカリキュラム・マネジメントを組織的，計画的に行うことが大切である。

第1節　就学前教育の概要

1　就学前教育を行う施設とは

　就学前教育を行う施設には，幼稚園・保育所・幼保連携型認定こども園及びその他の類型（幼稚園型・保育所型・地方裁量型）の認定こども園，小規模保育施設等が存在する。その設置者は，国，市町村，学校法人や社会福祉法人（保育所においては株式会社や企業等も含む）など，他の学校種に比べ，就学前教育を行う施設にはこのように様々な施設のあることが特徴的である。

　いずれの施設においても就学前の子どもの教育及び保育を行う重要な施設であり，その重要性は教育基本法第11条において，「幼児期の教育は，生涯にわたる人格形成の基礎を培う重要なもの」（下線部筆者）と示されている。

　以下，幼稚園，保育所，幼保連携型認定こども園の特色について整理していく（表4-1参照）。

表 4-1　幼稚園・保育所・幼保連携型認定こども園の特色

	幼稚園	保育所	幼保連携型認定こども園
法的性格	学校	児童福祉施設	学校及び児童福祉施設
所管	文部科学省	厚生労働省	内閣府
根拠法令	学校教育法	児童福祉法	就学前の子どもに関する教育，保育等の総合的な提供の推進に関する法律（認定こども園法）
目的	学校教育法第22条 義務教育及びその後の教育の基礎を培うものとして，幼児を保育し，幼児の健やかな成長のために適当な環境を与えて，その心身の発達を助長すること	児童福祉法第39条 保育を必要とする乳児・幼児を日々保護者の下から通わせて保育を行うこと	認定こども園法第2条 義務教育及びその後の教育の基礎を培うものとしての満3歳以上の子どもに対する教育並びに保育を必要とする子どもに対する保育を一体的に行い，これらの子どもの健やかな成長が図られるよう適当な環境を与えて，その心身の発達を助長するとともに，保護者に対する子育ての支援を行うこと
保育・教育内容の基準	幼稚園教育要領	保育所保育指針	幼保連携型認定こども園教育・保育要領

（坂野慎二・湯藤定宗・福本みちよ編著『学校教育制度概論　第2版』玉川大学出版部, 2017年）

　幼稚園は，教育基本法に基づく学校教育法第1条に位置付けられた学校であり，その第22条が示すように「幼稚園は，義務教育及びその後の教育の基礎を培うものとして，幼児を保育し，幼児の健やかな成長のために適当な環境を与えて，その心身の発達を助長することを目的とする」施設である。文部科学省が所管し，幼稚園における教育及びその他の保育内容（教育課程に係る教育時間の終了後等に行う教育活動，いわゆる「預かり保育」）については学校教育法施行規則に示すように，文部科学大臣が公示する「幼稚園教育要領」によるものとしている。

　一方，保育所は，児童福祉法に基づき保育を必要とする子どもの保育（養護と教育を一体的に行う保育）を行い，その健全な心身の発達を図ることを目的とする児童福祉施設である。入所する子どもの最善の利益を考慮し，その福祉を積極的に増進する施設である。厚生労働省が所管し，児童福祉施設の設備及び運営に関する基準に示されるように，保育の内容については，厚生労働大臣が定める「保育所保育指針」に従うものとしている。小規模保育所

等における保育の内容についても，この「保育所保育指針」による。

　幼保連携型認定こども園は，2015（平成27）年4月に施行された子ども・子育て支援新制度において，それまでの認定こども園の類型（幼保連携型・幼稚園型・保育所型・地方裁量型）の1つであったものが，新しく学校及び児童福祉施設として創設された施設である。「就学前の子どもに関する教育，保育等の総合的な提供の推進に関する法律（いわゆる「認定こども園法」）」第2条第7項において，「幼保連携型認定こども園とは，義務教育及びその後の教育の基礎を培うものとしての満3歳以上の子どもに対する教育並びに保育を必要とする子どもに対する保育を一体的に行い，これらの子どもの健やかな成長が図られるよう適当な環境を与えて，その心身の発達を助長するとともに，保護者に対する子育ての支援を行うことを目的」としている。内閣府が所管し，幼保連携型認定こども園の教育課程その他の教育及び保育の内容に関する事項は，主務大臣が定めることとしているが，その際，「幼稚園教育要領」及び「保育所保育指針」との整合性の確保並びに小学校及び義務教育学校における教育との円滑な接続に配慮しなければならないことから，内閣府・文部科学省・厚生労働省の3府省合同告示の「幼保連携型認定こども園教育・保育要領」によるものとしている。従来からの他の類型の認定こども園の教育及び保育の内容も，これを踏まえて行うこととしている。

　このように，我が国の就学前の教育及び保育を行う施設は，戦後の学校教育法，児童福祉法の制定により幼稚園・保育所という制度上の幼保二元化が続く中，近年の少子化，核家族化，都市化，働く保護者の増加等による教育・保育のニーズの多様化，待機児童の増加など，子どもを取り巻く環境の変化により幼稚園と保育所の機能を併せ持った第3の幼保一元化施設の創設にも至った経緯がある。こうした社会的な背景から生じた保護者のニーズに応じるため，様々な就学前の教育を行う施設が存在しているのである。

　それぞれの施設に求められる役割やその特性に違いはあっても，乳幼児期の子どもの発達の特性を踏まえ，その時期にふさわしい生活や遊びを通して健やかな成長を願うことは，どの施設においても同じである。

2 就学前教育の基本

(1) 環境を通して行う教育

就学前教育は「環境を通して行うこと」を基本としている。幼稚園や保育所，認定こども園等の就学前教育を行う施設は，同年代の子どもが集団で生活を共にし，家庭や地域では体験できない社会・文化・自然等に触れ，子どもなりの世界の豊かさに出合い，保育者や友達との生活や遊びの中で様々な体験を積み重ねていく場である。そのため，各施設においては，保育者による直接的な援助のみならず，就学前の子どもに影響を与える環境についても，単にものや遊具，場などを用意しておくのではなく，保育者が乳幼児期の子ども一人一人の行動に潜む内面の気持ちや体験を通した学びの芽生え等を理解し，それらが子どもの発達に必要な体験となってつながるよう，意図的・計画的に教育的な価値をこめて環境の構成をしている。子どもはこうした身近な環境に自ら興味や関心をもって関わり，自分なりのやり方やペースで試行錯誤を繰り返し，保育者や友達と関わりながら，様々な体験を通して環境のもつ意味を感じたり気付いたりしていく。つまり，環境に主体的に関わる中で，ものや人，ことがらなどへの「見方・考え方」を広げたり深めたりしていくのである。そして，その環境へのふさわしい関わり方を身に付けていく中でさらに，「見方・考え方」を豊かで確かなものにしていく。その過程そのものが乳幼児期の学びであり，さらに，その「見方・考え方」は小学校以降へとつながり，各教科等特有の「見方・考え方」の基礎になるだけでなく，将来にわたって必要な生きる力の基礎を培うことになる。

(2) 自発的に取り組む活動としての遊びの重視

就学前教育は生涯にわたる人格形成の基礎を培う重要なものであるにもかかわらず，一般的に「幼稚園等で子どもは遊んでいるだけ」「子どもは幼く大人の指示がなければ何もできない」などと思われていることが多い。

しかし，上の(1)で述べたように，乳幼児期の子どもは身近な環境（ここで言う環境とは，子どもを取り巻くものや人，場の雰囲気も含め全てのものを指す。以下同じ）に自ら興味や関心をもって関わり遊ぶ中で，「生きる力の基

礎」ともいうべき実に様々なことを学んでいる。直感的・感覚的にいろいろなことを繰り返し体験し，その過程自体を楽しみ，その中で保育者や友達と関わりながら学んでいく。遊びに没頭し，様々なことに出合う楽しさを味わうことは，小学校以降の教科の内容等について実感を伴って深く理解することにつながる「学習の芽生え」を育み，学習意欲や学習態度の基盤にもなる。

　幼稚園教育要領「第1章　総則　第1　幼稚園教育の基本」に重視すべき事項として「幼児の自発的な活動としての遊びは，心身の調和のとれた発達の基礎を培う重要な学習」と示されているのは，上記のことを意味している。

　ここで単に「遊び」ではなく「自発的な活動としての遊び」としているのはなぜであろう。「遊び」と言っても，子どもにとっては「遊び」とは言えないような活動を教師主導で「遊び」と称して行われていたり，結果や成果を形として早く求めるがあまり，学びの過程が軽んじられていたりすることも見受けられる。また，就学前教育における「学び」を「小学校の準備教育」や「先取り教育」または「読み書き算数」などといった一面的な受け止めをし，遊びの過程に見られる子どもなりの大事な学びの様相に目を向けずに見逃してしまっていることもある。

　子どもにとっての遊びは，自分の興味や関心に基づいて自ら環境に関わり，自分なりのやり方やペースで試行錯誤を繰り返しながら環境のもつ意味を理解していく重要な学びである。就学前教育においては，その子どもが自発的な活動としての遊びの中での学びの過程を重視しているのである。

(3) 乳幼児の遊びを通した総合的な学びとは──事例から考える

　幼稚園教育要領等では，子どもの生きる力の基礎として必要な体験を発達の側面からまとめた5つの領域（「健康」「人間関係」「環境」「言葉」「表現」）で示している。この領域に示す事項は，小学校の教科のように個別に取り出して指導するものではなく，遊びを通して総合的に指導するものである。つまり，子どもの側から言えば，子どもは遊ぶことを通して発達に必要な経験を総合的に学んでいくのである。

　この子どもの遊びを通した総合的な学びを保障するには，保育者が子どもの遊ぶ姿から，今，どのようなことに興味や関心をもち，何を感じ，何に気

付き，どのように考え，そこで何を学んでいるのか，常に子どもを深く理解する必要がある。

　子どもの言動を深く読み取りながら，子どもが総合的に学ぶ姿を5歳児の10月の事例，A児とB児が紙を丸めてお菓子のマカロンを作り「マカロン屋さんごっこ」をして遊ぶ過程を追って，具体的に捉えてみよう。

■事例　5歳児10月　「マカロンやさんごっこしよう」

> 　A児・B児の二人は，色とりどりのお花紙を丸めてマカロンの皮を作ろうとしている。柔らかい紙なので，丸めてもふわっと戻ってしまう。そこで，紙をカップに詰めて，水道の蛇口を慎重にひねって，水をポタポタと垂らし始めた。**紙は水分を含んで固まっていく。時々，自分の指で湿り具合を確かめ，水の量を調節している。**そうしたカップがいくつもできると，それらをテラスの日当たりに並べ出した。

　子どもは，紙の柔らかさだけでなく，紙は水を含むと固まること，日当たりに置くと乾くことなどの性質を生かし，「マカロン」を作っている。遊びに取り入れようとする過程で紙の湿り具合を自分の手指の感覚で確かめる姿からは，「子どもが物（紙）の性質や特性に気付き，質感を確かめながら自分の遊びに取り入れようとしている」学びの姿が読み取れる。

　これまでの遊びの中での経験から得たことを生かし，ふわっと形の戻る様子が自分たちのしたいことには適さないことに出合い，どのようにするとよいか考え，これまでの学びを手繰り寄せて解決しようとしている。こうした学びの様相は，主に領域「環境」の側面から発達を捉えた姿である。

> 　次に二人は，店の看板に『まかろんやさん』と書こうとする。
> 　『ま』『か』は知っている様子で，すぐ書き記したが，次の『ろ』になると，「ろ・ろ・ろ……」と口には出すものの，文字が思い浮かばないようである。A児が「ろ」と何度も繰り返し発していると，それを聞いていたB児が**「ろ・ろ……どこかにかいてある」**と言った。そして，二人は保育室内の

> 様々な文字の表示を探し始めた。遊具や材料の置いてある棚の表示を見ている。ついに，その中から<u>『せろはんてーぷ』という表示を見付け，一文字ずつ声に出して読みながら「『ろ』だ」と喜んで看板に書いた。さらに，『まかろんやさん』の『さ』の文字のところになると，<u>「さ・さ・さ……あっ，りさ先生の『さ』だ」と大発見でもしたかのようにうれしそうに，『さ』の文字を書いた。</u>看板を書き終わると満足そうに店の前に掲げた。

　文字を子どもがどのように認識しているのか，また，認識していくのか，そして，読んだり書いたりという行為にどのようにつながるのかがわかる姿である。
　5歳児の10月であるので，ある程度の文字が読め，書こうとするようになってきているが，全ての文字が書けるわけではない。
　では，わからない文字はどのように書こうとするようになるのか。この事例ではまず，音声で『ろ』と何度も発しながら表したい文字を確認している。その後，その音と同じものが保育室内の表示の中にあるかもしれないと予想して探すことを思いつく。保育者が構成した環境に主体的に働きかけようとする姿である。そして，『せろはんてーぷ』という文字を見つけ，その中に同じ音の『ろ』を探し出し，その文字を見て書きながら認識していく。
　さらに，二人の感覚を揺らしたのは，『さ』である。その文字が，大好きな担任の名前の一文字であることを音声に出して確かめ，うれしそうにしている。それ故，書くこともうれしく，出来た看板を満足そうに掲げたのである。
　こうした様相は，主に領域「言葉」の側面から捉えられる学びである。自分の遊びの看板に必要だからこそ，読んだり書いたりし，納得しながら自分の中に取り込んでいくという，幼児期にふさわしい学びの姿である。

> 　次に二人は，看板に文字だけでなく，絵も描こうということになった。色とりどりのマカロンを描いていると，二人に関わっていなかった別の子どもが「やりたい」と言い，どんどんと入り込んできてしまった。そのため，B児が押しのけられてしまっている。その状況を感じたA児が声をかけた。

> 「今ね，Bちゃんとしていたから，後でもいい？」

　この最後の言葉は，5歳児ならではの言葉である。相手の子どもの思いも受け入れつつ，自分たちの楽しんでいることを確保するために，やんわりと断る言い方である。このような言い方ができるのは，仲のよい友達とだけでなく，学級の仲間としてのつながりができてきているからであろう。こうした姿は，主に領域「人間関係」の側面から捉えた学びの姿が潜んでいる。

> 　品物や看板等，店屋の準備が進んでくると，二人の気分は心地よくなってきている。紙を固めて作ったマカロンの皮の間にクリームになる紙をはさみながら<u>会話のやり取りがリズミカルになってくる。</u>
> 　「つぎーは，つぎーは，赤ですよ」「つぎーは，つぎーは，黄いですよ」「はい，はい，つぎーは，黄いですね」「はい，はい，ボンドをつけてくださいね」二人は，<u>そのリズムで笑いながら会話を続けていく。</u>

　二人の会話はリズミカルな歌のようなやりとりである。領域「表現」における音楽的な表現というと，歌や器楽等をすぐ思い浮かべがちであるが，こうした子どもの体から自然と湧き上がってくる音楽的なリズムも存在する。この自然なリズムは子どもの身体的なリズムと重なり合って心地よく響き合う。マカロンをつくる造形的な表現とも関連し，主に領域「表現」と関わりの深い学びの姿が捉えられる。
　こうした姿が見られるのは，子どもが園生活の中で安心して自分を表出し，見通しをもって取り組んでいるからである。この姿は主に領域「健康」から捉えられる姿でもある。
　このように子どもの自発的な活動としての遊びは，まさに，5つの領域が絡み合っていることがわかる。周りの環境に主体的に関わり，自分のしたい遊びに集中するからこそ，1つ1つの体験が子どもにとって意味のある体験となって積み重なり，関連し合い，さらに次の新しい体験へと重なり，子どもの学びを深めていく。友達と対話しながら，様々な学びを深めていっている姿がある。

保育者は「〇〇遊び」と名もつけられないような子どもの何気ない行為やつぶやきに近い言葉等にも，子どもなりの意味があり，様々な学びが潜んでいることを感じ，その学びを的確に読み取る専門性が求められている。

第2節　幼稚園教育要領等の改訂（定）を通して重視すること

1　幼児期に育みたい資質・能力

　これからの急激な社会の変化の中でも，子どもたちが未来の創り手として必要な資質・能力を確実に備えることができるよう，2017（平成29）年3月に学習指導要領・幼稚園教育要領が改訂された。学校教育全体で育むべき資質・能力として「生きて働く知識・技能の習得」「思考力・判断力・表現力等の育成」「学びに向かう力・人間性等の涵養」が示され，学校教育の始まりである幼稚園においても，幼児期に育みたい資質・能力が下記のように示された。そして，これまで幼稚園教育との整合性を図ってきた保育所保育指針及び幼保連携型認定こども園教育・保育要領にも，この「幼児期に育みたい資質・能力」が示された。

【幼稚園教育において育みたい資質・能力】　　　（幼稚園教育要領より）
　幼稚園においては，生きる力の基礎を育むため，この章の第1に示す幼稚園教育の基本を踏まえ，次に掲げる資質・能力を一体的に育むよう努めるものとする。
(1) 豊かな体験を通じて，感じたり，気付いたり，分かったり，できるようになったりする「知識及び技能の基礎」
(2) 気付いたことや，できるようになったことなどを使い，考えたり，試したり，工夫したり，表現したりする「思考力，判断力，表現力等の基礎」
(3) 心情，意欲，態度が育つ中で，よりよい生活を営もうとする「学びに向かう力，人間性等」

これは幼稚園教育要領に示されたものであるが、保育所保育指針では「幼児教育を行う施設として共有すべき事項」に、幼保連携型認定こども園教育・保育要領では、「幼保連携型認定こども園の教育及び保育において育みたい資質・能力」として示されている。これらの「資質・能力」は、幼児期においては個別に取り出して指導されるものではなく、「環境を通して行う教育」において、とりわけ「遊びを通して総合的に指導する」ことによって、一体的に育んでいくものである。

2　幼児期の終わりまでに育ってほしい姿

2017年の改訂（定）においては、幼児期に育成すべき資質・能力の明確化を図る中で、幼児期の終わりまでに育ってほしい姿も明らかにし、幼児期の教育の学びの成果が小学校と共有されるよう工夫し、改善を図ることが求められた。

下記は、幼稚園教育要領から抜粋した「幼児期の終わりまでに育ってほしい姿」で、「幼稚園」「先生」「幼児」と示されているが、保育所保育指針では、「保育所」「保育士」「子ども」、幼保連携型認定こども園教育・保育要領においては、「幼保連携型認定こども園」「保育教諭」「園児」と示される。内容については同じである。

【幼児期の終わりまでに育ってほしい姿】

(1) 健康な心と体

　幼稚園生活の中で、充実感をもって自分のやりたいことに向かって心と体を十分に働かせ、見通しをもって行動し、自ら健康で安全な生活をつくり出すようになる。

(2) 自立心

　身近な環境に主体的に関わり様々な活動を楽しむ中で、しなければならないことを自覚し、自分の力で行うために考えたり、工夫したりしながら、諦めずにやり遂げることで達成感を味わい、自信をもって行動するようになる。

(3) 協同性

友達と関わる中で、互いの思いや考えなどを共有し、共通の目的の実現に向けて、考えたり、工夫したり、協力したりし、充実感をもってやり遂げるようになる。

(4) 道徳性・規範意識の芽生え

友達と様々な体験を重ねる中で、してよいことや悪いことが分かり、自分の行動を振り返ったり、友達の気持ちに共感したりし、相手の立場に立って行動するようになる。また、きまりを守る必要性が分かり、自分の気持ちを調整し、友達と折り合いを付けながら、きまりをつくったり、守ったりするようになる。

(5) 社会生活との関わり

家族を大切にしようとする気持ちをもつとともに、地域の身近な人と触れ合う中で、人との様々な関わり方に気付き、相手の気持ちを考えて関わり、自分が役に立つ喜びを感じ、地域に親しみをもつようになる。また、幼稚園内外の様々な環境に関わる中で、遊びや生活に必要な情報を取り入れ、情報に基づき判断したり、情報を伝え合ったり、活用したりするなど、情報を役立てながら活動するようになるとともに、公共の施設を大切に利用するなどして、社会とのつながりなどを意識するようになる。

(6) 思考力の芽生え

身近な事象に積極的に関わる中で、物の性質や仕組みなどを感じ取ったり、気付いたりし、考えたり、予想したり、工夫したりするなど、多様な関わりを楽しむようになる。また、友達の様々な考えに触れる中で、自分と異なる考えがあることに気付き、自ら判断したり、考え直したりするなど、新しい考えを生み出す喜びを味わいながら、自分の考えをよりよいものにするようになる。

(7) 自然との関わり・生命尊重

自然に触れて感動する体験を通して、自然の変化などを感じ取り、好奇心や探究心をもって考え言葉などで表現しながら、身近な事象への関心が高まるとともに、自然への愛情や畏敬の念をもつようになる。また、身近な動植物に心を動かされる中で、生命の不思議さや尊さに気付き、身近な動植物への接し方を考え、命あるものとしていたわり、大切にする気持ちを

もって関わるようになる。
　(8) 数量や図形，標識や文字などへの関心・感覚
　　遊びや生活の中で，数量や図形，標識や文字などに親しむ体験を重ねたり，標識や文字の役割に気付いたりし，自らの必要感に基づきこれらを活用し，興味や関心，感覚をもつようになる。
　(9) 言葉による伝え合い
　　先生や友達と心を通わせる中で，絵本や物語などに親しみながら，豊かな言葉や表現を身に付け，経験したことや考えたことなどを言葉で伝えたり，相手の話を注意して聞いたりし，言葉による伝え合いを楽しむようになる。
　(10) 豊かな感性と表現
　　心を動かす出来事などに触れ感性を働かせる中で，様々な素材の特徴や表現の仕方などに気付き，感じたことや考えたことを自分で表現したり，友達同士で表現する過程を楽しんだりし，表現する喜びを味わい，意欲をもつようになる。

　これらは，各項目の文末から分かるように「〜になる」という子どもの姿で表されている。子どもの行動は，結果や成果のみで評価されるものではなく，また，効率よくこの姿に早く至ることが大切なのでもない。子ども一人一人が自分にとって意味のある体験を積み重ねながら，この姿に向かっていくことが大事なことである。その過程で，子どもにとって「楽しい」「面白い」などの感覚を伴う体験が土台としてまず必要ではあるが，時には戸惑いや葛藤といった一見マイナスな体験も保育者や友達の力を支えに乗り越えていく体験になる。葛藤することは，自分なりのこだわりがあってのことである場合が多い。周りの子どもとの間で折り合いをつけていく過程，自分なりの目的に向かって粘り強く取り組む過程など，様々な感情の伴った体験を積み重ねていくことを経て，この「育ってほしい姿」になることが重要なことである。
　こうした「幼児期の終わりまでに育ってほしい姿」は5歳になって特別な時間を設けて育む姿ではない。幼稚園教育要領等の5領域（「健康」「人間関係」「環境」「言葉」「表現」）のねらい及び内容に基づいて，幼児期にふさわし

い遊びや生活を積み重ねることにより，幼児期に育みたい資質・能力が育まれている幼稚園修了時の具体的な姿（保育所保育指針では，「子どもの小学校就学時の具体的な姿」）である。

それらは，決して到達目標でも，評価の基準やチェックリストでもない。この育ってほしい姿を教職員間で共通理解し，子ども一人一人の発達に必要な体験が得られるような状況をつくったり，適切な援助を行ったりするなど，指導を行う際に考慮するものである。

そして，育ってほしい姿のそれぞれの項目は個別に取り出して指導するものではない。それは，幼児期の教育がもとより「環境を通して行うもの」であり，とりわけ子どもの自発的な活動としての遊びを通して，これらの姿が育っていくことに留意する必要があるからである。

また，「幼児期の終わりまでに育ってほしい姿」は，5歳児に至る4歳児，3歳児においても，この姿を念頭に置きながら5領域にわたって指導が行われることが望まれる。その際，3歳児，4歳児それぞれの時期にふさわしい指導の積み重ねが，この「幼児期の終わりまでに育ってほしい姿」につながっていくことに留意する必要がある。

さらに，「幼児期の終わりまでに育ってほしい姿」を幼稚園等と小学校の教員が共通理解することで，幼児教育と小学校教育との接続を一層円滑に図ることが必要である。

小学校学習指導要領においても，各教科等の指導計画を作成する際，低学年においては，この「幼児期の終わりまでに育ってほしい姿」との関連を考慮する必要のあることが示されている。生活科を中心としたスタートカリキュラムの中で，合科的・関連的な指導や短時間での学習など，授業時間や指導の工夫，環境構成等の工夫を行うとともに，子どもの生活の流れの中で，幼児期の終わりまでに育った姿が発揮できるような工夫を行う必要がある。幼児期の自発的な活動としての遊びを通して育まれたことが小学校教育の各教科等の特質に応じた学びに円滑につながるようにしていく必要がある。

第3節　教育課程及び全体的な計画の編成の考え方

1　保育の計画はなぜ必要か

　就学前教育においては，幼児期の発達の特性から，子どもが自分から周囲の環境と関わり，自分なりに活動を展開する充実感を味わいながら，発達に必要な体験を積み重ねていくことが大切である。子どもの自発的な活動としての遊びは心身の調和のとれた発達の基礎を培う重要な学習であるが，子どもが自分から始めた遊びだからといって，放っておけば自然に学習となるわけではない。子どもにとっては，あくまでも遊びであるが，自分のしたいことに没頭し試行錯誤を重ねながら環境のもつ様々な意味や仕組みなどに気付き，自分の中に取り込み，学びを広げ豊かにしていくためには，保育の計画，指導が必要である。教科書がない就学前教育においては，子どもの行動や言葉にならない言葉も含め，子どもを理解することを出発点に，その時期にふさわしい生活の展開を予想し，具体的な活動や環境の構成，保育者の直接的な働きかけの在り方などを考えていかなければならない。つまり，子どもの主体性と保育者の意図をバランスよく絡み合わせて，発達を見通した指導を計画的に行うことが重要になる。

　そのためには，幼児期の子どもの発達の見通し，特に入園から就学までの長期的な視野をもち，生活や遊びの連続性，その中での子ども一人一人の学びの過程を捉えておくことが必要である。こうした見通しをもって計画的かつ意図的に指導を行うことは，保育者の意図のみに沿って子どもを活動させることではない。見通しをもっているからこそ，今の子どもの姿をありのままに受けとめる余裕をもち，その言動の意味を探り，潜在的な学びの様相を捉えることができる。つまり，子どもの「見方・考え方」を生かし，子どもと共によりよい教育環境をつくり上げることができるのである。

　就学前教育において，子どもが望ましい発達を遂げていくためには，必要な計画（幼稚園における「教育課程」，保育所・幼保連携型認定こども園における「全体的な計画」，及び「指導計画」）を作成し，見通しを持って指導を行うと

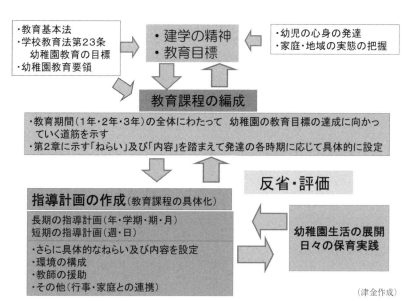

図4-1 幼稚園における教育課程編成と指導計画作成の流れ

ともに、実践後に子どもの発達の姿を評価し、保育者の指導の在り方を見直し、さらに改善していくことが求められる。

　上図は、幼稚園における教育課程の編成と指導計画の作成、及び日々の実践を反省、評価し、さらに改善を図るという流れを示したものである（図4-1）。

　ここでは、幼稚園を例にして考えていきたい。

　幼稚園は「子どもが初めて出会う学校」である。集団での生活を通して意図的な教育を行う学校であり、幼稚園教育の基本に基づいて展開される幼児期にふさわしい生活を通して、生きる力の基礎を育成するよう学校教育法第22条、第23条に規定する幼稚園の目的や目標の達成に努めなければならない。

学校教育法
第22条（目的）
　幼稚園は、義務教育及びその後の教育の基礎を培うものとして、幼児を保

> 育し，幼児の健やかな成長のために適当な環境を与えて，その心身の発達を助長することを目的とする。
>
> 第23条（目標）
> 　幼稚園における教育は，前条に規定する目的を実現するため，次に掲げる目標を達成するよう行われるものとする。
> 一　健康，安全で幸福な生活のために必要な基本的な習慣を養い，身体諸機能の調和的発達を図ること。
> 二　集団生活を通じて，喜んでこれに参加する態度を養うとともに家族や身近な人への信頼感を深め，自主，自律及び協同の精神並びに規範意識の芽生えを養うこと。
> 三　身近な社会生活，生命及び自然に対する興味を養い，それらに対する正しい理解と態度及び思考力の芽生えを養うこと。
> 四　日常の会話や，絵本，童話等に親しむことを通じて，言葉の使い方を正しく導くとともに，相手の話を理解しようとする態度を養うこと。
> 五　音楽，身体による表現，造形等に親しむことを通じて，豊かな感性と表現力の芽生えを養うこと。

　各幼稚園においては，子どもの心身の発達や家庭・地域等の実態等に即応した教育目標を設定し，その達成のために，教育基本法及び学校教育法その他の法令並びに幼稚園教育要領の示すところに従い，適切な教育課程を編成しなければならない。<u>教育課程は幼稚園における教育期間の全体を見通したもので，幼稚園の教育目標に向かって子どもがどのような筋道をたどっていくのかを明らかにした計画</u>である。

　どの時期にどのようなねらいをもって，どのような指導を行うとよいか，各幼稚園がこれまでに蓄積してきた子どもの姿の理解や家庭や地域の実態等に基づき，幼稚園生活を通して「幼稚園教育要領」の5領域のねらいが総合的に達成されるよう具体的なねらいや内容を組織する。

　その実施に当たっては，子どもの生活を考慮して，それぞれの発達の時期にふさわしい生活が展開されるように，具体的な指導計画を作成する。教育課程に基づき，さらに具体的なねらいや内容，環境の構成，教師の援助など，

指導の内容や方法を明らかにする。指導計画には長期の見通しを持った年，学期，月または発達の節目などの計画と，より具体的な子どもの生活に即した週，日などの短期的な計画の両方を考える。

その際，指導計画は1つの仮説であることを念頭におくことが重要である。幼稚園教育の基本は「環境を通して行うもの」であるから，その環境への関わり方は，子ども一人一人違う。そこで展開される遊びや活動も，子ども一人一人の興味や関心等によって変化している。また，教師の予想外のイメージで展開されることもある。当日の天候や気温，偶然の出来事，突発的な出会い等によって，その日の計画を大きく変えざるを得ないこともある。それ故，実際に展開される生活や遊びに応じて常に指導計画を柔軟に修正し，改善しなければならない。子どもの興味や関心，動線等に応じて，当初設定しておいた環境を再構成することが必要となる。

実践を通して子どもの発達の姿を理解しながら評価し，教師の指導の在り方を反省し，それに基づいて新たな指導計画を作成すること，さらには，教育課程を実施した結果も反省・評価し，次の編成に生かすという循環が重要である。

ここでは，幼稚園の例を示したが，各就学前教育施設において，各園が設定した教育目標や保育目標の実現に向けて，こうした一連の教育課程等の編成，実施・評価し改善していくといったPDCA（Plan＝計画／Do＝実行／Check＝評価／Action＝改善）サイクルを通してよりよい教育・保育を目指すことが重要である。

2　就学前教育における「カリキュラム・マネジメント」を捉える視点

1項で述べたことは，幼稚園教育要領改訂において，「カリキュラム・マネジメント」として示されている。幼稚園等では，<u>教科書のような主たる教材を用いず環境を通して行う教育を基本としていること</u>，家庭との関係において緊密度が他校種と比べて高いこと，預かり保育や子育ての支援などの教育課程以外の活動が多くの幼稚園等で実施されていることなどから，<u>カリキュラム・マネジメントは極めて重要である</u>。

それでは，各園において，どのように「カリキュラム・マネジメント」を進めていくとよいのか。中央教育審議会「答申」に次のように示されている。

　①各領域のねらいを相互に関連させ，「幼児期の終わりまでに育ってほしい姿」や小学校の学びを念頭に置きながら，子どもの調和の取れた発達を目指し，幼稚園等の教育目標等を踏まえた総合的な視点で，その目標の達成のために必要な具体的なねらいや内容を組織すること。
　②教育内容の質の向上に向けて，子どもの姿や就学後の状況，家庭や地域の現状等に基づき，教育課程を編成し，実施し，評価して改善を図る一連のPDCAサイクルを確立すること。
　③教育内容と，教育活動に必要な人的・物的資源等を，家庭や地域の外部の資源も含めて活用しながら効果的に組み合わせること。
　　　　　　　　（「幼稚園，小学校，中学校，高等学校及び特別支援学校の学習指導要領等の改善及び必要な方策等について（答申）」より）

　各幼稚園等では，これまで以上に3つの側面からカリキュラム・マネジメントの機能を十分に発揮して，子どもの実態等を踏まえた最も適切な教育課程を編成し，保護者や地域の人々を巻き込みながらこれを実施し，改善・充実を図っていくことが求められる。

　それでは，上記に示された3つの側面について，どのように進めるとよいのか考えてみたい。

(1) 幼稚園等の教育目標等を踏まえた総合的な視点で，その目標の達成のために必要な具体的なねらいや内容を組織すること
　これまでも，幼稚園では，教育課程の編成や指導計画の作成においては，「幼稚園教育要領」に示す各領域のねらいや内容が幼稚園教育の全期間を通して育てられるものであることを理解し，各園の今を生きる子どもの姿を深く読み取り，発達に必要な体験が得られるように，適切に具体化したねらいや内容を設定してきた。こうした基本は変わるものではないが，今後はさら

に,平成29年3月に告示した「幼稚園教育要領」や「保育所保育指針」,「幼保連携型認定こども園教育・保育要領」に示された「幼児期の終わりまでに育ってほしい姿」や小学校教育をも見通して,ねらいや内容を組織することが必要である。

新たに示された「幼児期の終わりまでに育ってほしい姿」は,5つの領域のねらい及び内容に基づく活動全体を通して資質・能力が育まれている子どもの幼稚園修了時の具体的な姿であり,保育者が指導を行う際に考慮するものである。小学校教育との接続を円滑に図るために,5歳児後半の指導計画をより充実させる上で,適切なねらいや内容を考える際の育ちのイメージであり,方向性とすることである。また,「組織する」とは,園長等のリーダーシップの下,全保育者で子どもの育ちを読み取り,理解を深めながら,次の指導におけるより適切な「ねらい」「内容」を園全体で構築していくようにすることである。

(2) 教育課程を編成し,実施し,評価して改善を図る一連のPDCAサイクルを確立すること

PDCAサイクルについては,幼稚園等において,教育課程の編成の際に大事にされてきたことである。教育課程はそれぞれの幼稚園等において,全教職員の協力の下に園長の責任において編成するものである。編成においては,幼稚園教育が法令や「幼稚園教育要領」に基づいて行われるものであるので,それらを十分に理解すること,実践を通して各幼稚園等の実態や子どもの発達の実情に沿った教育課程にすること,地域や幼稚園の特色を生かし,創意ある教育課程を編成すること,その実施の結果を反省,評価し,次の編成に生かすことが重要である。その編成の際の具体的な手順の参考例を以下に示す。

具体的な編成の手順について(参考例)
　　　　　　　　　　(幼稚園教育要領解説(平成30年3月)より)
①編成に必要な基礎的事項についての理解を図る。
・関係法令,幼稚園教育要領,幼稚園教育要領解説などの内容について共通

理解を図る。
・自我の発達の基礎が形成される幼児期の発達，幼児期から児童期への発達についての共通理解を図る。
・幼稚園や地域の実態，子どもの発達の実情などを把握する。
・社会の要請や保護者の願いなどを把握する。
②各幼稚園の教育目標に関する共通理解を図る。
・現在の教育が果たさなければならない課題や期待する子ども像などを明確にして教育目標についての理解を深める。
③子どもの発達の過程を見通す。
・幼稚園生活の全体を通して，子どもがどのような発達をするのか，どの時期にどのような生活が展開されるのかなどの発達の節目を探り，長期的に発達を見通す。
・子どもの発達の過程に応じて教育目標がどのように達成されていくかについて，およその予測をする。
④具体的なねらいと内容を組織する。
・子どもの発達の各時期にふさわしい生活が展開されるように適切なねらいと内容を設定する。その際，子どもの生活経験や発達の過程などを考慮して，幼稚園生活全体を通して，幼稚園教育要領の第2章に示す事項が総合的に指導され，達成されるようにする。
⑤教育課程を実施した結果を反省，評価し，次の編成に生かす。
　ア．評価の資料を収集し，検討すること
　イ．整理した問題点を検討し，原因と背景を明らかにすること
　ウ．改善案をつくり，実施すること

　このPDCAサイクルの確立において重要なことは，反省・評価したことが，改善に生かされるということである。教育課程の改善により，より適切な教育課程に改められ，幼稚園における教育活動が充実し，その質の向上が図られることが大事なことなのである。

(3) 教育内容と，教育活動に必要な人的・物的資源等を，家庭や地域の外部

の資源も含めて活用しながら効果的に組み合わせること

　子どもの生活は，家庭，地域社会，そして，幼稚園と連続的に営まれている。家庭や地域社会での生活経験が幼稚園での生活の中でさらに豊かになり，幼稚園で培われたものが，家庭や地域社会での生活へとつながる循環の中で子どもの望ましい発達が図られていくことが重要である。そのため，幼稚園における教育内容や教育活動の充実には，家庭との連携や地域の資源を積極的に活用することが必要である。

　家庭との連携において重要なことは，保護者の幼児期の教育に関する理解，つまり，子どもの遊びの意味や子どもなりの見方・考え方への理解，友達との関わり方，特に，子どもはトラブル等の一見マイナスな体験をも通して折り合う力や乗り越える力などを身に付けていくことなどへの理解が深まるようにすることである。そのためには，保育参加のように保護者が子どもと具体的な活動をともに行う機会を設け，子どもの遊びの中での興味や関心の持ち方に目を向けたり，子どもの思いや考えに共感したり，保育者や他の保護者の子どもへの関わり方から学んだりできるようにすることである。

　また，地域には，その地域ならではの祭りや行事等があり，子どもがその地域の文化や伝統等に触れる中で体験を広げ，自分の住む地域への愛着を持つようにすることも必要である。そのためには，子どもにとって関係の深い地域の様々な人々との交流の機会を設けたり，地域の自然，公共の施設などの物的資源を活用したりすることである。

　幼稚園等の教育内容や教育活動を豊かにするには，幼稚園等が家庭や地域社会に開き，保護者や地域等の外部の人材や物的資源を巻き込みながら活用していくことが求められている。

3　「カリキュラム・マネジメント」を進める上での保育者の意識

　「カリキュラム・マネジメント」は，教職員が全員参加で，幼稚園等の特色を構築していく営みであり，園長のリーダーシップの下，全ての教職員が参加することが重要である。また，こうした「カリキュラム・マネジメント」を園全体で実施していくためには，保育者一人一人が教育課程をより適

切なものに改めていくという基本的な姿勢を持つことも重要である。

　経験の少ない保育者にとっては「マネジメント」という言葉を聞くと，管理職の役目と思いがちだが，ここに示されているように保育者の「全員参加で構築する営み」であることを自覚することが大切である。保育者一人一人が，「カリキュラム・マネジメントに携わる一人」であるという意識を高くすることである。そのためには，自分自身を含めた保育者間の教育目標や保育目標等の共通理解と協力体制を築くこと，つまり，保育者一人一人のよさを互いに認め合い，違いを尊重しながら協力し合える関係をつくり出していくことが必要である。保育者一人一人の専門性の高まりが，幼稚園等における教育内容の質の向上を図ることになるのである。

参考文献
中央教育審議会『幼稚園，小学校，中学校，高等学校及び特別支援学校の学習指導要領等の改善及び必要な方策について』(「答申」)。
社会保障審議会児童部会保育専門委員会『保育所保育指針の改定に関する審議のとりまとめ』2016年。

学びを深めるための参考図書
神長美津子・津金美智子・河合優子・塩谷香編著　乳幼児教育・保育シリーズ『教育課程論』光生館，2018年。
無藤隆編著『幼児期の終わりまでに育ってほしい10の姿』東洋館出版社，2018年。
無藤隆編著『育てたい子どもの姿とこれからの保育』ぎょうせい，2018年。

学びを深めるための課題
(1)　就学前教育を行う施設での環境の構成を観察し，その環境に込められた保育者の意図や教育的価値を捉えてみよう。
(2)　乳幼児が遊ぶ様子から，「遊びは心身の調和のとれた発達の基礎を培う学習」と言われる意味を考えてみよう。
(3)　具体的な子どもの生活や遊びの姿を観察し，「幼児期の終わりまでに育ってほしい姿」が相互にどのように関連しているか捉えてみよう。
(4)　カリキュラム・マネジメントにおける「ねらい」「内容」を組織するとは，具体的にどのようなことなのか考えてみよう。

第5章 小学校と学習指導要領

　小学校の教育課程は，学習指導要領によって，各教科，特別の教科道徳，外国語活動，総合的な学習の時間，特別活動の5つの領域で構成されている。2017（平成29）年に改訂された学習指導要領等は，教科に外国語が加えられた。今次改訂の学習指導要領は，教育の目的・目標を実現するために，「知識・技能」「思考力・判断力・表現力等」「学びに向かう力・人間性等」といった資質・能力をバランス良く育成することを目指している。各学校は，「主体的，対話的で深い学び」を通して，また，就学前教育や中学校との連続性を考慮し，カリキュラム・マネジメントを進めることが求められている。

第1節　小学校教育課程編成の法的枠組み

1　教育の目的及び目標と教育課程

　教育課程編成を含め，教育行政全般にとって基幹となるのが「教育基本法」（昭和22年法律第25号／平成18年改正）である。教育基本法は，公教育としての学校教育のみならず，社会教育や家庭教育までも含めた，日本の教育全般に関する基本的事項を定めた根本法である。

　現教育基本法の第1条と第2条は，それぞれ我が国の教育全体の目的と目標を呈示している（表5-1参照）。我が国が文部科学省を頂点する行政システム・機構を整備しているのは，この高邁ではあるが抽象性の高い教育目的・目標に具体的な形を与えて実現するためである。

　教育基本法第5条における義務教育の規定は，教育課程編成の前提となる重要な位置を占めている。以下その第1～3項を見てみよう（下線部筆者）。

国民は，その保護する子に，別に法律で定めるところにより，普通教育を受けさせる義務を負う。
　2　義務教育として行われる普通教育は，各個人の有する能力を伸ばしつつ社会において自立的に生きる基礎を培い，また，国家及び社会の形成者として必要とされる基本的な資質を養うことを目的として行われるものとする。
　3　国及び地方公共団体は，義務教育の機会を保障し，その水準を確保するため，適切な役割分担及び相互の協力の下，その実施に責任を負う。

　学校教育は，まずもって国民がその子に対して負う「普通教育」を受けさせる義務を果たすために，国や地方公共団体が責を負う「機会の保障」と「水準の確保」のために設置される中心的な制度である。普通教育の具体的な中身としては，学校教育法第21条において，10項目の目標を達成するよう定められている。教育基本法から学校教育法をへて，現行小学校学習指導要領へと至る目的・目標の系列を表5-1に示しておく。
　「学校教育法」は，我が国において法的に規定されている学校の根幹を定めることを目的とした法律である。このうち，普通教育を施すことが求められているのが小学校から高等学校，及び特別支援学校に至る初等・中等教育の課程においてである。
　小学校は，こうした普通教育のうち，基礎的なものを施すことを目的に設置される学校である（第29条）。修業年限は6年であり（第32条），修業期間は学齢期児童の「満六歳に達した日の翌日以後における最初の学年の初めから，満十二歳に達した日の属する学年の終わりまで」である（第17条）。
　小学校で実施される基礎的な普通教育は，「生涯にわたり学習する基盤」を培うものとみなされている。そのための「基礎的な知識及び技能」の習得，それらを活用した課題解決に必要な「思考力，判断力，表現力その他の能力」の育成，そして「主体的に学習に取り組む態度」の養成という教育課程編成の三本柱がここに定められている（第30条第2項）。
　同法第33条は，上述の第29，30条を満たすための教育課程に関する事項

表5-1 我が国の教育目的・目標の系列

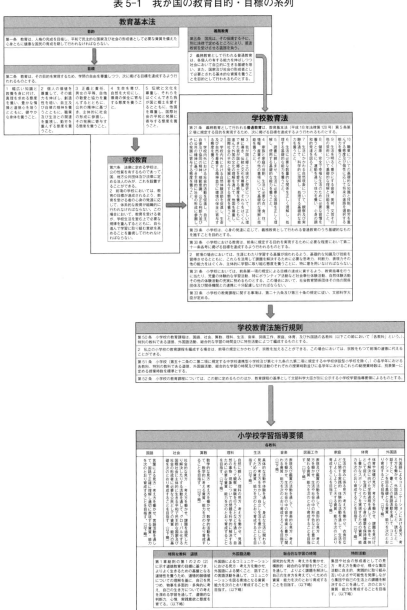

表 5-2 2008 年及び 2017 年小学校授業時数の比較

区 分		第1学年	第2学年	第3学年	第4学年	第5学年	第6学年	6年間通算	増減率
各教科の授業時数	国語	306 (36.00)	315 (34.62)	245 (25.00)	245 (24.13)	175 (17.24)	175 (17.24)	1461 (25.25)	1.00
		306 (36.00)	315 (34.62)	245 (25.93)	245 (25.00)	175 (17.86)	175 (17.86)	1461 (25.88)	
	社会			70 (7.14)	90 (8.87)	100 (9.85)	105 (10.34)	365 (6.31)	1.00
				70 (7.41)	90 (9.18)	100 (10.20)	105 (10.71)	365 (6.47)	
	算数	136 (16.00)	175 (19.23)	175 (17.86)	175 (17.24)	175 (17.24)	175 (17.24)	1011 (17.48)	1.00
		136 (16.00)	175 (19.23)	175 (18.52)	175 (17.86)	175 (17.86)	175 (17.86)	1011 (17.91)	
	理科			90 (9.18)	105 (10.34)	105 (10.34)	105 (10.34)	405 (7.00)	1.00
				90 (9.52)	105 (10.71)	105 (10.71)	105 (10.71)	405 (7.17)	
	生活	102 (12.00)	105 (11.54)					207 (3.58)	1.00
		102 (12.00)	105 (11.54)					207 (3.67)	
	音楽	68 (8.00)	70 (7.69)	60 (6.12)	60 (5.91)	50 (4.93)	50 (4.93)	358 (6.19)	1.00
		68 (8.00)	70 (7.69)	60 (6.35)	60 (6.12)	50 (5.10)	50 (5.10)	358 (6.34)	
	図画工作	68 (8.00)	70 (7.69)	60 (6.12)	60 (5.91)	50 (4.93)	50 (4.93)	358 (6.19)	1.00
		68 (8.00)	70 (7.69)	60 (6.35)	60 (6.12)	50 (5.10)	50 (5.10)	358 (6.34)	
	家庭					60 (5.91)	55 (5.42)	115 (2.00)	1.00
						60 (6.12)	55 (5.61)	115 (2.04)	
	体育	102 (12.00)	105 (11.54)	105 (10.71)	105 (10.34)	90 (8.90)	90 (8.90)	597 (10.32)	1.00
		102 (12.00)	105 (11.54)	105 (11.11)	105 (10.71)	90 (9.18)	90 (9.18)	597 (10.58)	
	外国語					70 (6.90)	70 (6.90)	140 (2.42)	
特別の教科である道徳の授業時数		34 (4.00)	35 (3.85)	35 (3.57)	35 (3.45)	35 (3.45)	35 (3.45)	209 (3.61)	1.00
道徳の授業時数		34 (4.00)	35 (3.85)	35 (3.70)	35 (3.57)	35 (3.57)	35 (3.57)	209 (3.70)	
外国語活動の授業時数				35 (3.57)	35 (3.45)			70 (1.21)	1.00
						35 (3.57)	35 (3.57)	70 (1.24)	
総合的な学習の時間の授業時数				70 (7.14)	70 (6.90)	70 (6.90)	70 (6.90)	280 (4.84)	1.00
				70 (7.41)	70 (7.14)	70 (7.14)	70 (7.14)	280 (4.96)	
特別活動の授業時数		34 (4.00)	35 (3.85)	35 (3.57)	35 (3.45)	35 (3.45)	35 (3.45)	209 (3.61)	1.00
		34 (4.00)	35 (3.85)	35 (3.70)	35 (3.57)	35 (3.57)	35 (3.57)	209 (3.70)	
総授業時数		850 (100.00)	910 (100.00)	980 (100.00)	1015 (100.00)	1015 (100.00)	1015 (100.00)	5785 (100.00)	↑1.02
		850 (100.00)	910 (100.00)	945 (100.00)	980 (100.00)	980 (100.00)	980 (100.00)	5645 (100.00)	

＊上段：改訂後（2017年）
　下段：改訂前（2008年）
＊（　）内の数値は，各学年の総授業数に占めるパーセンテージ

（学校教育法施行規則第51条別表第一による）

を定める権限を，文部科学大臣に帰している条項である。これを踏まえて教育課程編成に関わる基本事項を定めるのが，「学校教育法施行規則」（昭和22年5月23日文部省令第11号）である。

2　小学校教育課程の細則

　「学校教育法施行規則」（以下「施行規則」と略）は，学校教育法及び学校教育法施行令の下位法令として，文部科学省が所管する省令である。省令とは，各省の大臣が法律や政令を施行するために，独自に制定する命令を言う。学校教育現場での行政事務を実地に動かして行くため，さらに詳細な規定を別の省令や告示に委ねている部分も条文中に見られる。小学校教育に関する代表的な省令は「小学校設置基準」であり，告示としては「小学校学習指導要領」が該当する。

　施行規則の第50条は，小学校の教育課程の構成要素を定める条項である。学習指導要領の改正に合わせて，2017（平成29）年3月31日付けの文部科学省令第20号として一部改正を受けた施行規則では，小学校の教育課程は，国語，社会，算数，理科，生活，音楽，図画工作，家庭，体育及び外国語の「各教科」，「特別の教科である道徳」，「外国語活動」，「総合的な学習の時間」，そして「特別活動」といった10教科5領域から成っている。私立小学校の教育課程の場合，これに宗教を加え，「特別の教科である道徳」に代えることが認められている。

　上記10教科5領域の標準授業時数を学年ごとに配当しているのが，施行規則第51条及び別表第一である。2017（平成29）年改訂の授業時数と，前回2008（平成20）年度改訂のそれとを対照したのが表5-2である。

　施行規則第52条は小学校の教育課程の基準として，「文部科学大臣が別に公示する小学校学習指導要領による」と定めている。これによって，学習指導要領には，学校教育現場で教育課程を編成する際に遵守義務を生じる。

3　配慮事項

　学校教育法施行規則や学習指導要領は，強い拘束性をもった基準である。しかしその一方で，過度の硬直化を防ぐような配慮が施されてもいる。

第1に，必要に応じて一部の各教科で合科授業を行うことが認められている（施行規則第53条）。指導要領上の目標や内容が盛り込まれさえすればよい。たとえば5年生社会科で扱われる食糧生産と自然条件の関係を，同じく5年生理科における植物の発芽，生長，結実の事項と関連づけた合科的な単元指導計画を作成することもできるわけである。その上，教育課程の改善に資するための研究が特に必要で，児童への教育上の配慮がなされているとの文部科学大臣の認可があれば，という付帯条件付きながら，課程編成要素としての施行規則上の各教科やその他の領域に従わず，独自の教科や領域を立てることも可能である（同第55条）。

　また，地域実態等によってより効果的な教育を実施することができるだろうとの見込みがあり，かつ教育基本法の趣旨を充たしているのであれば，文部科学大臣の認可によって地域の特色を生かした特別の教育課程を編成することが可能である（同第55条の2）。これによって，東京都品川区の「市民科」のように，道徳，特別活動（学級活動），総合的な学習の時間を統合して新しい枠組みを作ることが可能になる[1]。

　児童の置かれた状況によっては，施行規則に規定される各教科や諸領域の，指導要領に忠実な実施困難な場合がある。そのような時には，当然ながら当該児童の心身の状況に適合する配慮が必要なことはもとより（同54条），学校生活への適応が心身の状況等によって困難であり，相当期間の欠席を余儀なくせざるを得ない児童，外国人労働者等の子で，日本語の理解のために特別な指導を必要とする児童，何らかの事情で学齢を過ぎてしまっていて，その年齢，経験，勤労状況に応じた特別な指導を必要とする人には，その実態に配慮した特別の教育課程を編成することができる（第56条，56条の2，4）。

4　教育課程の基準——2017年の学習指導要領改訂の経緯

　学校教育法第1条に規定される小・中・高等学校等の教育課程の基準は，学校教育法施行規則に定める規定のほか，文部科学大臣が別に公示する各種学習指導要領によるものとされている（小学校の場合，「学校教育法施行規則」第52条）。学習指導要領とは，我が国では文部科学大臣が文部科学省告示をもって公示する各学校の教育課程の編成・実施基準である。我が国では全国

的に一定の教育内容・水準を維持する役割を与えられている。学習指導要領の規定は，各学校レベルで教育課程を編成する際に遵守することが必要であるし，また国から認定を受けた出版社が教科書を編纂し，国がそれを検定したりする際にも基準としての重要な役割を果たしている。

　文部科学大臣は，教育課程の基準を改訂しようとする時には，必ず中央教育審議会（以下「中教審」と略）に諮問を行い，その答申を受けて改訂を行う。中教審教育課程部会は文部科学大臣の諮問に応じて，上記学校の教育課程に関する事項を調査・審議する。

　答申が行われると，引き続いて学校教育法施行規則等必要法令の改正と学習指導要領の改訂が行われる。執筆作業は文科省の初等中等教育局及び体育局が担当し，学習指導要領作成協力者会議を組織して行われ，文科省の省議を経て文部科学大臣が決定し，官報告示という形式で公示される。

　2017年公示の指導要領改訂の流れを示すと，まず改訂作業は，2014（平成26）年11月の中教審総会における「初等中等教育における教育課程の基準等の在り方について」の諮問から始まった。同年12月に中教審教育課程部会内に「教育課程企画特別部会」が発足し，翌2015（平成27）年1月から8月まで14回の審議を経て，論点を整理した。以降はそれを踏まえて教科等別，学校種別等の検討を重ね，2016（平成28）年12月には，「幼稚園，小学校，中学校，高等学校及び特別支援学校の学習指導要領等の改善及び必要な方策等について」を答申した。そして2017（平成29）年3月に新しい小学校学習指導要領が公示された。これを踏まえ，2018（平成30）年には教科書の検定が行われた。検定を合格した教科書が，翌2019年には各地の教育委員会によって採択され，2020年に学習指導要領は完全実施となる。この間，2018～19年の間は前指導要領からの移行期間として位置付けられている。

第2節　小学校学習指導要領（平成29年3月告示）の構成とポイント

1　系統性と基準性の強調

　新しい小学校学習指導要領は，2017（平成29）年3月31日付けで，告示された。1947（昭和22）年の「試案」から数えると，9回目の改訂になる。

　今回の改訂は，1998（平成10）年及び2008（平成20）年に告示された指導要領の改訂の在り方に比べると，その転換には著しいものがある。改訂のポイントは少なくないが，まずは冒頭にボリュームのある前文が付いた。その前文の趣旨は教育基本法第1条及び第2条を引用しつつ，教育基本法や学校教育法に記されている目的・目標の趣旨と，指導要領における各教科等の目標との関連性を強調することにある。こうした上位の法体系における目的・目標との系統性のうちに指導要領を位置付けつつ，前文では「一人一人の児童が，自分のよさや可能性を認識するとともに，あらゆる他者を価値のある存在として尊重し，多様な人々と協働しながら様々な社会的変化を乗り越え，豊かな人生を切り拓き，持続可能な社会の創り手となることができるようにする」ために必要な教育を具体化するところに教育課程編成の意義を求めている（「小学校学習指導要領（平成29年3月告示）」15頁）。

　このように，今次改訂の最大のポイントの1つは，学習指導要領のもつ学校教育行政体系における意義を，明確に打ち出してきたことにある。前文では指導要領が「こうした理念の実現に向けて必要となる教育課程の基準を大綱的に定め」たものであり，「公の性質を有する学校における教育水準を全国的に確保すること」を役割にしていると述べられている（同上15頁）。

　こうしたことはかつての指導要領の趣旨説明においても繰り返し言われてきたことだが，今次改訂の指導要領においてはこれをあらためて前文という形で徹底する所にねらいをおいているとみなせるだろう。

2　各教科等の概要

　各学校における教育課程編成と実施に関する基本的な考え方を示す「総則」以降，小学校学習指導要領は施行規則に示された各教科及びその他4領域の目標と内容，指導計画作成の作成に当たっての留意事項等を章ごとに提示している。以下，2017年度版小学校学習指導要領の概要をみてみよう。

(1) 各教科

　「教科（school subjects）」とは，知的認識能力の形成を目的として，学校で教授される知識・技術等の教育内容を，それらの内容的特質に応じて区分し，系統的に組織化したものをいう。一般には「①免許を有する教育職員が，②教科用図書を用いて指導し，③成績評価を行うもの」と捉えられる[2]。

　「学校教育法施行規則」第50条によって定められた我が国の小学校で教えられる教科は，国語，社会，算数，理科，生活，音楽，図画工作，家庭，体育，外国語の10教科であるが，2008年版指導要領の総則にも記されているように，各学校の裁量による合科的な科目設定が奨励されている。

　どの教科においても，学年全体を通じたそれぞれの教科の全体目標が言明され，次いで各学年の目標と，その目標達成のための内容が詳細に述べられる。さらに指導計画の作成と内容の取扱いに関する配慮事項が列挙されている。

　教科においては，特に教科・学年間相互の関連性が重視されており，系統的・発展的な指導をできるように指導計画を作成することが強く求められている。どの教科においても各学年の目標は，上位・下位の学年の目標との緊密な関連の上に成り立っており，学校の全体計画から単元の指導計画作成に至るまで，体系性・段階性を充分に確保することが重要である。

　2017（平成29）年版指導要領には，新たな教科として「外国語」が導入された。その全体目標は表5-1に示したように，外国語によるコミュニケーション能力の基礎となる資質・能力を，「聞く・読む・話す・書く」といった言語活動4領域にわたって育成することである。具体的な資質・能力としては，外国語の音声や文字，語彙，表現，文構造，言語の働きなどに関する知

第5章　小学校と学習指導要領　│　85

識理解や，上記言語活動4領域に活用可能な基礎技能の修得が主体となっている。内容面でも従来の中学校1年レベルの語彙や文法等が盛り込まれている。

(2) 特別の教科　道徳

1958（昭和33）年版から2008（平成20）年版の学習指導要領まで，「道徳」は，教科外の領域として位置付けられてきた。人間としてのあり方・生き方に目覚め，よりよい生き方を求め実践するために基盤となる道徳性を養う教育活動である。戦後，教育勅語や修身科が廃止されるに伴って，1947（昭和22）年，新設の社会科のなかで行われるようになったが，1958年（昭和33年）の改訂で，「道徳」の時間が教育課程上特設されることとなった。

道徳の時間は2008年版指導要領までは，教科外の独立した領域であったが，2015（平成27）年における学習指導要領の一部改正により，小学校・中学校の「道徳」を，「特別の教科　道徳」の名称のもとに教科に移行させた。小学校では2015（平成27）年度から2017（平成29）年度の移行措置を経て，2018（平成30）年度から完全実施されている。

教科化された道徳と，従来の道徳との違いは，各教科と同様に検定教科書を導入したこと，いじめ問題への対応の充実や，「個性の伸長」「相互理解，寛容」「公正，公平，社会正義」「国際理解，国際親善」「よりよく生きる喜び」を内容項目として追加し，それらを含めた指導内容全体を児童の発達段階を踏まえた体系的な構成に変えたこと，問題解決学習や体験学習等を指導方法として積極的に推進すること，評価方法としては到達度を測定する定量的なものでなく，児童の道徳性に関する成長の様子を質的に把握し，記述する形成的評価を採用すること等が挙げられる。

(3) 外国語活動

2008（平成20）年改訂小学校学習指導要領の最大の目玉が「外国語活動」の新設であった。その趣旨は，中学・高等学校における英語科が文法知識の修得と英文読解力の育成に力点を置き過ぎ，会話能力や異文化コミュニケーションに主体的に取り組むといった実践力の養成に欠けている点を改善する

ことであった。2017（平成29）年版指導要領では，5・6年生に教科としての外国語が新設されたことから，3・4年生の領域に移行している。

外国語活動の全体目標は，表5-1に示したように，外国語によるコミュニケーションの素地を培うことであるが，教科としての外国語が「聞く，読む，話す，書く」といった4つの言語活動を含むのに対し，ここでは「聞くと話す」といったオーラル・コミュニケーションにその範囲を限定している。外国語とは言っても原則的に扱われるのは英語であると「指導計画の作成と内容の取り扱い」に指定されているが，新設教科としての「外国語」（英語）のように，知識・技能としての語学力育成に主眼が置かれているわけではない。積極的にコミュニケーションをとろうとする態度とそのための素地となる能力の涵養が本来の趣旨である。外国語コミュニケーションの楽しさ，大切さの体験的理解，言語を始め生活習慣や行事等の異文化理解が内容として設定されており，指導計画作成上の留意事項としても，体験的理解が重視され，指導内容が必要以上に詳細に渡ることを戒めている。

(4) 総合的な学習の時間

「総合的な学習の時間」は，1998（平成10）年版学習指導要領の最大の目玉であった。89年版学習指導要領で打ち出された児童生徒の「生きる力」「自ら学び自ら考える力」の育成をより一層鮮明に提起したものである。「総合的な学習の時間」というのは，教育課程行政における領域種別を表す用語であり，運営上は，各学校が独自にその名称を定めることになっている。

2008（平成20）年版指導要領においては，「総合的な学習の時間」の授業時数は大幅に縮減された。年間授業時間数が3・4学年各105時間，5・6学年各110時間が，一律に年間70時間とされた。この授業時数設定は今次改訂においても変わっていない。

「総合的な学習の時間」は，その設置の趣旨からして，特定の知識・技能の修得を目指すような教科中心型カリキュラムで構成するのではなく，分化―統合の分類軸で言うならば，限りなく生活経験中心型で構成することが相応しい。したがって評価方式もまた到達度評価にはなじまず，形成的評価によって，個々の児童生徒の学習や探求のプロセス，及びそこで繰り広げら

れる彼らの経験をできるだけ詳細に記録し，その意味を解釈してフィードバックする必要がある。小学校の教育課程の中では，その開発から評価に至るまで，最も高度な専門的技量を求められるカリキュラム領域と言えるだろう。

(5) 特別活動

「特別活動」とは，課外活動，または教科外活動（extra-curricular activities）ともいい，本来各教科以外に，児童によって自主的に行われる諸活動などをいう。当初は学校教育としての正課（regular-curriculum）に対する語というニュアンスが強かった。教科学習が児童の知的能力の開発を主とする一方，この領域は社会性，自主性，協調性，個性の伸長等調和のある豊かな人間形成の機会として重視されてきた。

2017（平成29）年版指導要領における全体目標は表5-1に記した通りだが，育成すべき資質・能力としては次の3点が挙げられている。

(1) 多様な他者と協働する様々な集団活動の意義や活動を行う上で必要となることについて理解し，行動の仕方を身に付けるようにする。
(2) 集団や自己の生活，人間関係の課題を見いだし，解決するために話し合い，合意形成を図ったり，意思決定したりすることができるようにする。
(3) 自主的，実践的な集団活動を通して身に付けたことを生かして，集団や社会における生活及び人間関係をよりよく形成するとともに，自己の生き方についての考えを深め，自己実現を図ろうとする態度を養う。

各学年単位では目標は置かず，学級活動，児童会活動，クラブ活動，学校行事（儀式，文化，健康安全・体育，遠足・集団宿泊，勤労生産・奉仕）といった4つの領域においてそれぞれ目標を定めたうえで内容を設定している。

3 小中一貫・連携の教育課程

2016（平成28）年の学校教育法改正により，義務教育として行われる普通

教育を基礎的なものから一貫して施す「義務教育学校」が，多様で弾力的な学校教育制度の推進を狙いとして制度化された。修業年限は9年で，前期6年，後期3年に区分される。このため前期課程の設備，編成，その他の設置事項に関しては「小学校設置基準」が，後期課程の場合には「中学校設置基準」が準用される（施行規則第79条の2）。さらに教育課程に関しても前期には小学校学習指導要領が，後期には中学校学習指導要領が準用されるため，義務教育学校独自の教育課程の基準が法的な水準で設定されているわけではない。各教科や諸領域に配当される授業時数についても同様である。

どのように一貫した教育課程を編成するかは，個々の学校教育現場の創意工夫に委ねられている。そのため文部科学省は，施行規則第79条の7で課程編成上の特例規定を設けるほか，2016（平成28）年12月に「小中一貫した教育課程の編成・実施に関する手引」[3]を，2018（平成30）年には「小中一貫した教育課程の編成・実施に関する事例集」を公開し，現場における小中一貫教育の充実を促す取組みを行っている。後者には教科等の系統性・連続性を踏まえた学習指導，教育課程の特例の活用，教科等を横断した学習指導に関する工夫など，全国11の事例が紹介されている[4]。

学校種の1つとして設置される義務教育学校以外にも，小学校課程と中学校課程の連接の可能性は模索されていて，施行規則では「中学校連携型小学校」に関する規定が設けられている（第52条の2～4）。これは当該小学校の設置者が，当該中学校の設置者と協議に基づいて定めた教育課程を編成・実施することができる学校教育施設である。標準授業時数の配当や，教育課程の基準に関しては，義務教育学校と同様である。また，同一の設置者が設置して小中一貫教育を実施する場合を「中学校併設型小学校」と呼ぶ。連携型か併設型かは設置者が別で連携関係にあるか，あるいは同一設置者によるものであるかの違いであって，純粋に行政上の枠組みの問題に過ぎない。教育課程に関する規定も変わりはない。

ただし，こうした一貫教育の取組みを推進するため，文部科学省は，「中学校連携型小学校及び小学校連携型中学校の教育課程の基準の特例を定める件」（平成28年文部科学省告示第53号），そして「義務教育学校ならびに中学校併設型小学校及び小学校併設型中学校の教育課程の基準の特例を定める

件」(同) を公示して，施行規則に指定されている各教科等の授業時数を減じて，小中一貫教科等の授業時数に充当することを認めている。また，義務教育学校と併設型小中学校においては，小中それぞれの内容のうち相互に関連するものの一部を入れ替えたり，移行したりして指導することができるとされている。指導内容の学年間の移行についても柔軟化されている。

しかしながら，上述のような柔軟な課程編成を認める一方で，連携型小中学校，義務教育学校及び併設型小中学校の教育課程の条件として，標準的な総授業時数の堅持と，小中学校学習指導要領の内容事項が9年間の計画的かつ継続的な教育の中で適切に取り扱われることが求められており，施行規則や指導要領の遵守という文部科学省の根本姿勢に変化はない。発足後間もないことでもあり (2018年現在)，こうした枠組みの範囲内で，学校教育現場がどれだけ果敢に創意工夫を凝らして行くかが問われているのが現状である。

第3節　小学校教育課程の運用

1　主体的・対話的で深い学び

今次改訂の大きな特色の1つは，「主体的・対話的で深い学びの実現に向けた授業改善」を促していることである。この「主体的・対話的で深い学び」とはいわゆるアクティブ・ラーニング (Active Learning) のことであり，「教員による一方向的な講義形式の教育とは異なり，学習者の能動的な学習への参加を取り入れた教授・学習法の総称」と定義されている[5]。これは新規の授業方法を導入しようということではなく，従来開発され，研究を重ねてきた発見学習，問題解決学習，体験学習，調査学習，さらに集団討議，協働学習等をより一層積極的に活用しながら授業改善を求めるのというのが趣旨である。

そうした授業改善において実現を求められているのは，①基礎的・基本的な知識及び技能の確実な習得，課題解決の為に必要な思考力・判断力・表現力の育成，主体的に学習に取り組む態度の涵養。②豊かな心や創造性の涵養。これを特に道徳教育や体験活動，多様な表現や鑑賞の活動を通してその充実

に努めることが規定されている。③健康で安全な生活と豊かなスポーツライフの実現を目指した教育の充実。これを「学校の教育活動全体を通じて」適切に行うことが要求されている。

2　カリキュラム・マネジメント

今次改訂の最大の特徴の1つは，「カリキュラム・マネジメント」(curriculum management) の概念の導入である。と言っても，それは従来学校現場でなされていたこととは異なる何か新しい営みではなく，各学校が，教育目標をよりよく達成するために，組織全体で継続的に教育課程を編成・運営・改善してゆくことであるに過ぎない。ただ，そのための要件として，2016（平成28）年12月21日付の中教審答申「幼稚園，小学校，中学校，高等学校及び特別支援学校の学習指導要領等の改善及び必要な方策等について」では，

①各教科等の教育内容を相互の関係で捉え，学校教育目標を踏まえた教科等横断的な視点で，その目標の達成に必要な教育の内容を組織的に配列していくこと。

②教育内容の質の向上に向けて，子供たちの姿や地域の現状等に関する調査や各種データ等に基づき，教育課程を編成し，実施し，評価して改善を図る一連のPDCAサイクルを確立すること。

③教育内容と，教育活動に必要な人的・物的資源等を，地域等の外部の資源も含めて活用しながら効果的に組み合わせること（以上23-24頁）。

の3点が要件とされている[6]。これら3項目の遂行によって，組織的かつ計画的に各学校の教育活動の質の向上を企図することがカリキュラム・マネジメントの趣旨なのである。

3　資質・能力の明確化と教科等横断的な視点

次に今次指導要領の大きな特徴は，教科や領域の別を問わず，「どのような資質・能力の育成を目指すのかを明確にしながら」，教育活動の充実を図る，という目標準拠的な課程編成が前回以上に強調されているということである。その上で，以下の教育課程全体の統合的目標「3つの柱」が挙げられ

る。
　　(1) 知識及び技能が習得されるようにすること。
　　(2) 思考力，判断力，表現力等を育成すること。
　　(3) 学びに向かう力，人間性等を涵養すること。

(以上『小学校学習指導要領（平成29年告示）』4頁)

　各教科や諸領域における目標のすべては，この「3つの柱」との明確なつながりのもとに構成するよう求められているのであるが，これらはそれぞれの特性を生かしつつも，「教科等横断的な視点」に立つべきであるとされている。

　教科等横断的な視点に立った教育課程編成は，1998（平成10）年版指導要領以来の課題であると言えるが，特に今次は「豊かな人生の実現や災害等を乗り越えて次代の社会を形成することに向けた現代的な諸課題に対応して求められる資質・能力」を育成するといった，現代における社会課題・生活課題へ対応していく力を育むことを極めて重視しているということである。

　このように，今次指導要領で教科等横断的・合科的な課程編成の推進が打ち出されているものの，各教科やその他諸領域に関する指導要領の記述方法や内容がそれに対応しているかと言えば，そこまで踏み込んだ改訂にはなっていない。現代日本社会が直面する諸問題に向き合い，解決への道を模索するための資質・能力の育成に本気で取り組むのであれば，各学校や教育委員会単位で相当な研究を積み上げて行かなければならないだろう。従来支配的だった教科カリキュラムから一歩も二歩も踏み出して，相関カリキュラムや融合カリキュラム等の編成を工夫しなければならないが，それを可能にする教育現場の多忙解消策や，予算確保が望まれる。

4　学校段階等の接続

　今次改訂は幼稚園（就学前教育）と小学校（初等教育）と中学校（中等教育）の接続・連携が強調されている。この場合の学校段階とは，「幼児教育と小学校低学年」，「小学校高学年と中学校」とを示している。

　小学校ではまず，「幼稚園教育要領等に基づく幼児期の教育を通して育まれた資質・能力」を前提とした上で，「幼児期の終わりまでに育ってほしい

姿」を明確にし，「児童が主体的に自己を発揮しながら学びに向かう」ことを求めている。そのためには，ここまでに再三指摘してきたように，「教科等間の関連を積極的に図り，幼児期の教育及び中学年以降の教育との円滑な接続が図られるよう工夫すること」を重視している（『小学校学習指導要領（平成29年告示）』7頁）。これはいわゆる「小1プロブレム」と言われる小学校入学直後からの児童の学校不適応問題が過去10年間において顕在化してきたことへの是正措置という面がある。

　同様に，小学校段階から中学校段階への移行期にある生徒の不適応問題として挙げられる「中1ギャップ」への対応が，今次改訂において「中学校学習指導要領及び高等学校学習指導要領を踏まえ，中学校教育及びその後の教育との円滑な接続が図られるよう工夫する」という文言となって現れている（同上7頁）。

5　まとめ——2017年版学習指導要領の志すこと

　今次改訂の特色は，前回2008（平成20）年版指導要領によって軌道修正された1998（平成10）年版指導要領の探究主義的な側面を，アクティブ・ラーニングの概念によって甦らせていることである。1998年版指導要領ではそれを総合的な学習の時間の創設と授業時間の大幅な割当によって実現しようとしたが，今次改訂では確実な基礎・基本の習得を踏まえながらも，個々の教科・領域の枠を越えた「主体的・対話的で深い学び」の名のもとに，学校における教育活動全般に探究性が求められているのである。しかも，これまでは直接的に踏み込んでは来なかったことであるが，個々の教員に責のある「授業改善」に言及しているのが特徴的である。

　具体的には，各教科やその他の領域において，「身に付けた知識及び技能」（修得主義）を「活用したり，思考力，判断力，表現力等や学びに向かう力，人間性等を発揮させたりして，学習の対象となる物事を捉え思考することにより，各教科等の特質に応じた物事を捉える視点や考え方」（探究主義）を鍛錬するよう求めている。それによって「児童が各教科等の特質に応じた見方・考え方を働かせながら，知識を相互に関連付けてより深く理解したり，情報を精査して考えを形成したり，問題を見いだして解決策を考えたり，思

いや考えを基に創造したりすることに向かう過程を重視した学習の充実を図ること」を柱とすることが，どの授業においても求められているのである。

また，生産・品質管理の文脈で主張されている PDCA サイクルを児童の学習活動に生かせるように「児童が学習の見通しを立てたり学習したことを振り返ったりする活動を，計画的に取り入れるよう」な工夫を求めているのも主体性の涵養のための方策として継続されている。そうした学習活動における主体性を促すためにも，教師側が何もかもすべてお膳立てを整えるのではなく，「児童が自ら学習課題や学習活動を選択する機会を設けるなど，児童の興味・関心を生かした自主的，自発的な学習が促」すことが，授業設計の基礎とされている。

このような高度な資質を養うことを求める限り，児童による情報の受信・発信能力の育成は必須の前提となる。そこでこれまでと同様，国語科を中心としてすべての教科や諸領域の特質に応じた言語活動の充実を促すとともに，機器類活用による情報リテラシー教育の推進を継続する一方，さらに算数や理科等の時間を活用した「プログラミングを体験しながら，コンピュータに意図した処理を行わせるために必要な論理的思考力を身に付けるための学習活動」にまで踏み込んでいるのが，今次改訂の大きな特徴の1つである。

当然ながら，このように児童の主体的で探究的な学習活動を推進して行こうとするのであれば，それを可能にする教育・学習環境の整備もまた，教育課程編成の周縁的な要素として欠かすことはできないだろう。そのためにはコンピュータや情報通信ネットワーク環境の整備をはじめ，学校図書館の整備，さらに地域社会内の公共図書館，博物館，美術館，劇場，音楽堂等の施設の活用を充分に実現できるように，関連諸施設との密な連絡・協力体制を構築することもまた，課程編成上の基盤作りとして重要である。

注
1) 法教育フォーラム　品川区の新教科「市民科」(http://www.houkyouiku.jp/09120301)
2) https://horei.lawsquare.jp/search/lawtpc/pdf/150422　2018年11月3日アクセス（以下同様）。

3) http://www.mext.go.jp/a_menu/shotou/ikkan/1357575.htm
4) http://www.mext.go.jp/a_menu/shotou/ikkan/1400462.htm
5) http://www.mext.go.jp/component/b_menu/shingi/toushin/__icsFiles/afieldfile/2012/10/04/1325048_3.pdf
6) http://www.mext.go.jp/component/b_menu/shingi/toushin/__icsFiles/afieldfile/2016/12/27/1380902_1.pdf

参考文献
新井隆一ほか編『解説教育六法　平成30年版』三省堂，2018年。
文部科学省『小学校学習指導要領（平成29年告示）』東洋館出版社，2018年。
文部科学省『小学校学習指導要領（平成29年告示）解説　総則編』東洋館出版社，2018年。
文部科学省『小学校学習指導要領（平成29年告示）解説　外国語活動・外国語編』開隆館出版，2018年。
文部科学省『小学校学習指導要領（平成29年告示）解説　特別の教科　道徳編』廣済堂あかつき，2018年。
文部科学省『小学校学習指導要領（平成29年告示）解説　総合的な学習の時間編』東洋館出版社，2018年。

学びを深めるための参考図書
田中耕治編『よくわかる教育課程（第4版)』ミネルヴァ書房，2018年。

学びを深めるための課題
(1)　「表5-1」を見ながら，学校教育法上の普通教育の目標1つ1つが，小学校学習指導要領の各教科や領域の目標と，どのように結びついているかを確かめてみよう。
(2)　2017（平成29）年版小学校学習指導要領は，どのような意図・方針のもとに改訂されたのだろうか。
(3)　2017（平成29）年版小学校学習指導要領が，学校間の接続に大きな関心を払っているのはなぜだろうか。また学校間接続の趣旨を生かした教育課程は，どのように編成すればよいだろうか。

第6章 中学校と学習指導要領

　2017（平成29）年に改訂された学習指導要領等は，「知識・技能」「思考力・判断力・表現力等」「学びに向かう力・人間性等」という3つの資質・能力を獲得することを目指している。中学校の教育課程は，各教科，特別の教科道徳，総合的な学習の時間，特別活動の4つの領域で構成するものとされている。3つの柱をしっかりと育成するために，「主体的，対話的で深い学び」による教育活動が，各教科，教科等横断的，そして各学校段階を通じて行われることが目指されている。そのために，学校は，生徒の状況等を考慮して，カリキュラム・マネジメントに力を入れる必要がある。

第1節　中学校の教育課程と今次改訂の経緯

1　中学校における教育課程の位置づけ

　日本の義務教育は，小学校6年間と中学校3年間の計9年間（特別支援学校の小学部・中学部，及び義務教育学校9年間を含む）である。中学校は，前期中等教育段階に位置づけられている。2018（平成30）年度における全国の中学校数は，10,270校で，公立9,421校，私立778校，国立71校となっている。生徒数はおよそ325万人，教員数は24万7,000人となっている。
　中学校は「小学校における教育の基礎の上に，心身の発達に応じて，義務教育として行われる普通教育を施すこと」（学校教育法第45条）を目的としている。そして中学校における目標は，学校教育法第21条に掲げられている義務教育の10の目標の達成（学校教育法第46条），及び学校教育法第30条に掲げられている「基礎的な知識及び技能」，「思考力・判断力・表現力等」，「主体的に学習に取り組む態度」を養うことと規定されている。

中学校における教育課程は「国語，社会，数学，理科，音楽，美術，保健体育，技術・家庭及び外国語の各教科，特別の教科である道徳，総合的な学習の時間並びに特別活動」（学校教育法施行規則第72条）によって編成されている。授業時数については，同法施行規則別表第二に定められている。また，教育課程の基準としては「文部科学大臣が別に公示する中学校学習指導要領による」（同法施行規則第74条）と規定されている。同規則が，学習指導要領の法的根拠になっている。
　2008年版中学校学習指導要領と比較して，2017年版学習指導要領は道徳が特別の教科道徳に変更されている点を除いて，各教科等の配当時間数，及び総時間数の変更はなされていない。ただ，後述するようにカリキュラム・マネジメントの観点から「教科等横断的な視点」が新たに強調されている点は，特に注目すべきである。なぜなら，小学校とは大きく異なり，中学校では高等学校と同様に従来，各教科の専門性が確保されてきた。しかし，今回の改訂により，教科の枠を越えて教育の内容を組み立てていく「教科等横断的な視点」は，中学校教育のあり方を大きく変化させる可能性を有しているからである。

2　中央教育審議会答申（2016年）と2017年版学習指導要領の基本方針

　2017（平成29）年3月31日に中学校学習指導要領が改訂された。同学習指導要領は2021年度から全面実施される。
　2017年版学習指導要領改訂の経緯は，2014（平成26）年11月に文部科学大臣（以下「文科大臣」と略）が，中央教育審議会（以下「中教審」と略）に新しい時代にふさわしい学習指導要領の在り方について諮問し，中教審は2016（平成28）年12月に「幼稚園，小学校，中学校，高等学校及び特別支援学校の学習指導要領等の改善及び必要な方策等について」を文科大臣に答申した。
　同答申は「学びの地図」として以下の6項目を取り上げ，カリキュラム・マネジメントの実現を目指すことを求めた（文部科学省〔以下「文科省」と略〕「中学校学習指導要領解説　総則編」〔以下「解説　総則編」と略〕2017年，2

頁)。

① 「何ができるようになるか」（育成を目指す資質・能力）
② 「何を学ぶか」（教科等を学ぶ意義と，教科等間・学校段階間のつながりを踏まえた教育課程の編成）
③ 「どのように学ぶか」（各教科等の指導計画の作成と実施，学習・指導の改善・充実）
④ 「子供一人一人の発達をどのように支援するか」（子供の発達を踏まえた指導）
⑤ 「何が身に付いたか」（学習評価の充実）
⑥ 「実施するために何が必要か」（学習指導要領等の理念を実現するために必要な方策）

　なお，カリキュラム・マネジメントとは，2017年版中学校学習指導要領によれば，①生徒や学校，地域の実態を適切に把握し，教育の目的や目標の実現に必要な教育の内容等を教科等横断的な視点で組み立てていくこと，②教育課程の実施状況を評価してその改善を図っていくこと，③教育課程の実施に必要な人的又は物的な体制を確保するとともにその改善を図っていくことなどを通して，教育課程に基づき組織的かつ計画的に各学校の教育活動の質の向上を図っていくこと，を意味する。
　中教審答申等を踏まえ，文科省は2017年版学習指導要領の改訂を以下の3つの基本方針に基づき行った（文科省，2017年，2-3頁）。

①子供たちに求められる資質・能力とは何かを社会と共有し，連携する「社会に開かれた教育課程」を重視すること。
②知識及び技能の習得と思考力，判断力，表現力等の育成のバランスを重視する2008（平成20）年改訂の学習指導要領の枠組みや教育内容を維持したうえで，知識の理解の質を更に高め，確かな学力を育成すること。
③先行する特別教科化など道徳教育の充実や体験活動の重視，体育・健

康に関する指導の充実により，豊かな心や健やかな体を育成すること。

第2節　2017年版学習指導要領の特色

1　中学校教育課程の基本的枠組み

　2017年版中学校学習指導要領は，他の学習指導要領と同様に総則に関して，前文が新たに加筆されていることも含め，構成や位置づけが大きく見直され，各教育現場にとっての教育課程の役割や教育課程と学習評価の密接な関連，さらには学校運営上の留意事項が示され，管理職のみならず，教職員全員にとっての学習指導要領という位置づけになっている。

　学校教育法施行規則に規定された中学校の標準授業時数，及び2017年版学習指導要領の章立ては，表6-1及び表6-2のようになっている。

　2017年版学習指導要領による小学校の教育課程編成と中学校のそれとを比較すると，幾つか留意する点がある。第1に，小学校の教育課程が，各教

表6-1　2017年版中学校学習指導要領における授業時数

		1学年	2学年	3学年	計
各教科の授業時数	国語	140	140	105	385
	社会	105	105	140	350
	数学	140	105	140	385
	理科	105	140	140	385
	音楽	45	35	35	115
	美術	45	35	35	115
	保健体育	105	105	105	315
	技術・家庭	70	70	35	175
	外国語	140	140	140	420
特別の教科である道徳の授業時数		35	35	35	105
総合的な学習の時間の授業時数		50	70	70	190
特別活動の授業時数		35	35	35	105
総授業時間数		1015	1015	1015	3045

（学校教育法施行規則別表第2による）

表 6-2 新旧中学校学習指導要領の章立て比較

2017（平成 29）年版学習指導要領	2008（平成 20）年版学習指導要領
前文あり	前文なし
第 1 章　総則	第 1 章　総則
第 1　中学校教育の基本と教育課程の役割	第 1　教育課程編成の一般方針
第 2　教育課程の編成	第 2　内容等の取扱いに関する共通的事項
第 3　教育課程の実施と学習評価	第 3　授業時数等の取扱い
第 4　生徒の発達の支援	第 4　指導計画の作成等に当たって配慮すべき事項
第 5　学校運営上の留意事項	
第 6　道徳教育に関する配慮事項	

科，特別の教科である道徳，外国語活動，総合的な学習の時間，及び特別活動の 5 領域で構成されているのに対し，中学校の教育課程は，各教科，特別の教科である道徳，総合的な学習の時間，並びに特別活動の 4 領域で構成されている（学校教育法施行規則第 72 条）。第 2 に，小学校の授業時数の一単位時間が 45 分であるのに対し，中学校のそれは 50 分となっている（同施行規則別表第二）。第 3 に，中学校における総授業時数は，各学年で 1,015 時間となっており，週当たり 29 時間の授業が実施されることとなる。これは小学校第 4 学年以降と同じである。

　なお，部活動は教育課程外の学校教育活動として位置づけられている。部活動は学校教育の一環として教育課程との関連が図られるよう留意する必要がある（第 1 章総則第 5　学校運営上の留意事項）。

　以下，各教科，特別の教科である道徳，総合的な学習の時間，特別活動の順に見ていこう。

2　各教科

　中学校の教科は，国語，社会，数学，理科，音楽，美術，保健体育，技術・家庭，外国語の 9 教科で構成されている。小学校の図画工作がなく，その内容は中学校の美術や技術・家庭へとつながっている。また，小学校では算数，体育であるが，中学校では数学，保健体育となっている。さらに，小学校では 2017 年版から第 3 学年から外国語活動が，第 5 学年から教科とし

て外国語が置かれたことにより，中学校の外国語は小学校における外国語の学習を踏まえる必要がある。

　2017年版学習指導要領の特色は，第1に，各教科共通に育成すべき資質・能力を「知識及び技能」，「思考力，判断力，表現力等」，「学びに向かう力，人間性等」の3つの柱で整理した。第2に，小学校から高等学校までに共通する各教科における「見方・考え方」を提示した点である。第3に，各教科の内容を「知識及び技能」及び「思考力，判断力，表現力等」に区分して整理し，「学びに向かう力，人間性等」は目標に入れ込んだ点である。

　以下，国語，数学，外国語を例示しよう。

　国語科の目標は，「言葉による見方・考え方を働かせ，言語活動を通して，国語で正確に理解し適切に表現する資質・能力を次のとおり育成すること」（第2章　各教科　第1節　国語　第1　目標）を目標としている。その上で，「知識及び技能」，「思考力，判断力，表現力等」，「学びに向かう力，人間性等」の3つの柱に沿う目標を整理している。各学年の目標においても，3つの柱に合わせた目標を設定し，内容を「知識及び技能」，「思考力，判断力，表現力等」に区分して挙げている。更に「思考力，判断力，表現力等」は，「A　話すこと・聞くこと」，「B　書くこと」，「C　読むこと」に区分して内容がまとめられている。

　数学科の「数学的な見方・考え方」は，「事象を数量や図形及びそれらの関係などに着目して捉え，論理的，統合的・発展的に考えること」である。今回の改訂では，主として日常生活や社会の事象に関わる過程と，数学の事象に関わる過程の2つの問題発見・解決の過程が重視されている。また，従前の「資料と活用」の領域名称が「データの活用」に改められ，領域の構成は「数と式」，「図形」，「関数」及び「データの活用」の4つの領域となった。各学年の4つの領域において身につけるべき「知識及び技能」と「思考力，判断力，表現力等」が記述されている。

　外国語科の目標は，「外国語によるコミュニケーションにおける見方・考え方を働かせ，外国語による聞くこと，読むこと，話すこと，書くことの言語活動を通して，簡単な情報や考えなどを理解したり表現したり伝え合ったりするコミュニケーションを図る資質・能力を次のとおり育成すること」で

ある。今回の改訂で，外国語科である英語では，「聞くこと」，「読むこと」，「話すこと［やり取り］」，「話すこと［発表］」，「書くこと」の5つの領域別に目標が設定されている。そこでは，「知識及び技能」，「思考力，判断力，表現力等」，「学びに向かう力，人間性等」の3つの資質・能力を明確にした上で，①各学校段階の学びを接続させるとともに，②「外国語を使って何ができるようになるか」を明確にしている（「解説　外国語編」）。

　このように，各教科では資質・能力の3つの柱に沿った目標が設定され，内容が提示されるが，その内容の中で身につけるべき「知識及び技能」と「思考力，判断力，表現力等」が示されている。

3　特別の教科である道徳

　2015（平成27）年3月，学校教育法施行規則が改正され，加えて，学習指導要領の一部改正が公示された。学校教育法施行規則第72条において「道徳」が「特別の教科である道徳」に改められた。2015（平成27）年に「道徳」を「特別の教科である道徳」としたのは，いじめの問題への対応に加えて，特定の価値を押し付ける道徳教育ではなく，「考える道徳」や「議論する道徳」へと道徳教育を転換することを目指しているからである。中学校では，2019（平成31）年度から実施される。

　2017年版中学校学習指導要領「第1章　総則」にある通り，道徳教育は，教育基本法及び学校教育法に定められた教育の根本精神に基づき，人間としての生き方を考え，主体的な判断の下に行動し，自立した人間として他者と共によりよく生きるための基盤となる道徳性を養うことを目標としている。しかし，日本の学校教育における道徳教育の実態としては，「歴史的経緯に影響され，いまだに道徳教育そのものを忌避しがちな風潮があること，他教科等に比べて軽んじられていること，読み物の登場人物の心情理解のみに偏った形式的な指導が行われる」（文科省，2017年，8頁）などの問題点が指摘されてきた。

　2017年版学習指導要領における道徳科の目標は，「よりよく生きるための基盤となる道徳性を養うため，道徳的諸価値についての理解を基に，自己を見つめ，物事を広い視野から多面的・多角的に考え，人間としての生き方に

ついての考えを深める学習を通して，道徳的な判断力，心情，実践意欲と態度を育てる」ことである（「第3章　特別の教科　道徳　第1　目標」）。

　道徳の内容は，「A　主として自分自身に関すること」，「B　主として人との関わりに関すること」，「C　主として集団や社会との関わりに関すること」，「D　主として生命や自然，崇高なものとの関わりに関すること」，の4領域，合計22項目が列挙されている。

　学校では道徳教育推進教師が中心となり，道徳は特別の教科である道徳（「道徳科」）のみならず，各教科等との関連を考慮して，3学年を見通した計画を作成し，実施していくこととされている。

4　総合的な学習の時間

　総合的学習の時間の目標は，「探究的な見方・考え方を働かせ，横断的・総合的な学習を行うことを通して，よりよく課題を解決し，自己の生き方を考えていくための資質・能力を次のとおり育成することを目指す」ことである（第4章　総合的な学習の時間　第1　目標）。

　総合的な学習の時間は，1998（平成10）年版学習指導要領で導入され，20年ほどの実践がなされている。総合的な学習の時間は，内容が学習指導要領によって規定されておらず，各学校が内容を設定し，探究的な活動を通じて実施する。

5　特別活動

　特別活動は，「集団や社会の形成者としての見方・考え方を働かせ，様々な集団活動に自主的，実践的に取り組み，互いのよさや可能性を発揮しながら集団や自己の生活上の課題を解決することを通して，次のとおり資質・能力を育成することを目指す」ことを目標としている（第5章　特別活動　第1　目標）。具体的な活動・学校行事が，①学級活動，②生徒会活動，③学校行事（儀式的行事，文化的行事，健康安全・体育的行事，旅行・集団宿泊的行事，勤労生産・奉仕的行事）の3活動に整理され，それぞれに目標，内容，内容の取扱いが記述されている。各学校は，特別活動の全体計画や各活動及び学校行事の年間指導計画を作成する。

第3節　主体的・対話的で深い学びとカリキュラム・マネジメント

1　学校における教育課程編成

2017年版中学校学習指導要領「第1章　総則」において，学校における教育課程編成の重要性が以下のように記されている。

> 第1　中学校教育の基本と教育課程の役割
> 1　各学校においては，教育基本法及び学校教育法その他の法令並びにこの章以下に示すところに従い，生徒の人間として調和のとれた育成を目指し，生徒の心身の発達の段階や特性及び学校や地域の実態を十分考慮して，適切な教育課程を編成するものとし，これらに掲げる目標を達成するよう教育を行うものとする。
> 2　学校の教育活動を進めるに当たっては，各学校において，(中略) 主体的・対話的で深い学びの実現に向けた授業改善を通して，創意工夫を生かした特色ある教育活動を展開する中で，(中略) 生徒に生きる力を育むことを目指すものとする。(以下後略)

こうした記述からも明らかなように，教育課程を編成する主体は学校である。学校は，学校教育法や同法施行規則，学習指導要領等に従って教育課程を編成する。一般に市町村立中学校では，市町村が定めた学校管理規則等に従い，教育課程を編成し，年度開始後の早い時期に，あるいは前年度末までに市町村教育委員会に届け出る。

2017年版学習指導要領が従前のそれと異なるのは，教育内容を提示するのみならず，①資質・能力の育成を目指す「主体的・対話的で深い学び」の実現に向けた授業改善，②カリキュラム・マネジメントの充実，③生徒の発達の支援，家庭や地域との連携・協働を重視，を強調していることである。以下，順にみていこう。

2　主体的・対話的で深い学び

　2017年版中学校学習指導要領は「第1章　総則　第3　教育課程の実施と学習評価」で以下の内容を新規内容として示している。

1　主体的・対話的で深い学びの実現に向けた授業改善
(1) 第1の3の(1)から(3)*までに示すことが偏りなく実現されるよう，単元や題材など内容や時間のまとまりを見通しながら，生徒の主体的・対話的で深い学びの実現に向けた授業改善を行うこと。
　特に，各教科等において身に付けた知識及び技能を活用したり，思考力，判断力，表現力等や学びに向かう力，人間性等を発揮させたりして，学習の対象となる物事を捉え思考することにより，各教科等の特質に応じた物事を捉える視点や考え方(以下「見方・考え方」という。)が鍛えられていくことに留意し，生徒が各教科等の特質に応じた見方・考え方を働かせながら，知識を相互に関連付けてより深く理解したり，情報を精査して考えを形成したり，問題を見いだして解決策を考えたり，思いや考えを基に創造したりすることに向かう過程を重視した学習の充実を図ること。
(2) 第2の2**の(1)に示す言語能力の育成を図るため，各学校において必要な言語環境を整えるとともに，国語科を要としつつ各教科等の特質に応じて，生徒の言語活動を充実すること。あわせて，(7)に示す読書活動を充実すること。(以下後略)

---

* 第1の3の(1)から(3)とは，(1)知識及び技能が習得されるようにすること，(2)思考力，判断力，表現力等を育成すること，(3)学びに向かう力，人間性等を涵養すること，を指す。
** 第2の2の(1)とは，各学校においては，生徒の発達の段階を考慮し，言語能力，情報活用能力(情報モラルを含む。)，問題発見・解決能力等の学習の基盤となる資質・能力を育成していくことができるよう，各教科等の特質を生かし，教科等横断的な視点から教育課程の編成を図るものとする，を指す。

「主体的・対話的で深い学び」は今次改訂の最も重要なキーワードであることに加えて，上記引用が，「主体的・対話的で深い学び」の実現に向けた授業改善の配慮事項になっている[1]。さらに，上記の引用内容は，接続する小学校及び高等学校の学習指導要領においても同じ記載内容になっている。すなわち，学校段階を問わず，一貫して重要なキーワード及び内容になっている[2]。今次改訂の特徴の1つとして，「中1ギャップ」等の解消も考慮した学校段階の接続についての記載が，2017年版中学校学習指導要領「第2　教育課程の編成　4　学校段階間の接続」において，新規内容として以下の通り登場している。

教育課程の編成に当たっては，次の事項に配慮しながら，学校段階間の接続を図るものとする。
（1）小学校学習指導要領を踏まえ，小学校教育までの学習の成果が中学校教育に円滑に接続され，義務教育段階の終わりまでに育成することを目指す資質・能力を，生徒が確実に身に付けることができるように工夫すること。（後略）
（2）高等学校学習指導要領を踏まえ，高等学校教育及びその後の教育との円滑な接続が図られるよう工夫すること。（以下後略）

また，「解説　総則編」では，「主体的・対話的で深い学び」の実現に向けての留意事項6点を示している（文科省，2017年，4-5頁）。
①義務教育段階はこれまで地道に取り組まれ蓄積されてきた実践を否定し，全く異なる指導方法を導入しなければならないと捉える必要はない。
②「主体的・対話的で深い学び」は，授業の方法や技術のみを意図しない。
③各教科等において通常行われている学習活動の質の向上が主眼である。
④1回1回の授業で全ての学びが実現されるものではない。
⑤深い学びの鍵として「見方・考え方」を働かせることが重要になること。「見方・考え方」は，各教科等を学ぶ本質的な意義の中核をなすものであり，教科等の学習と社会をつなぐものであることから，児童生徒が学習や人生において「見方・考え方」を自在に働かせることができるよう

にすることこそ，教師の専門性が発揮されることが求められること。
⑥基礎的・基本的な知識及び技能の習得に課題がある場合には，その確実な習得を図ることを重視すること。

　上記⑤に記載されているように，中学校の場合は，各教科等の専門性が小学校と比較してより強く求められることを中学校教師は認識し，学習指導要領（解説を含む）及び教科書を深く読み込み，「主体的・対話的で深い学び」を実現するための授業力を向上させなければならない。

　「主体的・対話的で深い学び」を実現するための具体例の1つとして，「貿易ゲーム」[3]を挙げておく。「貿易ゲーム」の魅力として，「教えられるのではなく，参加者一人ひとりが自ら感じ，発見し，考え，議論する，参加型の学習」[4]を実現することができる。もちろん，進行役としての教師のファシリテーション能力が問われることは言うまでもない。

3　カリキュラム・マネジメント

　本章第1節において示したように，カリキュラム・マネジメントも今次改訂の重要キーワードの1つである。要するに，カリキュラム・マネジメントとは「学校教育に関わる様々な取組を，教育課程を中心に据えながら，組織的かつ計画的に実施し，教育活動の向上につなげていくこと」（文科省，2017年，40頁）である。今次改訂では，既述したように以下の3つの観点から整理されているが，各観点について，より詳しく言及する。

　①「生徒や学校，地域の実態を適切に把握し，教育の目的や目標の実現に必要な教育の内容等を教科等横断的な視点で組み立てていくこと」に関しては，特に「教科等横断的な視点」が重要である。中学校（高等学校も同様）は小学校の学級担任制とは異なり，これまでも教科等間の学びのつながりの希薄が指摘されてきたが，今次改訂の「教科等横断的な視点」は，その希薄解消を目指したものであると捉えることができる。教科等横断的な教育課程の具体としては，「解説　総則」の付録6において「伝統や文化に関する教育」「主権者に関する教育」「消費者に関する教育」「法に関する教育」等が示されている。それ以外にも，上述した「貿易ゲーム」を例にとれば，「産業廃棄物」，「情報格差」，「フェアトレード」等の各課題についても学習を深

めることができる内容構成になっており，「教科等横断的な視点」から各教科等の学習内容と関連して学びを深めることができる。

②「教育課程の実施状況を評価してその改善を図っていくこと」に関しては，2017年版中学校学習指導要領の「第1章　総則　第5　学校運営上の留意事項」の以下の記述との関連を確認しておくことが必要である。

> 1　教育課程の改善と学校評価，教育課程外の活動との連携等
> ア　各学校においては，校長の方針の下に，校務分掌に基づき教職員が適切に役割を分担しつつ，相互に連携しながら，各学校の特色を生かしたカリキュラム・マネジメントを行うよう努めるものとする。また，各学校が行う学校評価については，教育課程の編成，実施，改善が教育活動や学校運営の中核となることを踏まえ，カリキュラム・マネジメントと関連付けながら実施するよう留意するものとする。

学校教育法第42条（中学校の場合は第49条）において「教育活動その他の学校運営の状況について評価を行い，その結果に基づき学校運営の改善を図るため必要な措置を講ずることにより，その教育水準の向上に努めなければならない」と規定されている学校評価は，カリキュラム・マネジメントと関連付けつつ実施することが求められている。学校評価を実施する際に参考となる「学校評価ガイドライン〔平成28年改訂〕」には，学校運営に関する12分野が例示されている。同ガイドラインの「はじめに」において「本ガイドラインは，各学校や設置者における学校評価の取組の参考に資するよう，その目安となる事項を示すものである。したがって，学校評価が必ずこれに沿って実施されなければならないことを示す性質のものではない」と明確に示されている通り，各学校は目安として同ガイドラインを活用することが適当である。したがって，示されている12分野を網羅的に取り入れるのではなく，各学校の教育目標等に照らして必要な分野を重点的に適宜参考にしながら，カリキュラム・マネジメントと関連付けて，学校評価を行うことが重要である。

③「教育課程の実施に必要な人的又は物的な体制を確保するとともにその

改善を図っていくこと」に関しては,一般的に各学校には潤沢な人的または物的資源が用意されているわけではないが,そういった制約がある状況において,教育課程に基づき最大の効果を挙げるには各学校がどのような体制を構築し,教育課程の改善を図っていくことが必要であるかが示されている。「特に,教師の指導力,教材・教具の整備状況,地域の教育資源や学習環境などについて客観的かつ具体的に把握して,教育課程の編成に生かすことが必要」(文科省,2017年,43頁)と指摘されている。教師の指導力については,校長をはじめ,管理職が当該校における教師の指導力を正確に把握することはもちろん,校内研修等を活用し,一人一人の教師の指導力を育成していくことが必要である。また,地域の教育資源の1つに,生徒の学習に協力できる人材が想定されているが,家庭や地域の人材を見いだし,適材適所に配置することが教育課程の実施体制構築には不可欠である。

多感な時期である中学3年間,小学校からの学びを引き継ぎ,そして3年後には高等学校等に一人一人の生徒たちの学びを繋いでいくには,今次改訂学習指導要領の内容,特に「地域に開かれた教育課程」,「主体的・対話的で深い学び」,「家庭や地域との連携・協働」,「カリキュラム・マネジメント」等を教師一人一人が正確に理解し,学習指導要領に則り各学校で編成される教育課程に基づき(=計画〔Plan〕),学校全体で組織的・計画的に教育実践を展開し(=実施〔Do〕),評価(Check),改善(Action),そして再計画(Re-plan)のマネジメント・サイクルを通して,常により良い教育を追求していくことが求められている。

4 生徒の発達の支援,家庭や地域との連携・協働

(1) 生徒の発達の支援

2017年版中学校学習指導要領では,「第1章 総則」の「第4 生徒の発達の支援」において,以下の内容が示されている。

> 1 生徒の発達を支える指導の充実
> (1) 学習や生活の基盤として,教師と生徒との信頼関係及び生徒相互のよりよい人間関係を育てるため,日頃から学級経営の充実を図ること。また,主

> に集団の場面で必要な指導や援助を行うガイダンスと，個々の生徒の多様な実態を踏まえ，一人一人が抱える課題に個別に対応した指導を行うカウンセリングの双方により，生徒の発達を支援すること。

　ガイダンスについては，2008年版中学校学習指導要領においても言及されていたが，「学級経営の充実」と「カウンセリング」については，今次改訂において初出である。
　「学級経営の充実」には様々な手法がある。一例を挙げれば，入学時や年度当初の学級開きの際には，多くの生徒が緊張状態で当日を迎えることになる。その際，アイス・ブレイクやブレイン・ストーミング等のいわゆるファシリテーション技法[5]を取り入れることにより，生徒の緊張をできる限り解きほぐし，教室における生徒たちの居場所を一緒に創っていくことは学級担任としての役割の1つである。また，教室における生徒間の良好な人間関係を構築するために，構成的グループ・エンカウンター等[6]の技法を積極的に取り入れることにより，個々の多様性をお互い認め合うことのできる場を作ることも必要である。しかし，多感な年代ゆえに，生徒一人一人が多様な悩みを抱えていることも想定される。一人一人の生徒に丁寧に指導するカウンセリングはもちろん，状況によってはスクールカウンセラー等の積極的な活用も視野に入れることが必要である。

(2) 家庭や地域との連携・協働

　学校と家庭・地域との連携・協働は，今次改訂の学習指導要領からというよりも，2006年の教育基本法改正により第13条に新たに規定された「学校，家庭及び地域住民等の相互の連携協力」の影響が大きい。2008年版学習指導要領においても学校と家庭や地域との連携・協働は盛り込まれていたが，今次改訂においては，2015（平成27）年の中教審答申「新しい時代の教育や地方創生の実現に向けた学校と地域の連携・協働の在り方と今後の推進方策」等の影響もあり，学校と家庭・地域との連携・協働はさらに強調されている。

5　教育の評価

　2010（平成22）年に示された指導要録の参考様式は，学籍に関する記録と，指導に関する記録とに区分されている。学籍に関する記録には，生徒の氏名，生年月日，現住所，入学や卒業の年月日，進路先，保護者の氏名と現住所等を記載するようになっている。指導に関する記録は，各教科の学習の記録，総合的な学習の時間の記録，特別活動の記録，行動の記録，総合所見及び指導上参考となる諸事項，そして出欠の記録で構成されている。道徳の特別の教科化に合わせ，2016（平成28）年にはこれに「特別の教科　道徳」の欄が加えられた。

　各教科の学習の記録欄は，観点別学習状況と評定に区分される。2010年に示された指導要録では，各教科は4つの観点（「関心・意欲・態度」「思考・判断・表現」「技能」「知識・理解」）に基づいて評価する様式となっていた。2017年版学習指導要領に対応した指導要録では，各教科は3つの観点（「知識・技能」「思考・判断・表現」「主体的に学習に取り組む態度」）に基づいて評価する様式に変更された。これは学校教育法第30条第2項に規定されている，学校教育において重視すべき学力の三要素に対応したものである。評定は学習状況を総括的に捉えるものであり，中学校では5段階で行われる。

　各教科の観点別評価は，目標に準拠した評価として行われるが，「主体的に学習に取り組む態度」を評価するためには，単元や題材を通じたまとまりの中で，生徒が学習の見通しを持って学習に取り組み，その学習を振り返る場面を適切に設定することが必要になる（2016年中教審答申62頁）。そのためには，上述の主体的・対話的で深い学びの視点から学習・指導方法の改善が欠かせない。

注
1）　引用部分につづく配慮事項（3）はコンピュータ等を活用した学習状況の充実，（4）は学習の見通しや学習の振り返りの計画的な取り入れ，（5）は，体験活動を通しての家庭や地域社会との連携の体系的・継続的実施（新設），（6）は生徒の興味・関心を生かした自主的・自発的な学習が促進される工夫，（7）は学校図書館等

の計画的利用による読書活動等の充実，である。
2) 各教科等の「第3 指導計画の作成と内容の取扱い」において，「主体的・対話的で深い学び」を実現するための各教科等の特質に応じた配慮事項が記載されている。担当教科等に必ず目を通し，理解を深めていくことが求められている。
3) 『新・貿易ゲーム［改訂版]』開発教育協会・神奈川県国際交流協会，2006年。
4) 同上，2頁。
5) ファシリテーション技法に関する書籍は近年多く出版されている。一例として，青木将幸『深い学びを促進する ファシリテーションを学校に！』ほんの森出版，2018年。
6) 國分康孝・國分久子編『グループ・エンカウンター事典』図書文化社，2004年。

参考文献
文部科学省『小学校学習指導要領（平成29年告示）解説』。
文部科学省『中学校学習指導要領（平成29年告示）解説』。
文部科学省『高等学校学習指導要領（平成30年告示）解説』。

学びを深めるための参考図書
中野民夫『学び合う場のつくり方――本当の学びへのファシリテーション』岩波書店，2017年。
奈須正裕『「資質・能力」と学びのメカニズム』東洋館出版社，2017年。

学びを深めるための課題
(1) 今次改訂学習指導要領（2017）の3つの基本方針を整理してみよう。
(2) 生徒の発達の支援に関して，「学級経営の充実」を図ることが示されたが，具体的にはどのような手法が有効であるか，教科書で説明されている以外の手法を調べてみよう。
(3) カリキュラム・マネジメントを3つの観点から整理してみよう。

第7章 高等学校と学習指導要領

　本章では，高等学校の教育課程編成について，学習指導要領に即しながら考察する。高等学校は小中学校以上に多様性があり，普通科，専門学科，総合学科といった学科の別，全日制，定時制，通信制といった課程の別もある。高等学校の教育目的・目標に対応して，高等学校で共通に必要とされる教育内容とは何か，どのような方法で学ぶのか，その後のキャリアとどのように関係づけるのかをみていく。

　2018年版学習指導要領の改訂によって，高等学校ではこれまで以上に主体的・対話的で深い学びを進めることが必要であり，それによって探究的な学習が重視されること，変化の激しい時代における学び続ける力が重視されていること，現代社会に必要な資質・能力が求められていること等を理解する。

第1節　高等学校の教育課程と学習指導要領改訂の経緯

1　高等学校における教育課程の位置づけ

　高等学校は，小学校・中学校を中心とする義務教育段階に接続する学校である。中学校，義務教育学校，中等教育学校前期課程の卒業生の98.8％が高等学校等（中等教育学校後期課程及び高等専門学校を含む）に進学している（文部科学省『平成29年度文部科学白書』2018年，448頁）。つまりほとんどの15歳児は義務教育ではないが高等学校等に進学していることになる。

　後期中等教育段階にあたる学校として，高等学校の他に，中等教育学校，特別支援学校高等部，高等専門学校（法的位置づけは高等教育）があるが，その他にも専修学校高等課程（高等専修学校）等もある。ここでは，高等学校

の教育課程について述べることとする（中等教育学校後期課程の教育課程は必要に応じて触れることとする）。

高等学校は，「中学校における教育の基礎の上に，心身の発達及び進路に応じて，高度な普通教育及び専門教育を施すこと」（学校教育法第50条）を目的としている。そのために，以下の教育目標が掲げられている（同法第51条）。

> 一　義務教育として行われる普通教育の成果を更に発展拡充させて，豊かな人間性，創造性及び健やかな身体を養い，国家及び社会の形成者として必要な資質を養うこと。
> 二　社会において果たさなければならない使命の自覚に基づき，個性に応じて将来の進路を決定させ，一般的な教養を高め，専門的な知識，技術及び技能を習得させること。
> 三　個性の確立に努めるとともに，社会について，広く深い理解と健全な批判力を養い，社会の発展に寄与する態度を養うこと。

高等学校の実態は多様であり，これらを分類するには2つの整理がある。第1に，高等学校は課程によって，全日制，定時制，通信制に区分される（学校教育法第53条及び第54条参照）。第2に，高等学校は学科によって，普通科，専門学科，総合学科の3つに区分される（高等学校設置基準第5条及び第6条）。学習指導要領の教科の規定は，各学科に共通する各教科と，主として専門学科に開設される各教科に区分されている。

高等学校の教育課程の法的枠組みを確認しておこう。学校教育法において高等学校の教育課程は，文部科学大臣が定めるとしている（同法第52条）。この規定に従い，学校教育法施行規則では，高等学校の教育課程は，①各教科に属する科目，②総合的な探究の時間及び③特別活動によって編成するものとすると規定されている（同施行規則第83条及び文部科学省告示第172号（平成30年8月31日））。中学校の教育課程と比べてみると，中学校の教育課程は，①各教科，②特別の教科である道徳，③総合的な学習の時間，④特別活動（小学校はこれらに加え外国語活動）によって編成されている。つまり，

小中学校の教育課程では教科が中心となっているが，高等学校の教育課程では，教科ではなく科目が中心となっている。

また，小中学校は，標準授業時数（小学校45分，中学校50分で原則35週計算されている）が学校教育法施行規則の別表で定められている。これに対して，高等学校では学習指導要領において各学科に共通する各教科・科目等の標準単位数が示され，1単位時間を50分とし，35単位時間の授業で1単位として計算することを標準とするとしている（2018年版学習指導要領第1章総則第2款）。

2　2018年版学習指導要領までの経緯

中央教育審議会（中教審）は，2016（平成28）年12月21日に「幼稚園，小学校，中学校，高等学校及び特別支援学校の学習指導要領等の改善及び必要な方策等について」（中教審答申第197号）を答申した。この答申を受けて，2017年3月31日には幼稚園教育要領，小学校及び中学校の学習指導要領が告示された。それからほぼ1年後の2018年3月30日に告示された高等学校学習指導要領は，2019〜2021年度が移行期間となる。新しい学習指導要領は，小学校では2020年度から，中学校では2021年度から，すべての学年で全面実施されるが，高等学校では，2022年度から学年進行で実施される。

先の中教審答申は，新しい高等学校学習指導要領の基本的方向性を示したものである。教育目標については資質・能力の3つの柱（「知識・技能」，「思考力・判断力・表現力等」，「学びに向かう力・人間性等」）を，教育内容については教科等間，学校段階間のつながりを，学習・指導方法については「主体的・対話的で深い学び」を，学習評価については3つの観点（「知識・技能」「思考・判断・表現」「主体的に学習に取り組む態度」）を，それぞれ重視している。

さらに同答申は，これまでのアクティブ・ラーニングを「主体的・対話的で深い学び」と言い換えて，社会に開かれた教育課程を編成すること，そのために学校におけるカリキュラム・マネジメントが重要であることを指摘している。このことは，高等学校における授業方法の改善を促していると読み取ることができよう。

2018年版高等学校学習指導要領は，高校教育を含めた学校教育を取り巻く状況の変化を反映しているものである。とくに高校教育と関係する点を挙げると，第1に公職選挙法の改正（2015年）により，選挙権年齢が18歳以上に引き下げられたことである。これは高校生でも選挙権を持つ者がでてくることを考慮し，政治教育あるいは市民教育・公民教育をこれまで以上に重視することが必要であることを示している。第2に大学入試が高大接続改革による「高等学校基礎学力テスト（仮称）」及び「大学入学希望者学力評価テスト（仮称）」等といった改革が予定され，環境が大きく変化することが予想される。知識の暗記中心型とされてきた高校教育に，生涯学習型の思考力・判断力・表現力や学びに向かう力をより重視することが求められているといえる。第3に「総合的な学習の時間」が「総合的な探究の時間」へと変更されたことである。それぞれのキャリアプランに合った探究活動が必要であることを示している。

　2009年版と2018年版の高等学校学習指導要領を比較してみると，以下のように整理できる。第1に，高等学校卒業までに修得させる最低単位数は74単位とすること，専門学科における専門教科・科目を25単位以上履修させることは2009年版と2018年版ともに同じである。つまり卒業に必要な要件について，基本的な変更はないということである。

　第2に，学習指導要領の構成である。章立てでは，「第4章　総合的な学習の時間」が「第4章　総合的な探究の時間」へと変更になった点をあげることができる。節立てでみてみると，「第2章　各学科」において，第11節として「理数」が加えられている。なお，2018年版では，「前文」と「附則」が加えられている。

　次に2017年版中学校学習指導要領の構成と2018年版高等学校のそれを比べてみよう。両者の構成は次のように異なっている。中学校学習指導要領の構成は，第1章総則，第2章各教科，第3章特別の教科道徳，第4章総合的な学習の時間，第5章特別活動となっているが，高等学校のそれは，第1章総則，第2章各学科に共通する各教科，第3章主として専門学科において開設される各教科，第4章総合的な探究の時間，第5章特別活動，となっている。

このように見ていくと，高等学校の教育課程は，高校教育に必要とされる共通性を確保するとともに，多様な高校の実態への対応が求められているといえよう。

第2節　2018（平成30）年版高等学校学習指導要領の特色

1　基本的な枠組み

　文部科学省がまとめている「高等学校学習指導要領の改訂のポイント」は，今回の改訂を5点に整理している。これを小中学校のそれと比べ，ほぼ同じ内容と異なる内容とに分けて整理してみよう。

　ほぼ同じ内容となっている点は，「1. 今回の改訂の基本的な考え方」，「3. 各学校におけるカリキュラム・マネジメントの確立」及び「5. 教育内容の主な改善事項」である。

　「1. 今回の改訂の基本的な考え方」では，学校教育に求められる資質・能力とは何かを社会と共有し，「社会に開かれた教育課程」であることを重視するものとしている。これは学校と社会の関係をより密接したものと捉え，社会に開かれた学校の重要性を述べていると考えられる。その背景には学校が地域社会における重要な役割を担っていることや，教員の長時間労働の実態を改善するための働き方改革を進めるためには，地域社会との協働が欠かせないと考えていること等があるといえよう。また，高等学校におけるポイント解説では，高大接続改革という高等学校教育改革と大学教育改革を一体的に実施する点が強調されている。

　「3. 各学校におけるカリキュラム・マネジメントの確立」は，すべての学校に共通する今回の学習指導要領改訂の重点事項の1つである。その目的は，各学校の教育活動の質を向上させ，学習の効果の最大化を図ることであり，学校におけるカリキュラム・マネジメントが重要視されている。この点は第3節で詳述する。

　「5. 教育内容の主な改善事項」もほぼ小中学校のポイント解説と同様の内

容となっており，「言語能力の確実な育成」「理数教育の充実」「伝統や文化に関する教育の充実」「道徳教育の充実」「外国語教育の充実」「職業教育の充実」「その他の重要事項」の7点が列挙されている。高等学校のポイントでは「職業教育の充実」が挙げられているが，小中学校のポイントではこれに相当する内容が「体験活動の充実」として挙げられている。

　次に異なる内容について見てみよう。「2. 知識の理解の質を高め資質・能力を育む『主体的・対話的で深い学び』」では，小中学校への説明の仕方と異なる部分がある。第1の「何ができるようになるか」を明確化し，すべての教科等を，①知識及び技能，②思考力，判断力，表現力等，③学びに向かう力，人間性等の3つの柱で再整理したとする点は，小中学校等のポイントと共通している。しかし，第2の「主体的・対話的で深い学びの実現に向けた授業改善」という整理は高等学校学習指導要領のポイントにのみ挙げられている。小中学校等の学習指導要領等の改訂のポイントでは，この部分は「我が国の教育実践の蓄積に基づく授業改善」として記述されている。このことは，小中学校とは異なり，高等学校の授業は，主体的・対話的で深い学びの形式で行われている授業が少ないことを示唆していると考えられる。表現を変えると，高等学校では生徒が受動的な形となりやすい一斉教授型，講義型の授業が多く，授業改善が必要という認識で学習指導要領がとりまとめられたといえるであろう。

　「4. 教科・科目構成の見直し」は，高等学校のポイントにのみ掲げられている。今回の改訂では，国語科，地理歴史科，公民科等で科目が再編されている。教科・科目の構成については，改めてみていこう。

2　高等学校における教育課程の枠組み

　2017/18年版の学習指導要領において，小中学校で変更されたのは，小学校に外国語が教科として設定され，外国語活動が第3・4学年に降りた点であろう。道徳については，すでに2015年に「特別の教科」としての改訂が行われているため，教科の枠組み等で大きな変更はない。

　一方，高等学校では，2018年版学習指導要領において，教育課程の枠組みにおいて，第1に教科として理数が加えられたこと，第2に総合的な学習

の時間が総合的な探究の時間に変更されたこと、が挙げられる。第3に、高等学校では各学科に共通する必履修科目が各教科に置かれているが、2018年の改訂によって、この必履修科目がかなり変更された（表7-1参照）。

　高等学校の教科等は、国語科、地理歴史科、公民科、数学科、理科、保健体育科、芸術科、外国語科、家庭科、情報科、理数科の計11教科、総合的な探究の時間、及び特別活動で構成されている。高等学校学習指導要領は、理数科を除く10教科の各学科に共通する必履修科目とその標準単位数を示している。国語科、地理歴史科、公民科、数学科、保健体育科、外国語科、情報科の7教科では、全員が共通に履修する必履修科目が設定されている。理科、芸術科、家庭科では生徒が選択可能な（学校によっては指定された）必履修科目が設定されている。高等学校の卒業に必要な最低単位数は74単位であるが、共通必履修科目と選択必履修科目の最低単位数を標準単位数で合計してみると、35単位となる。なお、一部科目では必履修科目の単位数を減じることができる。さらに総合的な探究の時間は3〜6単位が標準とされている（2単位まで減可）。各学校はこうした基準を満たすように教育課程を編成する必要がある。

　以下、教科別に科目の構成を簡単にみていこう（表7-1参照）。

　【国語科】「現代の国語」（標準2単位）と「言語文化」（標準2単位）を共通必履修科目とした。2009年版学習指導要領では「国語総合」（標準4単位）が必履修科目であった。必履修科目以外の科目も名称が改められ、「論理国語」「文学国語」「国語表現」「古典探究」（標準単位数で各4単位）が置かれた。

　【地理歴史科】「地理総合」（標準2単位）と「歴史総合」（標準2単位）を共通必履修科目として新設した。その上に「地理探究」「日本史探究」「世界史探究」（各3単位）が置かれている。2009年版では、「世界史A」「世界史B」の1科目、「日本史A」「日本史B」「地理A」「地理B」の1科目が選択必修科目とされていた。

　【公民科】「公共」（標準2単位）を共通必履修科目とした。それ以外に「倫理」「政治・経済」が置かれている。2009年版では、「現代社会」（標準2単位）または「倫理」（標準2単位）・「政治・経済」（標準2単位）からの選択

表7-1　高等学校の各学科に共通する教科・科目等及び標準単位数

〔 2018年版 〕				〔 2009年版 〕			
教科	科目	標準単位数	必履修科目	教科	科目	標準単位数	必履修科目
国語	現代の国語	2	○	国語	国語総合	4	○2単位まで減可
	言語文化	2	○		国語表現	3	
	論理国語	4			現代文A	2	
	文学国語	4			現代文B	4	
	国語表現	4			古典A	2	
	古典探究	4			古典B	4	
地理歴史	地理総合	2	○	地理歴史	世界史A	2	⎤ ○
	地理探究	3			世界史B	4	⎦
	歴史総合	2	○		日本史A	2	⎤
	日本史探究	3			日本史B	4	⎥ ○
	世界史探究	3			地理A	2	⎥
					地理B	4	⎦
公民	公共	2	○	公民	現代社会	2	「現代社会」又は「倫理・政治・経済」
	倫理	2			倫理	2	
	政治・経済	2			政治・経済	2	
数学	数学Ⅰ	3	○2単位まで減可	数学	数学Ⅰ	3	○2単位まで減可
	数学Ⅱ	4			数学Ⅱ	4	
	数学Ⅲ	3			数学Ⅲ	5	
	数学A	2			数学A	2	
	数学B	2			数学B	2	
	数学C	2			数学活用	2	
理科	科学と人間生活	2	「科学と人間生活」を含む2科目又は基礎を付した科目を3科目	理科	科学と人間生活	2	「科学と人間生活」を含む2科目又は基礎を付した科目を3科目
	物理基礎	2			物理基礎	2	
	物理	4			物理	4	
	化学基礎	2			化学基礎	2	
	化学	4			化学	4	
	生物基礎	2			生物基礎	2	
	生物	4			生物	4	
	地学基礎	2			地学基礎	2	
	地学	4			地学	4	
					理科課題研究	1	
保健体育	体育	7～8	○	保健体育	体育	7～8	○
	保健	2	○		保健	2	○
芸術	音楽Ⅰ	2		芸術	音楽Ⅰ	2	
	音楽Ⅱ	2			音楽Ⅱ	2	
	音楽Ⅲ	2			音楽Ⅲ	2	
	美術Ⅰ	2			美術Ⅰ	2	
	美術Ⅱ	2			美術Ⅱ	2	
	美術Ⅲ	2			美術Ⅲ	2	
	工芸Ⅰ	2			工芸Ⅰ	2	
	工芸Ⅱ	2			工芸Ⅱ	2	
	工芸Ⅲ	2			工芸Ⅲ	2	
	書道Ⅰ	2			書道Ⅰ	2	
	書道Ⅱ	2			書道Ⅱ	2	
	書道Ⅲ	2			書道Ⅲ	2	
外国語	英語コミュニケーションⅠ	3	○2単位まで減可	外国語	コミュニケーション英語基礎	2	○2単位まで減可
	英語コミュニケーションⅡ	4			コミュニケーション英語Ⅰ	3	
	英語コミュニケーションⅢ	4			コミュニケーション英語Ⅱ	4	
	論理・表現Ⅰ	2			コミュニケーション英語Ⅲ	4	
	論理・表現Ⅱ	2			英語表現Ⅰ	2	
	論理・表現Ⅲ	2			英語表現Ⅱ	4	
					英語会話	2	
家庭	家庭基礎	2	○	家庭	家庭基礎	2	○
	家庭総合	4			家庭総合	4	
					生活デザイン	4	
情報	情報Ⅰ	2	○	情報	社会と情報	2	○
	情報Ⅱ	2			情報の科学	2	
理数	理数探究基礎	1					
	理数探究	2～5					
総合的な探究の時間		3～6	○2単位まで減可	総合的な学習の時間		3～6	○2単位まで減可

必履修であった。

【数学科】「数学Ⅰ」（標準3単位）を共通必履修科目とした。これは2009年版と同様である。それ以外に「数学Ⅱ」「数学Ⅲ」「数学A」「数学B」「数学C」が置かれている。

【理科】「科学と人間生活」「物理基礎」「化学基礎」「生物基礎」「地学基礎」（いずれも標準2単位）のうち，3科目（「科学と人間生活」を含む場合は2科目）を選択必履修科目とした。各基礎科目の上に，「物理」「化学」「生物」「地学」を履修できる構造となっている。これは2009年版と同様である。

【保健体育科】「体育」（標準7～8単位）「保健」（標準2単位）を共通必履修科目とした。これは2009年版と同様である。

【芸術科】「音楽Ⅰ」「美術Ⅰ」「工芸Ⅰ」「書道Ⅰ」（各標準2単位）を選択必履修科目とした。その上に「Ⅱ」「Ⅲ」と系統的科目を選択できるようにしている。これは2009年版と同様である。

【外国語科】　外国語では科目の名称等が変更された。外国語の科目は「英語コミュニケーションⅠ」「同Ⅱ」「同Ⅲ」「論理・表現Ⅰ」「同Ⅱ」「同Ⅲ」という2系統に整理された。2018年版では「英語コミュニケーションⅠ」（標準3単位）を共通必履修科目とした。

【家庭科】「家庭基礎」（標準2単位）・「家庭総合」（標準4単位）を選択必履修科目とした。2009年版学習指導要領では，これら2科目又は「生活デザイン」からの選択必履修であった。

【情報科】「情報Ⅰ」（標準2単位）を共通必履修科目とした。2009年版学習指導要領では「社会と情報」「情報の科学」からの選択必履修であった。

【理数科】　2018年版学習指導要領で新たに理数科が普通科を含む各学科に共通する教科として設定された。具体的には「理数探究基礎」「理数探究」を設置することができる。

【総合的な探究の時間】　従来の「総合的な学習の時間」を「総合的な探究の時間」（標準3～6単位）へと改めた。これは実社会・実生活から自ら見出した課題を探究することを通じて，自分のキャリア形成と関連付けながら，探究する能力を育むという在り方を明確化するためである。

3 学科における教育課程の特色

　高等学校の学科は，普通科，専門学科，総合学科に区分される。通信制を除く全日制及び定時制の卒業生は約107万人であるが（2017年度），普通科の卒業生が78.1万人（73.1％），専門学科では工業が8.1万人（7.6％），商業が6.5万人（6.1％），農業が2.7万人（2.5％），家庭が1.4万人（1.3％）等で，合計23.3万人（21.7％）となっている。総合学科の卒業生は5.6万人（5.2％）となっている。

　高等学校4,907校を設置者別でみると，国立が15校，公立が3,571校，私立が1,321校（2017年度）となっており，公立では都道府県立3,356校が中心となっている。都道府県教育委員会は，生徒数の減少等の諸条件を勘案し，高等学校の配置についての計画を立て，整備を行っている。東京都を例にみると，都立高校改革推進計画を2012年度から10年計画で進めている。基礎・基本の徹底と体験学習を重視したエンカレッジスクール，不登校経験を有する生徒などを受け入れる総合学科の定時制高校であるチャレンジスクール，進学対策を推進し都立高校をけん引する役割を果たす進学指導重点校など，多様な高等学校が準備されている。高等学校が多様であるということは，各学校は生徒の特性や期待される役割に合わせて教育課程を編成することが必要である。

　最も生徒数の多い普通科は，各学科に共通に定められた枠組みで教育課程の編成を行う。大学への進学を主たる目的とする高等学校であれば，大学入試に必要とされる教科・科目の時間数を確保することを念頭に置いて教育課程の編成がなされるであろう。そこでは国語，数学，外国語，地理歴史，公民，理科といった教科の科目が3年間継続的に学習できるような教育課程が編成されるであろう。一方，基礎・基本の徹底と体験学習を重視したエンカレッジスクールのような高等学校では，体験型の学習が可能な科目を多く配置し，授業方法にも工夫することが必要になる。さらには標準の授業時間50分ではなく，短い授業時間（たとえば30分）を設定して教育課程を編成する場合もあるであろう。

　専門学科は，専門教科に関する科目を多く置いていることが特徴である。

専門学科における各教科・科目の履修は，学習指導要領において，以下のような規定が設けられている。

- 専門教科・科目について，全ての生徒に履修させる単位数は，25単位を下らないこと。
- 共通に必要とされる必履修教科・科目の履修と同様の成果が期待できる場合においては，その専門教科・科目の履修をもって，必履修教科・科目の履修の一部又は全部に替えることができること。
- 職業教育を主とする専門学科においては，総合的な探究の時間の履修を課題研究等の履修の一部又は全部に替えることができること。その逆も可能であること。

専門学科は，卒業生の進路が就職のみではなく，高等教育機関へ進学する者も多く，多様な進路に対応することが必要となりつつある。工業科の64.7％の卒業生は就職しているが，大学等への進学が14.4％，専門学校への進学が13.0％となっている（2017年度）。一方，商業科では卒業生の半数以上は大学や専門学校等に進学している（2017年度）。

総合学科においては，各学科に共通する履修要件に加え，以下の要件を満たすことが必要である。

- 「産業社会と人間」を全ての生徒に原則として入学年次に履修させるものとし，標準単位数は2～4単位とすること。
- 学年による教育課程の区分を設けない課程（単位制による課程）とすることを原則とするとともに，「産業社会と人間」及び専門教科・科目を合わせて25単位以上設け，生徒が多様な各教科・科目から主体的に選択履修できるようにすること。

以上のように，普通科，専門学科，総合学科により，教育課程の違いがある。

各高等学校は，こうした規定に従いながら，教育課程を編成していく。全

課程に共通して求められる履修等や授業時数等として，学習指導要領は次のような点を挙げている。

- 高等学校では学級会活動ではなく，ホームルーム活動を年間 35 週行うことを標準とし，原則年間 35 単位時間以上とする。定時制の課程においては授業時数の一部を減じ，又は内容の一部を行わないことができる。
- 必要がある場合には，各教科・科目の授業を特定の学期又は特定の期間に行うことができる。
- 全日制の課程における週当たりの授業時数は 30 単位時間を標準とするが，必要な場合にはこれを増加することができる。定時制の課程において 1 日当たりの授業時数は，諸事情を考慮して，適切に定めるものとする。
- 授業の 1 単位時間は，生徒の実態等を考慮して，各学校において適切に定めるものとする。各教科・科目等の特質に応じ，10 分から 15 分程度の短い時間を授業時数に含めることができる。
- 理数の「理数探究基礎」又は「理数探究」の履修により，総合的な探究の時間の履修と同様の成果が期待できる場合においては，総合的な探究の時間の履修の一部又は全部に替えることができる。

さらに各教科・科目等の内容等の取扱いとして，各学校で各教科・科目等の内容を必要に応じてこの事項にかかわらず指導すること，基礎的・基本的な事項に重点を置いて指導すること，単位を学期の区分に分割して指導すること，等が可能であることが明記されている。

4　中高一貫教育校における教育課程の基準の特例

前期中等教育と後期中等教育をひとまとまりとして取り扱う中高一貫教育は，1998 年の学校教育法及び同法施行規則の改正により 1999 年度から導入された。中高一貫教育は，中等教育学校，併設型及び連携型の 3 つの形態がある。中等教育学校は中学校と高等学校を合わせた 1 つの学校として，一体

的に中高一貫教育を行う6年制の学校である。併設型は，同一の設置者が中学校と高等学校を設置し，高等学校入学者選抜を行わない学校である。連携型は，市町村立中学校と都道府県立高等学校など，異なる設置者間で教育課程の編成や教員・生徒間交流等の連携を深めるものである。2016（平成28）年度の設置状況は，中等教育学校52校，併設型461校，連携型82校となっている（文部科学省資料）。中高一貫教育校は，それぞれに教育課程の基準の特例が認められている。

2011年11月1日の通知[1]等によれば，中等教育学校及び併設型，連携型すべてに共通する以下のような教育課程の基準の特例が認められている。

①中等教育学校前期課程，併設型及び連携型中学校において，履修が必要な教科の授業時数を減じ，その内容を代替することのできる内容の選択教科の授業時数に充てること。
②中等教育学校後期課程，併設型及び連携型高等学校の普通科において，各教科の学校設定科目及び学校設定教科に関する科目について修得した単位数を，合わせて36単位を越えない範囲で全課程の修了を認めるに必要な単位数のうちに加えることができること。

また，中等教育学校及び併設型中学校及び併設型高等学校の普通科において，以下の特例が認められている。

（イ）中学校（前期課程）と高等学校（後期課程）の科目の内容のうち相互に関連するものの一部を入れ替えて指導することができること。
（ロ）中学校（前期課程）における指導の内容の一部については，高等学校（後期教育課程）に指導の内容を移行して指導することができること。
（ハ）高等学校（後期課程）における指導の内容の一部を中学校（前期課程）に移行して指導することができること。
（ニ）中学校（前期課程）における内容のうち特定の学年において指導することとされているものの一部については，他の学年に移行して指

導することができること。

　このように，中高一貫教育校では，中等教育学校及び併設型において，高等学校（前期課程）で履修することとなっている科目の内容の一部を中学校（前期課程）で履修することや，逆に中学校（前期課程）の内容を高等学校（後期課程）で履修することができる。ただし高等学校（後期課程）の科目内容をすべて中学校（前期課程）で履修することはできないことになっている。また，中高一貫教育校すべてで，学校で設定した科目を多く取り入れ，特色ある教育課程が編成できるようになっている。ただし，教育課程の編成においては，6年間の計画的かつ継続的な教育となること，生徒の個性の伸長，体験学習の充実等に配慮することが求められている。

第3節　主体的・対話的で深い学びとカリキュラム・マネジメント

1　主体的・対話的で深い学びへの転換

　2018年版学習指導要領の考え方を示した2016年12月の中教審答申は，「生きる力」の理念を具体化するために，「学びの地図」としての枠組みづくりと各学校における創意工夫の活性化を求めている。「学びの地図」とは，以下の6点により構成される。

　　①「何ができるようになるか」（育成を目指す資質・能力）
　　②「何を学ぶか」（教科等を学ぶ意義と，教科等間・学校段階間のつながりを踏まえた教育課程の編成）
　　③「どのように学ぶか」（各教科等の指導計画の作成と実施，学習・指導の改善・充実）
　　④「子供一人一人の発達をどのように支援するか」（子供の発達を踏まえた指導）
　　⑤「何が身に付いたか」（学習評価の充実）

⑥「実施するために何が必要か」(学習指導要領等の理念を実現するために必要な方策)

　高等学校では，小中学校と比べると，授業の方法や評価については教員の裁量に委ねられることが多く，学年あるいは学校全体に共通する指導方法や学習評価という取り組みが十分とはいえないところがあった。高等学校における学習の評価は，教員による絶対評価が主流であった。
　中教審は同答申において，「社会で生きていくために必要となる力を共通して身に付ける『共通性の確保』の観点と，一人一人の生徒の進路に応じた多様な可能性を伸ばす『多様性への対応』の観点から充実を図っていくこと」が重要であると指摘している。そのためには生徒一人一人の進路に応じた，多面的な学習活動と評価が必要となる。資質・能力の3つの柱（「知識・技能」「思考力・判断力・表現力等」「学びに向かう力・人間性等」）を育成し，多面的な評価を行うためには，授業方法を「主体的・対話的で深い学び（いわゆるアクティブ・ラーニング）」へ転換していくことが必要となる。

2　高大接続と多面的な評価

　高等学校の授業方法が知識の伝達を主とした一斉型から，「主体的・対話的で深い学び」へと転換することが困難であると考えられる理由の1つが，大学入試である。大学入試の中心は各科目による試験であるが，多くの受験者の中から選抜を行うために，マークシート方式を採用することが一般的である。この方式は，知識を問うことには適しているが，論述等により，思考力・判断力・表現力を見極めるには十分ではない。高等学校の出口である大学入試が変わらなければ，高等学校の学習方法を変えていくことは難しい。もちろん，推薦入試やAO入試等，大学入試の多様化によってある程度の改善は進められているが，選抜性の強い大学では科目試験を中心とした選抜システムを重視しており，高等学校における学習内容の受験対策への偏りを生む要因の1つとなっている。また，2000年代に入り，大学定員の増加と18歳人口の減少によって，数の上では「大学全入時代」となり，大学入試による高等学校教育の質保証機能が弱まってきている。さらには，推薦入試

やAO入試は，学力を問わない入試との批判もあり，高等学校教育の質保証が問われている（中教審高大接続特別部会「審議経過報告」〔2014年3月25日〕参照）。

　高大接続は，知識・技能を受動的に習得する能力が重視されてきた従来の制度から，思考力，判断力，表現力等の能力や学びに向かう力を加えた学力の3要素をバランスよく育成・評価することにより，高等学校と大学との学びの連続性を確保し，主体的に人生を切り開いていく力を育てることを目指した改革といえる（高大接続システム改革会議「最終報告」2016年）。

　具体的には，センター試験に替わり，新たに「大学入学共通テスト」を導入し，思考力・判断力・表現力を一層重視した内容でテストを実施するとともに，各大学・学部において明確な「入学者受入れの方針（アドミッションポリシー）」に基づき，学力の3要素を多面的・総合的に評価することを求めている（高大接続システム改革会議「最終報告」2016年）。大学入学共通テストは，2020年度から実施される（「大学入学共通テスト実施方針」2017年7月）。

3　学校におけるカリキュラム・マネジメント

　高等学校はそれぞれの特色があり，各学校の特色等に応じた教育課程編成を組織的かつ計画的に行うことの重要性が理解できよう。実際に，大学進学希望者の多い高等学校では，国立理系，私立理系，国立文系，私立文系といった進路希望別を考慮しながら教育課程を編成している。あるいは，大学・短期大学進学希望者，専門学校進学希望者，就職希望者が存在する高等学校では，それぞれの進路を実現することができるように教育課程を編成していく必要がある。その際，進路希望に対応した教科・科目の選択可能性を提供することに加え，学校が重点として目指している教育の目的・目標（たとえば探究する力の育成，あるいは心豊かな人間等）が達成されるよう，学校全体での教育課程の編成，実施，評価が求められる。

　国レベルの法令を基盤に，各学校は学校での教育課程計画を編成し，実施していく。小中学校と比較して，高等学校では一般に学校や教員に多くの判断が委ねられている。その要因の1つとして考えられるのは，高等学校は学校による特色が大きく，一律の規定がなじまない領域が多いことである。教

科書の採用も公立義務教育諸学校では，都道府県教育委員会が設置する採択地区（全国で584地区〔2018年〕）により決定されるが，公立高等学校の場合は教育委員会が名目的には決定権者であるが，実際には教員が決定している。

　学校の実態に合わせた教育課程の編成は，現状の分析（Research）と，それに基づいた教育課程計画の作成（Plan），そして実際の教育活動の実施（Do），そして活動の振り返りと評価（Check），そして次年度の教育課程編成の改善（Action）といったサイクルで行われる。学校ごとに，何に重点を置いた教育活動を目指すのか，どのように教育活動を行うのか，を決定していくとともに，その結果を丁寧に分析し，改善へと結びつけていくことが求められる。

　高等学校では，その多様さ故に，これまでは教員個人の知見や方法に多くが委ねられてきた。いわば専門職としての教師に教育活動を委ねてきた。しかし，教員が学校で同じ意識を持ち，同じルールに従って教育活動を展開していくことが求められている。これまでの「個業」の集まりとしての学校から，「協働」による学校運営が求められている。

　2018年版学習指導要領は「生徒や地域の現状や課題を捉え，家庭や地域社会と協力して，学習指導要領を踏まえた教育活動の更なる充実を図っていくこと」（前文）を高等学校に求めている。そのためには，「主体的・対話的で深い学びの実現に向けた授業改善を通して，創意工夫を生かした特色ある教育活動を展開する」（総則第1款）こと，道徳教育や体験活動等の充実，総合的な探究の時間の充実等を実現していく必要がある。また，「各学校においては，生徒や学校，地域の実態を適切に把握し，教育の目的や目標の実現に必要な教育の内容等を教科等横断的な視点で組み立てていくこと，教育課程の実施状況を評価してその改善を図っていくこと，教育課程の実施に必要な人的又は物的な体制を確保するとともにその改善を図っていくことなどを通して，教育課程に基づき組織的かつ計画的に各学校の教育活動の質の向上を図っていくこと」（同前），すなわち「カリキュラム・マネジメント」が求められる。組織としての高等学校の力が試されているのである。

注
1) 「『中等教育学校並びに併設型中学校及び併設型高等学校の教育課程の基準の特例を定める件』及び『連携型中学校及び連携型高等学校の教育課程の基準の特例を定める件』の改正について（通知）」（23文科初第1042号）。

参考文献
高大接続システム改革会議「最終報告」2016年3月31日（http://www.mext.go.jp/component/b_menu/shingi/toushin/__icsFiles/afieldfile/2016/06/02/1369232_01_2.pdf　2018/10/21最終確認）。
東京都教育委員会「都立高校改革と多様なタイプの学校」（http://www.kyoiku.metro.tokyo.jp/admission/high_school/exam/files/document2018/04.pdf　2018/10/05最終確認）。
文部科学省「高等学校学習指導要領の改訂のポイント」（http://www.mext.go.jp/a_menu/shotou/new-cs/icsFiles/afieldfile/2018/04/18/1384662_3.pdf，2018/09/19最終確認）。

学びを深めるための参考図書
「月刊高校教育」編集部『高等学校新学習指導要領全文と解説』学事出版，2018年。
高木展郎・三浦修一・白井達夫『新学習指導要領がめざすこれからの学校・これからの授業』小学館，2017年。
無藤隆『新しい教育課程におけるアクティブな学びと教師力・学校力』図書文化社，2017年。
国立教育政策研究所『資質・能力〔理論編〕』東洋館出版社，2016年。

学びを深めるための課題
(1)　各教科の必履修科目から，高等学校を卒業するまでにどのような内容を共通に学習するのかを調べてみよう。
(2)　普通科，専門学科，総合学科における教育課程の違いについて整理してみよう。

第8章 特別支援教育と学習指導要領

　障害の有無や個々の違いを認識しつつ様々な人々が共生する社会を形成していくために，障害者の権利条約や教育基本法の改正等，学校教育の重要性が改めて認識されている。特別支援教育は，障害の状態等に応じて，通常の学級における特別支援，通級による指導，特別支援学級，特別支援学校といったすべての学校・学級で実施されている。特別支援学校や特別支援学級等では特別の教育課程を編成することができる。とりわけ，特別支援学校では，障害による学習上または生活上の困難を改善・克服し自立を図るために必要な知識，技能，態度を養うことが目指されている。指導に当たっては，児童生徒等の実態に応じて，個別の指導計画を作成するとともに，多様な指導方法を工夫していくことが重要である。

第1節　特別支援教育について

1　障害のある幼児児童生徒の教育に関する制度改正について

　2006（平成18）年12月，国連総会において，「障害者の権利に関する条約」が採択され，我が国は2007年9月に同条約に署名，2014（平成26）年1月に批准[1]にした。

　同条約は，すべての障害者によるあらゆる人権及び基本的自由の完全かつ平等な享有を促進・保護し，確保すること，並びに障害者の固有の尊厳の尊重を促進することを目的としている。とりわけ教育に関しては，「インクルーシブ教育システム（Inclusive Education System）」等の，我が国の特別支援教育制度の基盤となる理念が提唱された。

　我が国では，同条約の署名・批准に至る過程において，2006年の教育基

本法の改正において「国及び地方公共団体は，障害のある者が，その障害の状態に応じ，十分な教育を受けられるよう，教育上必要な支援を講じなければならない」(教育基本法第4条第2項)との新規定が設けられた。

さらに，2006年の学校教育法の改正においては，障害のある幼児児童生徒の教育に関する基本的な考え方について，特別な場で教育を行う「特殊教育」から，一人一人の教育的ニーズに応じた適切な指導や必要な支援を行う「特別支援教育」への転換が図られた。

2 特別支援教育について

特別支援教育とは，障害のある幼児児童生徒の自立や社会参加に向けた主体的な取組を支援するという視点に立ち，幼児児童生徒一人一人の教育的ニーズを把握し，その持てる力を高め，生活や学習上の困難を改善または克服するため，適切な指導や必要な支援を行うものである[2]。

2007年3月以前の「特殊教育」では，幼児児童生徒の障害の種類や程度に応じて丁寧に指導されていたのに対して，「特別支援教育」は，障害のある幼児児童生徒一人一人の教育的ニーズに応じた指導や支援を行うことに重点がおかれ，小学校・中学校及び高等学校の通常の学級に在籍する発達障害のある幼児児童生徒を含め，より多くの幼児児童生徒の教育的ニーズに対応した教育として制度化された。

我が国が目指す共生社会の実現に向けて，障害者の権利に関する条約に基づくインクルーシブ教育システムの理念が重要であり，その進展のため，特別支援教育を着実に進めていくことが必要である。

3 連続性のある「多様な学びの場」

インクルーシブ教育システムにおいては，同じ場で共に学ぶことを追求するとともに，個別の教育的ニーズのある幼児児童生徒に対して，自立と社会参加を見据えて，その時点で教育的ニーズに最も的確に応える指導を提供できる，多様で柔軟な仕組みを整備することが求められている。

このため，障害の状態等に応じ，特別支援学校や小・中学校の特別支援学級，通級による指導等において，特別の教育課程，少人数の学級編制，特別

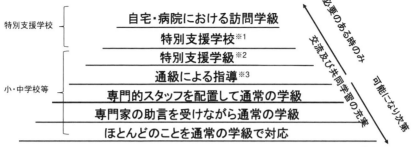

特別支援教育の対象の概念図（義務教育段階）

特別支援学校等の児童生徒の増加の状況

	平成23年度		令和3年度
義務教育を受ける児童生徒数	1,054万人	0.9倍	961万人
特別支援教育を受ける児童生徒数	28.5万人 2.3%	2.0倍	56.9万人 5.9%
特別支援学校 視覚障害　聴覚障害 知的障害　肢体不自由 病弱・身体虚弱	6.5万人 0.6%	1.2倍	8.0万人 0.8%
小・中学校 ○特別支援学級 知的障害　肢体不自由 身体虚弱　弱視 難聴言語障害 自閉症・情緒障害	15.5万人 1.5%	2.1倍	32.6万人 3.4%
○通常の学級(通級による指導) 言語障害　自閉症情緒障害 弱視　難聴　学習障害 注意欠陥多動性障害 肢体不自由　病弱・身体虚弱	6.5万人 0.6%	2.5倍	16.3万人 1.7%

※通級による指導を受ける児童生徒数は、令和2年度の値。H23は5月1日時点、R2はR3.3.31時点の数字。　　※文部科学省行政説明資料(R5.11)より作成

図8-1　多様な学びの場における特別支援教育の概況

第8章　特別支援教育と学習指導要領

平成18（2006）年12月
教育基本の改正
「国及び地方公共団体は，障害のある者が，その障害の状態に応じ，十分な教育を受けられるよう，教育上必要な支援を講じなければならない」（第4条第2項の新設）

平成19（2007）年4月～
改正学校教育法の施行
盲・聾・養護学校　→　特別支援学校
特殊学級　　　　　→　特別支援学級

平成19（2007）年9月
障害者の権利に関する条約
「障害者を包容するあらゆる段階の教育制度及び生涯学習を確保する」「障害者が障害に基づいて一般的な教育制度から排除されないこと」（第24条教育）

署名

平成21（2009）年3月
特別支援学校幼稚園部教育要領，小学部・中学部学習指導要領，高等部学習指導要領告示（平成20年度版）

平成23（2011）年8月
障害者基本法の改正
「（略）障害者が，その年齢及び能力に応じ，かつ，その特性を踏まえた十分な教育が受けられるようにするため，可能な限り障害者である児童及び生徒が障害者でない児童及び生徒と共に教育を受けられるよう配慮」（第16条第1項）「障害者である児童及び生徒並びにその保護者に対し十分な情報の提供を行うとともに，可能な限りその意向を尊重しなければならない」（第16条第2項）

平成24（2012）年7月
中央教育審議会初等中等教育分科会「共生社会の形成に向けたインクルーシブ教育システム構築のための特別支援教育の推進（報告）」

平成25（2013）年9月
改正学校教育法施行令の施行

2014年1月　批准
2014年2月　発効

平成26（2014）年11月
新しい時代にふさわしい学習指導要領の在り方について諮問（文部科学大臣）

平成28（2016）年4月
障害者差別解消法の施行

平成28（2016）年12月
中央教育審議会初等中等教育分科会「幼稚園，小学校，中学校，高等学校及び特別支援学校の学習指導要領の改善及び必要な方策等について（答申）」

平成29（2017）年3月
幼稚園教育要領，小学校及び中学校学習指導要領告示

 4月　特別支援学校幼稚園部教育要領，小学部及び中学部学習指導要領告示

図8-2　障害のある幼児児童生徒に係る制度改正の流れ

な配慮の下に作成された教科書，専門的な知識・経験のある教職員，障害に配慮した施設・設備などを活用した指導や支援が行われている（図8-1参照）。

第2節　小学校学習指導要領等における特別支援教育について

小学校及び中学校[3]では，特別支援学級を設けて特別の教育課程を編成することができる。小学校，中学校及び高等学校では，通級による指導を行うことができ，小・中学校では，通級による指導を行う教室を通級指導教室と称すことが多い。

1　特別支援学級における教育課程について

特別支援学級は，障害による学習上又は生活上の困難を克服するための教育を行うために，編制[4]される学級である。

特別支援学級は，小学校及び中学校に設置された学級であるため，特別支援学級の教育課程に関する法令上の規定は，小学校及び中学校の教育課程に関するものが適用される。しかしながら，特別支援学級は，障害から生じる困難さがあるため，通常の学級における学習では，十分に学習の成果をあげることが難しい児童生徒のために編制された学級である。したがって，通常の学級と同じ教育課程をそのまま適用することは，児童生徒の実態等に適さないため，障害のある児童生徒の障害の状態や特性及び心身の発達の段階等を十分に考慮した教育課程が必要になる。

そのため，特別支援学級の教育課程編成については，学校教育法施行規則第138条において，「特別の教育課程によることができる」と規定されている。

このことに基づき，小学校段階における特別支援学級の教育課程については，小学校学習指導要領の総則において，特別支援学校学習指導要領に示す自立活動を取り入れること，各教科の目標や内容を下学年の教科の目標や内容に替えたり，知的障害のある児童生徒のための各教科に替えたりするなどして，児童生徒の実態に応じた教育課程編成をしていくことが規定されてい

る。

2 通級による指導における教育課程について

「通級による指導」とは，通常の学級で教科等の大半の教育を受け，その障害に応じて特別の指導を受ける教育の形態である。

通級による指導と同様の教育方法は，1993（平成5）年の通級による指導の制度化以前にも，言語障害のある児童生徒を対象とした教育で行われていた。言語障害の特性から，一般の教科等の授業を通常の学級で受けることができることがあり，このことから「通級による指導」の制度化の要望が高まった経緯がある。

なお，2016（平成28）年11月に学校教育法施行規則の改正があり，高等学校においても通級による指導を実施することが可能となった。

通級による指導では，特別支援学校学習指導要領において特別に設けられた指導領域である自立活動に相当する指導を行うことになる。自立活動の内容（第8章第3節の5を参照）は，そのすべてを取り扱うのではなく，児童生徒の実態に応じて，オーダーメイドの指導を行うことが特徴である。その際には，個別の指導計画[5]に基づく必要がある。

第3節 特別支援学校学習指導要領について

1 特別支援学校とは

特別支援学校とは，学校教育法第72条において規定され，その目的は，視覚障害者，聴覚障害者，知的障害者，肢体不自由者又は病弱者（病弱者には，身体虚弱者を含む。以下同じ。）に対して，幼稚園，小学校，中学校又は高等学校に準ずる教育を施すとともに，障害による学習上又は生活上の困難を克服し自立を図るために必要な知識や技能を授けることである。

特別支援学校には，視覚障害，聴覚障害，知的障害，肢体不自由，病弱である児童生徒に対する特別支援学校がある。

以下，それぞれの学校について，視覚障害特別支援学校，聴覚障害特別支

援学校，知的障害特別支援学校，肢体不自由特別支援学校，病弱特別支援学校と称する。

2　特別支援学校における教育課程について

　特別支援学校の教育課程は，幼稚園に準ずる領域，小学校，中学校及び高等学校に準ずる教科，特別の教科である道徳（以下，「道徳科」という），特別活動，総合的な学習の時間のほか，障害による学習上又は生活上の困難の改善・克服を目的とした領域である自立活動で編成している。

　なお，知的障害特別支援学校の各教科及び外国語活動については，小学校，中学校及び高等学校の教科及び外国語活動とは，別に示している点について留意する必要がある。

3　視覚障害特別支援学校，聴覚障害特別支援学校，肢体不自由特別支援学校，病弱特別支援学校における各教科等について

　視覚障害特別支援学校，聴覚障害特別支援学校，肢体不自由特別支援学校，病弱特別支援学校の各教科の目標，各学年の目標及び内容並びに指導計画の作成と内容の取り扱いについては，小学校・中学校学習指導要領及び高等学校学習指導要領に示すものに「準ずるもの」としている。

　ここで使用されている「準ずる」とは，法律上の用語であり，原則「同じ」であるという意味である。

　すなわち，障害による学習上又は生活上の困難を克服し自立を図るために必要な知識技能を授けることと合わせて，小学部は小学校学習指導要領に，中学部は中学校学習指導要領に，高等部は高等学校学習指導要領に準じて教育課程が編成されることになる。

　その際，指導計画の作成と各学年の内容の取扱いについては，特別支援学校学習指導要領に示されている次の障害ごとの配慮事項について取り入れることとなる。

(1) 視覚障害特別支援学校における各教科の指導における配慮事項

　児童生徒の視覚障害の状態等に応じて，指導内容を適切に精選し，基礎的・基本的な事項から着実に習得できるよう指導することが必要である。

　また，視覚補助具やコンピュータ等の情報機器，触覚教材，拡大教材及び音声教材等各種教材の効果的な活用を通して，児童生徒が容易に情報を収集・整理し，主体的な学習ができるようにするなど，児童生徒の視覚障害の状態等を考慮した指導方法を工夫していくことになる。

(2) 聴覚障害特別支援学校における各教科の指導における配慮事項

　体験的な活動を通して，学習の基盤となる語句などについて的確な言語概念の形成を図り，児童生徒の発達に応じた思考力の育成に努めていくことが必要である。

　また，児童生徒の聴覚障害の状態等に応じて，音声，文字，手話，指文字等を適切に活用して，発表や児童生徒同士の話し合いなどの学習活動を積極的に取り入れ，的確な意思の相互伝達が行われるよう指導方法を工夫していくことになる。

(3) 肢体不自由特別支援学校における各教科の指導における配慮事項

　体験的な活動を通して言語概念等の形成を的確に図り，児童生徒の障害の状態や発達の段階に応じた思考力，判断力，表現力等の育成に努めていくことが必要である。

　また，児童生徒の身体の動きの状態や認知の特性，学習状況等を考慮して，指導内容を設定し，重点事項を明確にし指導を工夫していくことになる。

(4) 病弱特別支援学校における各教科の指導における配慮事項

　児童生徒の学習状況や病気の状態，授業時数の制約等に応じて，指導内容を適切に精選し，基礎的・基本的な事項に重点を置き，効果的な指導が展開できるようにすることが必要である。

　また，児童生徒の病気の状態等を考慮し，学習活動が負担過重となることや必要以上に制限することがないように指導を工夫していくことになる。

4　知的障害特別支援学校の各教科等について

　知的障害特別支援学校の各教科等は，知的障害の特徴や学習上の特性等を踏まえ，児童生徒が自立し社会参加するために必要な知識や技能，態度などを身に付けることを重視し，その目標・内容等を示している。

　小学部の各教科は，生活，国語，算数，音楽，図画工作及び体育の6教科で構成されており，それらを第1学年から第6学年を通して履修することになっている。

　中学部の各教科は，国語，社会，数学，理科，音楽，美術，保健体育及び職業・家庭の8教科に外国語科を加えることができ，それらを第1学年から第3学年を通じて履修することになっている。外国語は，生徒や学校の実態を考慮し，各学校の判断により必要に応じて設けることができる教科である。

　高等部の各教科は，各学科に共通する各教科，主として専門学科において開設される各教科及び学校設定教科で構成される。

　各学科に共通する各教科は，国語，社会，数学，理科，音楽，美術，保健体育，職業，家庭，外国語及び情報の11教科で構成されている。外国語と情報については，各学校の判断により，必要に応じて設けることのできる教科であるが，その他の教科は，すべての生徒に履修させることになっている。

　主として専門学科において開設される各教科は，家政，農業，工業，流通・サービス及び福祉の5教科で構成されている。また，学校設定教科は，学校が独自に設けることができる教科である。

(1) 知的障害のある児童生徒の学習上の特性等

　知的障害のある児童生徒の学習上の特性としては，学習によって得た知識や技能が断片的になりやすく，実際の生活の場面で，生かすことが難しいことが指摘されている。そのため，児童生徒の実際の生活場面に即しながら，繰り返して学習することにより，必要な知識や技能等を身に付けられるようにする継続的，段階的な指導が重要となる。

　また，成功経験が少ないことなどにより，主体的に活動に取り組む意欲が十分に育っていないことが多い。そのため，学習の過程では，児童生徒が頑

張っているところやできたところを細かく認めたり，称賛したりすることで，児童生徒の自信や主体的に取り組む意欲を育むことが重要である。

(2) 知的障害特別支援学校の各教科の特徴

知的障害のある児童生徒のための各教科は，小学校や中学校の教科のように「学年」ごとに各教科の目標及び内容等が示されているのではなく，「段階」によって示されている。

小学部は3段階，中学部及び高等部は2段階である。学年ではなく，段階別に示されている理由は，発達期における知的機能の障害が同一の学年であっても，個人差が大きく，学力や学習状況が異なることからである。段階を設けて示すことにより，個々の児童生徒の学習状況等の実態に即して，各教科の内容を精選して，効果的な指導ができるよう構成されている。

各段階の内容は，各段階の目標を達成するために必要な内容として，児童生徒の生活年齢を基盤とし，知的能力や適応能力及び概念的な能力等を考慮しながら段階ごとに配列されている。

各段階は，児童生徒の成長とともに，生活したり，学習したりする場やその範囲が広がっていくことや，それらのことと関連して，児童生徒が，注意を向けたり興味や関心をもったりする段階から，具体的な事物について知り，物の特性の理解や目的をもった遊びや行動ができる段階，場面や順序などの様子に気付き教師や友達と一緒に行動したりすることから，多様な人との関わりをもてるようにしていく段階などを踏まえ，より深い理解や学習へと発展し，学習や生活を質的に高めていくことのできるようになっている。

(3) 知的障害のある児童生徒の教育的対応の基本

知的障害特別支援学校における教育課程について検討する場合には，前述した知的障害のある児童生徒の学習上の特性とともに，次に述べる教育的対応の基本について，理解しておくことが必要である。

　　ア　知的障害の状態，生活年齢，学習状況や経験等を考慮して教育的ニーズを的確に捉え，育成を目指す資質・能力を明確にし，指導目標を

設定するとともに，指導内容のより一層の具体化を図る。
イ　日常生活や社会生活に生きて働く知識及び技能，習慣や学びに向かう力が身に付くよう指導する。
ウ　職業教育を重視し，将来の職業生活に必要な基礎的な知識や技能，態度及び人間性等が育つよう指導する。その際に，多様な進路や将来の生活について関わりのある指導内容を組織する。
エ　生活の課題に沿った多様な生活経験を通して，日々の生活の質が高まるように指導し，よりよく生活を工夫していこうとする意欲が育つようにする。
オ　自発的な活動を大切にし，主体的な活動を促すようにし，課題を解決しようとする思考力，判断力，表現力等を育むように指導する。
カ　自ら見通しをもって主体的に行動できるよう，日課や学習環境などを分かりやすくし，規則的でまとまりのある学校生活が送れるようにする。
キ　生活に結びついた具体的な活動を学習活動の中心に据え，実際的な状況下で指導するとともに，できる限り児童生徒の成功経験を豊富にする。
ク　教材・教具，補助具やジグ（道具）等を工夫するとともに，目的が達成しやすいように，段階的な指導を行うなどして，児童生徒の学習活動への意欲が育つよう指導する。
ケ　集団において役割が得られるように工夫し，その活動を遂行できるようにするとともに，活動後には充実感や達成感，自己肯定感が得られるように指導する。
コ　児童生徒の生活年齢に即した指導を徹底する。

(4) 教育課程編成と指導の形態

　知的障害特別支援学校では，教科別の指導や各教科等を合わせた指導など，指導の形態として，様々な工夫がなされた指導計画の下，教育活動が展開される特徴がある。

ア　教科別に指導を行う場合

　指導を行う教科やその授業時数の定め方は，対象となる児童生徒の実態によっても異なる。したがって，教科別の指導を計画するに当たっては，教科別の指導で扱う内容について，一人一人の児童生徒の実態に合わせて，個別的に選択・組織しなければならないことが多い。その場合，一人一人の興味・関心，生活年齢，学習状況や経験等を十分に考慮することが大切である。

　また，指導に当たっては，知的障害のある児童生徒のための各教科の目標及び段階の目標を踏まえ，児童生徒に対しどのような資質・能力の育成を目指すのかを明確にしながら，指導を創意工夫する必要がある。その際，生活に即した活動を十分に取り入れつつ学んでいることの目的や意義が理解できるよう段階的に指導する必要がある。

イ　各教科等を合わせて指導を行う場合

　各教科，道徳科，特別活動，自立活動（小学部においては外国語活動）の一部又は全部を合わせて指導を行う際には，各教科等で育成を目指す資質・能力を明確にした上で，効果的に実施していくことができるように「カリキュラム・マネジメント」の視点に基づいて計画（Plan），実施（Do），評価（Check），改善（Action）していくことが必要である。

　各学校において，各教科等を合わせて指導を行う際は，児童生徒の知的障害の状態，生活年齢，学習状況や経験等に即し，次に示す事項を参考に教育課程を編成していくことになる。

【各教科等を合わせた指導の特徴と留意点】
①日常生活の指導

　日常生活の指導は，児童生徒の日常生活が充実し，高まるように日常生活の諸活動について，知的障害の状態，生活年齢，学習状況や経験等を踏まえながら計画的に指導するものである。

　日常生活の指導は，生活科を中心として，特別活動の〔学級活動〕など広範囲に，各教科等の内容が扱われる。それらは，たとえば，衣服の着脱，洗面，手洗い，排泄，食事，清潔など基本的生活習慣の内容や，あいさつ，言

葉遣い，礼儀作法，時間を守ること，きまりを守ることなどの日常生活や社会生活において，習慣的に繰り返される，必要で基本的な内容である。

②遊びの指導

遊びの指導は，主に小学部段階において，遊びを学習活動の中心に据えて取り組み，身体活動を活発にし，仲間とのかかわりを促し，意欲的な活動を育み，心身の発達を促していくものである。

遊びの指導では，生活科の内容をはじめ，体育科など各教科等に関わる広範囲の内容が扱われ，場や遊具等が限定されることなく，児童が比較的自由に取り組むものから，期間や時間設定，題材や集団構成などに一定の条件を設定し活動するといった比較的制約性が高い遊びまで連続的に設定される。また，遊びの指導の成果を各教科別の指導につながるようにすることや，諸活動に向き合う意欲，学習面，生活面の基盤となるよう，計画的な指導を行うことが大切である。

③生活単元学習

生活単元学習は，児童生徒が生活上の目標を達成したり，課題を解決したりするために，一連の活動を組織的・体系的に経験することによって，自立や社会参加のために必要な事柄を実際的・総合的に学習するものである。

生活単元学習では，広範囲に各教科等の目標や内容が扱われる。生活単元学習における児童生徒の学習活動は，実際の生活で取り上げられる目標や課題に沿って組織されることが大切である。また，小学部において，児童の知的障害の状態等に応じ，遊びを取り入れたり，作業的な内容を取り入れたりして，生活単元学習を展開している学校がある。どちらの場合でも，個々の児童生徒の自立と社会参加を視野に入れ，個別の指導計画に基づき，計画・実施することが重要である。

④作業学習

作業学習は，作業活動を学習活動の中心にしながら，児童生徒の働く意欲を培い，将来の職業生活や社会自立に必要な事柄を総合的に学習するものである。

とりわけ，作業学習の成果を直接，児童生徒の将来の進路等に直結させることよりも，児童生徒の働く意欲を培いながら，将来の職業生活や社会自立

に向けて基盤となる資質・能力を育むことができるようにしていくことが重要である。

　作業学習の指導は，中学部では職業・家庭科の目標及び内容が中心となるほか，高等部では職業科，家庭科及び情報科の目標及び内容や，主として専門学科において開設される各教科の目標及び内容を中心とした学習へとつながるものである。なお，小学部の段階では，生活科の目標及び内容を中心として作業学習を行うことも考えられるが，児童の生活年齢や発達の段階等を踏まえれば，学習に意欲的に取り組むことや，集団への参加が円滑にできるようにしていくことが重要となることから，生活単元学習の中で，道具の準備や後片付け，必要な道具の使い方など，作業学習につながる基礎的な内容を含みながら単元を構成することが効果的である。

5　自立活動について

　特別支援学校の教育においては，障害のある幼児児童生徒を対象として，小・中学校等と同様に，学校の教育活動全体を通じて，幼児児童生徒の人間としての調和のとれた育成を目指している。

　小・中学校等の教育は，幼児児童生徒の生活年齢に即して系統的・段階的に進められている。その教育の内容は，幼児児童生徒の発達の段階等に即して選定されたものが配列されており，それらを順に教育することにより人間として調和のとれた育成が期待されている。

　しかし，障害のある幼児児童生徒の場合は，その障害によって，日常生活や学習場面において様々なつまずきや困難が生じることから，小・中学校等の幼児児童生徒と同じように心身の発達の段階等を考慮して教育するだけでは十分とは言えない。

　そのため，個々の障害による学習上又は生活上の困難を改善・克服するための指導が必要となる。特別支援学校においては，小・中学校等と同様の教科等に加えて，「自立活動」の領域を設定し，指導することによって，幼児児童生徒の人間として調和のとれた育成を目指している。

第1 目標	
個々の児童又は生徒が自立を目指し，障害による学習上又は生活上の困難を主体的に改善・克服するために必要な知識，技能，態度及び習慣を養い，もって心身の調和的発達の基盤を培う。	

第2 内容	
1 健康の保持 (1) 生活のリズムや生活習慣の形成に関すること。 (2) 病気の状態の理解と生活管理に関すること。 (3) 身体各部の状態の理解と養護に関すること。 (4) 障害の特性の理解と生活環境の調整に関すること。 (5) 健康状態の維持・改善に関すること。 2 心理的な安定 (1) 情緒の安定に関すること。 (2) 状況の理解と変化への対応に関すること。 (3) 障害による学習上又は生活上の困難を改善・克服する意欲に関すること。 3 人間関係の形成 (1) 他者とのかかわりの基礎に関すること。 (2) 他者の意図や感情の理解に関すること。 (3) 自己の理解と行動の調整に関すること。 (4) 集団への参加の基礎に関すること。 4 環境の把握 (1) 保有する感覚の活用に関すること。 (2) 感覚や認知の特性についての理解と対応に関すること。	(3) 感覚の補助及び代行手段の活用に関すること。 (4) 感覚を総合的に活用した周囲の状況についての把握と状況に応じた行動に関すること。 (5) 認知や行動の手掛かりとなる概念の形成に関すること。 5 身体の動き (1) 姿勢と運動・動作の基本的技能に関すること。 (2) 姿勢保持と運動・動作の補助的手段の活用に関すること。 (3) 日常生活に必要な基本動作に関すること。 (4) 身体の移動能力に関すること。 (5) 作業に必要な動作と円滑な遂行に関すること。 6 コミュニケーション (1) コミュニケーションの基礎的能力に関すること。 (2) 言語の受容と表出に関すること。 (3) 言語の形成と活用に関すること。 (4) コミュニケーション手段の選択と活用に関すること。 (5) 状況に応じたコミュニケーションに関すること。

(特別支援学校小学部・中学部学習指導要領（平成29年4月告示））

図8-3 自立活動の目標及び内容

(1) 自立活動の指導の基本

自立活動の指導は，個々の幼児児童生徒が自立を目指し，障害による学習上又は生活上の困難を主体的に改善・克服しようとする取組を促す教育活動であり，個々の幼児児童生徒の障害の状態や特性及び心身の発達の段階等に即して指導を行うことが基本である。

自立活動の指導計画は個別に作成されることが基本であり，最初から集団で指導することを前提とするものではない点に十分に留意する必要がある。

(2) 自立活動の内容の考え方

自立活動の内容は，人間としての基本的な行動を遂行するために必要な要素と，障害による学習上又は生活上の困難を改善・克服するために必要な要素で構成しており，それらの代表的な要素である27項目を「健康の保持」，

「心理的な安定」,「人間関係の形成」,「環境の把握」,「身体の動き」及び「コミュニケーション」の6つの区分に分類・整理したものである。

第4節　教育課程編成と個別の指導計画

　個別の指導計画は，幼児児童生徒の実態を把握した上で作成され，その個別の指導計画に基づいて各教科等の指導が行われるが，幼児児童生徒にとって適切な計画であるかどうかは，実際の指導を通して明らかにしていくことが大切であり，学習状況や結果を適宜，適切に評価を行い，教育課程に反映させていくことが必要である。

　個々の幼児児童生徒の学習状況等の評価の結果，個別の指導計画で設定した指導目標を達成できていなかった場合，個々の幼児児童生徒の実態からみて，設定した指導目標が高すぎたり，指導目標が適切であったが，その指導目標を達成するための指導内容や指導方法が適切でなかったりなどの場合が考えられる。また，指導目標，指導内容，指導方法に一貫性がないなどの場合も考えられよう。これらのように課題が明らかになれば，その課題の背景や要因を踏まえて，改善を図る必要がある。

　評価と改善の時期としては，授業ごとに行う場合もあれば，週，月，学期などの期間を設定して行う場合がある。

　特別支援学校における教育課程編成では，個別の指導計画に基づいて児童生徒に何が身に付いたかという学習の成果を的確に捉え，個別の指導計画の実施状況の評価と改善を，教育課程の評価と改善につなげていくよう工夫することが重要である。

　たとえば，学校としてすでに十分な実践経験が蓄積され，毎年実施する価値のある単元計画が存在する場合でも，改めて現在の幼児児童生徒の個別の指導計画の実施状況の評価を踏まえ，学習集団を構成する幼児児童生徒一人一人が達成した指導目標や指導内容等を集約し，学習集団に対して作成される年間指導計画等の単元や題材など内容や時間のまとまりなどについて検討する仕組みを工夫することが求められる。

　図8-4は，教育課程と個別の指導計画の関係をイメージとして表したもの

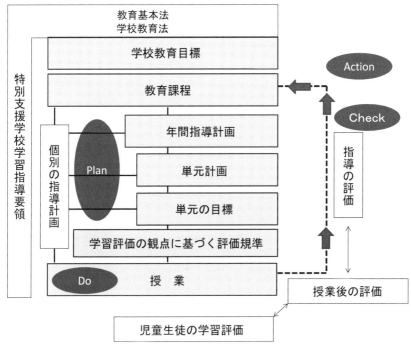

図 8-4　教育課程と個別の指導計画の関係の例

であり，教育課程と個別の指導計画の関係について理解するための参考として欲しい。

注
1) 2014年2月19日に同条約は，我が国について効力を発生した。
2) 文部科学省「特別支援教育の推進について（通知）」平成19年4月1日。
3) 「小学校及び中学校」には，義務教育学校又は中等教育学校の前期課程を含めて示している。
4) 学校の「学級編制基準」については，公立義務教育諸学校の学級編成及び教職員定数の標準に関する法律により定められている。
5) 個別の指導計画とは，障害のある幼児児童生徒一人一人について，指導の目標や内容，配慮事項などを示した計画のことである。
　これに対して，個別の教育支援計画とは，障害のある幼児児童生徒の学校生活だ

けでなく家庭生活や地域での生活も含め，長期的な視点に立って幼児期から学校卒業後までの一貫した支援を行うため，家庭や医療機関，福祉施設などの関係機関と連携し，様々な側面からの取組を示した計画である。

※1）特別支援学校：障害の程度が比較的重い子供を対象として教育を行う学校。公立特別支援学校（小・中学部）の1学級の標準は6人（重複障害の場合3人）。対象障害種は，視覚障害，聴覚障害，知的障害，肢体不自由，病弱（身体虚弱を含む）。2007年4月から，幼児児童生徒の障害の重複化等に対応した適切な教育を行うため，従前の盲・聾・養護学校の制度から複数の障害種別を対象とすることができる特別支援学校の制度に転換した。

※2）特別支援学級：障害のある児童生徒のために小・中学校に障害の種別ごとに置かれる少人数の学級（公立学校では8人を標準とする）。知的障害，肢体不自由，病弱・身体虚弱，弱視，難聴，言語障害，自閉症・情緒障害の学級がある。

※3）通級による指導：小・中学校の通常の学級に在籍する障害のある児童生徒に対して，ほとんどの授業（主として各教科などの指導）を通常の学級で行いながら，週に1単位時間〜8単位時間（LD，ADHDは月1単位時間から週8単位時間）程度，障害に基づく種々の困難の改善・克服に必要な特別の指導を特別の場で行う教育形態。対象とする障害種は言語障害，自閉症，情緒障害，弱視，難聴，LD，ADHD，肢体不自由及び病弱・身体虚弱。なお，2018年4月1日より，高等学校における通級による指導が制度化されている。

参考文献

文部科学省『特別支援学校教育要領・学習指導要領解説　総則編』開隆堂出版，2018年。

文部科学省『特別支援学校学習指導要領解説　各教科等編』開隆堂出版，2018年。

文部科学省『特別支援学校教育要領・学習指導要領解説　自立活動編』開隆堂出版，2018年。

文部科学省「教育支援資料　障害のある子供の就学手続と早期からの一貫した支援の充実」2013年。http://www.mext.go.jp/a_menu/shotou/tokubetu/material/1340250.htm

丹野哲也監修『日常生活の指導の実践——キャリア発達の視点から』東洋館出版社，2017年。

学びを深めるための参考図書

丹野哲也,武富博文『知的障害教育におけるカリキュラム・マネジメント』東洋館出版社,2018年。

全日本特別支援教育研究連盟編著『特別支援学校　新学習指導要領ポイント総整理　特別支援教育』東洋館出版社,2018年。

学びを深めるための課題

(1)　特別支援学級,通級による指導及び特別支援学校で編成される「特別の教育課程」について,法的位置付けを考えてみましょう。

(2)　知的障害のある児童生徒のための各教科の目標及び内容が「学年」でなく「段階」で示されている理由を考えてみましょう。

第9章　単元計画と授業づくり

　授業は活動と内容からなり，活動は子どもの都合，内容は教師の都合と関わっている。授業とは活動を通して内容を実現する営みであり，授業づくりの焦点は活動と内容の間に望ましい結び付きを見出すことにある。この活動と内容の結び付きの基本単位が単元である。
　単元計画には，内容のまとまりを基盤とする教材単元と，活動のまとまりを基盤とする経験単元という２つの原理がある。本章では，これら２つの原理を理解するとともに，実際に単元計画を進める際の留意点を把握する。

第１節　授業の構成要素としての活動と内容

１　よい授業の２つの要件

　授業とは，子どもが何らかの活動をすることである。資料を読み込む，予測を実験で確かめる，お互いの考えを聞き合う，旋律に身体をゆだねる，情感を文に綴るなど，授業で子どもたちは実に多様な活動をする。
　同じ活動をするなら，子どもが是非ともやりたいと願って取り組む方がいい。やりたくもないのに嫌々やる活動ほど，不幸なものはない。せっかくの子ども時代，かけがえのないその美しい時間のほとんどをため息の中ですごすなどというのは，まったくもって理不尽である。それが長期的に見て，彼らの健やかな成長に暗い陰を落とすであろうことには疑いの余地がない。
　このように，よい授業の第１要件は，それが子どもにとって意味のある活動である，ということに尽きる。

とは言え，子どもが願う活動を行いさえすればよいというわけではない。ただ楽しい活動をしているだけで見るべき育ちがないようでは，授業とは言えない。授業とは，子どもの現状を起点とし，何らかの意味でさらによりよく育つことに資する教育的価値の実現を目指す営みである。この教育的価値を，授業づくりでは内容と呼び慣わしてきた。学習指導要領の各章に示された内容，さらに内容を通して育成を図る資質・能力はその典型であり，最優先でその実現が目指されるべきものである。

遊びや生活などの活動でも，結果的に大人から見て様々な教育的価値は実現されている。しかし，教師が意図的，計画的に活動を組織する授業という営みでは，そこで展開される活動を通して必ずや何らかの価値ある内容が自覚的にねらわれ，現に実現されることが不可欠である。

このように，よい授業の第2の要件は，教師から見ても価値のある内容が子どもの内に実現される，ということである。

2　あれかこれかの思考こそ落とし穴

ここで，「2つの要件のうち，いずれがより重要か」あるいは「いずれを優先させるべきか」を知りたいと考える人は少なくない。しかし，この問いは危険であり，問われても答えようとしてはならない。なぜなら，この問いに答えようと思案すればするほど，あなたの思考は2つの要件をあれかこれかという発想で天秤にかけ，いずれかの充実が自動的にもう片方の断念を余儀なくする，それも反比例の関係でそうなるとの観念に支配されてしまう。

たとえば，かつて「学力低下」を危惧する人の多くが「内容の定着こそ重要である。そのためには，子どもにやりたいことなんかさせている場合ではない」と断じた。授業なのだから内容の定着が重要なのは論を待たないが，なぜ「そのためには」子どもにやりたいことを断念させねばならないのか。

あるいは，生活科の授業などで「子どもがあんなに目を輝かせて活動しているのだから，もうそれだけで十分。その先でどんな内容が身に付くかなんてことは，あの目の輝きに比べれば些細なことでしょう」といった声を聞くことがある。自分にとって意味のある活動をしている時，子どもは目を輝かせるし，それ自体は尊いものだが，それをもって内容の定着を些細なことに

おとしめる論拠など，どこにも見当たらない。

　これらはすべて，子どもにとって意味のある活動と教師から見ても価値のある内容という授業づくりの2つの要件を，あれかこれかで考える思考に起因する。そして，この問いの立て方こそが間違っている。両者は一見，水と油であり，折り合いをつけるのは確かに容易ではないが，少なくとも両者は理念的には独立な事象であるし，十分に両立しうる。それどころか，授業づくりとは活動と内容の折り合いをつける，それも可能な限り高度な水準でつけることを課題とした営みでしかない。

　よい授業とは，子どもにとって意味のある活動を通して，教師から見ても価値のある内容を実現する授業である。そして，活動が子どもにとってより楽しく，切実であればあるほど，また実現される内容の深まり，広がり，定着度が増せば増すほど，よい授業だと考えたい。

3　活動と内容の区別

　授業と授業づくりをこのように考える時，まずもって注意しなければならないのは，活動と内容の明晰な区別である。

　「昆虫の育ち方には一定の順序があること。また，成虫の体は頭，胸及び腹からできていること」という学習指導要領小学校3年生理科の内容を指導するのに，教科書にもある「モンシロチョウを飼う」活動は適切だが，同様に内容が実現できれば飼うのは別の昆虫でも構わないし，それに伴って授業を別な季節に実施してもよい。ところが，モンシロチョウを飼うこと自体を理科の内容と誤解し，都市化の進行で見かけなくなったモンシロチョウを確保しようと保護者にまで声をかけ躍起になっている教師がいる。活動と内容を混同している，あるいは活動が内容になってしまっているのである。

　とくに注意を要するのは，活動と内容の結び付きにおいて任意性の高い教科，具体的には，国語，図工・美術，音楽，生活科であろう。これらの教科は，いわゆる作品主義や活動主義に陥りやすい。

　たとえば，「たんぽぽのちえ」という説明文教材を読む活動に際して，子どもたちの関心は身近な植物であるたんぽぽの持つ不思議な知恵へと向かうだろう。しかし，たんぽぽに詳しくなること自体は国語科の内容ではない。

説明文の基本構造である問いと答えの応答関係，「やがて」「そのあと」「そのころになると」など時間の経過や順序を表す言葉への着眼，「晴れた日」と「雨の日」が逆接の「でも」で対比的につながれている箇所を生かしての接続詞の働きなどが，この教材を通して指導可能な，そして指導すべき内容であろう。それらを「たんぽぽのちえ」という具体対象に即して読み深めながら，それだけに終わることなく，他の説明文読解にも「活用」可能な汎用性のある着眼なり理解にまで高めることを目指した授業運びとしたい。

ところが，教科書に記された具体対象それ自体の理解を指導内容と誤認し，一所懸命にたんぽぽの3つの知恵を理解させようと教師が奮闘している授業にしばしば出合う。「子どもたちの関心がそこにあるから」と弁明するかもしれないが，そもそもこの教材を教室に持ち込んだのは教師であるから，そこには教育的な意図とそれを実現する戦略があってしかるべきであろう。子どもたちはたんぽぽの知恵に興味津々であっても，それを解き明かすことを通して，単元終了時には説明文読解の力も高まっているよう活動を組織するのが授業づくりであり，潜在的には子どももそれをこそ求めている。

第2節　単元計画

1　単元とは何か

授業は活動と内容からなり，活動は子どもの都合，内容は教師の都合と深く関わっている。授業とは活動を通して内容を実現する営みであり，授業づくりの焦点は活動と内容の間に望ましい結び付きを見出すことにある。

この活動と内容の結び付きの基本単位が単元である。したがって，授業づくりとは単元づくり，単元構成であると言っても過言ではない。単元とはドイツ語のEinheit，英語のunitの訳語であり，子どもの認識なり活動に照らした時に有機的な関連をもつ教材なり経験の「まとまり」を意味する。

単元という概念は，ヘルバルト派のツィラー（Ziller, T.）によって創始された。彼は学習には分析→総合→連合→系統→方法という形式的段階があり，教材の組織においてもこれを考慮すべきだとした。当時は，教材の表面的な

ひと区切りをそのまま教材の単位としていたが，ツィラーは子どもの認識過程との統合という点に教材単位決定のよりどころを求めたのである。

これとは別に経験主義の立場から，教材ではなく問題解決活動（デューイ：Dewey, J.）や目的的活動（キルパトリック：Kilpatrick, W. H.）を学習過程におけるまとまりとする単元観がアメリカを中心に提唱される。ツィラー流の形式的段階に対し，デューイは問題的場面→問題の形成場面→解決策の形成場面→解決策の検証場面→解決された場面という段階を考え，キルパトリックは目的→計画→実行→判断という流れを想定した。

ここに至って単元は，認識過程に照らしての教材のまとまりを基盤とする教材単元と，子どもの主体的活動に照らしての経験のまとまりを基盤とする経験単元という2つの流れをもつようになる。両者は学習過程のとらえ方においてこそ異なるものの，学習指導の単位，文節を子どもの学習過程に求める点では共通している。その意味では，子どもの学習過程への意識や検討を欠く指導計画にも単元という言葉が無自覚に，単なる慣習として用いられている我が国の現状には，大いに問題がある。

2 教材単元

1951（昭和26）年版学習指導要領一般編（試案）によると，教材単元とは「系統的に配列された教材の一区分であって，たとえば，教科書の第1課，第2課というようなまとまり」とされる。いわば内容のまとまりを基盤に単元を構成する考え方であり，「3つのかずのけいさん」「水溶液の性質」といった具合に，単元名も内容で表現されるのが一般的である。教科書も含め，教科指導（生活科を除く）の多くは教材単元を足場に構想・実施されてきた。

教材単元では，教師が価値的と認め，子どもに身につけさせたいと考える内容から単元構成を開始する。そして次に，子どもの認識過程をイメージしながら，その内容を子どもの内に実現するのに適した活動（教材）を論理的，経験的に導き出し，最後に導入の工夫などによって，それを子どもにとっても意味のあるものにしようとする。

このように，導入は授業に常に必要不可欠な本質的要素ではなく，教材単元による授業づくりを選択した場合に限り，その構造的弱点を補完するため

に，いわばやむなく授業過程に挟み込まざるを得ない夾雑物である。実際，導入に要した時間は学習の本体ではなく，それが終了した時点で子どもは今日何を学ぶのかを理解する，すなわち学習のスタートラインに着く。

教材単元は，いわゆる「はじめに内容ありき」であり，必要な時期に必要な内容を自在に指導できることから，内容の系統性が重要な場合には有利な方法といえる。だからこそ，多くの教科で教材単元方式が主流なのである。

一方，子どもの都合は後回しとなり，最後に調整されるものと見なさざるを得ない。しかし，教師なら誰しも経験があるように，教師の都合で導き出した活動を子どものものとするのは至難の業であり，ややもすれば教え込みになりかねないという弱点も浮かび上がってくる。たしかに教師は教えたはずだが，当の子どもは学んでいない，あるいは時間の経過とともに「剝落」していくといった現象が起こりやすく，十分な注意を要する。

3　経験単元

同じく1951年版学習指導要領によると，経験単元とは「児童・生徒の当面している問題を中心にして，その解決に必要な価値ある学習活動のまとまり」とされる。いわば子どもにとって意味のある問題解決活動のまとまりを基盤に単元を構成する考え方であり，「なつをみつけよう」「本物のパンをつくろう」など，単元名も子どもの活動で表現される。生活科は教科書も含め経験単元が基本であるし，総合的な学習の時間も経験単元とすることで，子どもの学習過程はほぼ自動的に「探究」になる。

経験単元では，教材単元とは逆の筋道で単元を構成する。まず子どもの求め（夢，願い，気がかり等）があり，次にそれに応じる形で活動を組織し，最後にその展開途上において出合う切実な問題の子どもによる自力解決を通して，結果的に教師から見ても教育的に価値ある内容が学ばれるよう構成する。このことからもわかるように，経験単元は問題解決学習，学習指導要領でいう「探究」をその学習原理としている（第2章第3節参照）。

経験単元は，いわゆる「はじめに子どもありき」であり，当然のことながら子どもの活動への意欲は高い。したがって，そこでの学びも切実なものとなりやすく，学ばれた内容は定着がいいばかりか，「活用」の効く「生きて

はたらく」学力として，その子の血肉となっていることが多い。

一方，教師が意図した内容を意図した順序やタイミングで学ばせるには相応の工夫が必要で，指導内容がもつ内在的で論理的な系統に即した指導を求める場合には相対的に不向き，ないしはかなりの技巧を要する。

また，活動から内容へと迫る点に特有の勘どころがあり，これをつかんでいないと「活動あって学びなし」や単なる放縦にもなりかねない。「はいまわる経験主義」批判もこの点を突いたもので，経験単元自体の弱点ではないが，それが原理通り運用されない場合に生じる現象であり，注意を要する。

4　単元の復活

単元は，1947年，1951年版学習指導要領では中核をなすキーワードだったが，1958年以降は長きに渡って影を潜めていた。

ところが，2017年版学習指導要領では，総則の第2の3の（3）のアにおいて「単元や題材など内容や時間のまとまりを見通しながら，そのまとめ方や重点の置き方に適切な工夫を加え，第3の1に示す主体的・対話的で深い学びの実現に向けた授業改善を通して資質・能力を育む効果的な指導ができるようにすること」という文脈で復活を遂げる。

主体的・対話的で深い学びは，もちろん1単位時間の授業の中で実現される場合もあるが，毎時間，必ず目指さなければならないわけではない。単元や題材など内容や時間に関する一定のまとまりを見通すならば，そこには主体的学びにつながる見通しや振り返りを行うのが自然であり，効果的である場面や，対話的学びが必要となる場面，あるいは整理された知識を教師から教わる受容学習的な時間と，子どもが対象と直接関わり自ら知識を創出していく発見学習的な時間といった具合に，様々な学びが相互に緊密な連関をもち，互恵的な働きの中でストーリーを形成しながら展開していく。

主体的・対話的で深い学びは，そういった単元全体の流れの中で走馬灯のように現れては消える多様な学びの可能性を踏まえ，タイミングを見計りながら意図的・計画的・組織的に生み出していけばよいのであって，そのためにも，単元や題材など内容や時間のまとまりを意識することが求められる。

単元は，教育内容と教育方法の結節点に位置する。年間指導計画に単元名

が並ぶことからもわかるように，各学校における教育課程編成とは，学習指導要領に示された内容を各学校が実践化・方法化・教材化する作業であり，そこでは子どもの学びの筋道を見通して単元を構成し，年間の流れの中に適切に配列していく。各学校が創意工夫を発揮して教育課程を編む上で，「単元や題材など内容や時間のまとまり」を見通すことは極めて重要であり，第10章で検討するカリキュラム・マネジメントの根幹をなす概念でもある。今回，単元が復活したことは，教育課程政策上，画期的な出来事と言えよう。

第3節　教材単元の計画と教科書との付き合い方

1　教科書比較

　生活科をほぼ唯一の例外として，他の教科の教科書は教材単元を基本として作成，編集されていることが多い。したがって，教材単元の開発と運用に際して，教科書は非常に有益な情報源であり，強力なサポーターとなる。

　その一方で，我が国の学校現場では教科書への依存傾向が著しく，教科書に記された問題を解かせ，活動を実施することが単元を展開することと同義であるかのように誤解されている節がある。教科書は「主たる教材」であり，小中学校ではその供給に税金が使われていることからも，有効に利用することは望ましい。しかし，それは教科書に記された活動を万事教科書通りに実施することと同義ではない。

　また，仮に教科書に記された活動を実施するにしても，その活動がどのような論理なり筋道によってどのような内容の実現を保障しうるのか，すなわち活動と内容の結び付きについて，当の教師が明晰な理解を持っていなければ，効果的な活動の実施は困難であろう。

　教科書を上意下達的に「こなす」，あるいは教科書に「使われる」のではなく，単元構成の主体として「使いこなす」ことが重要である。そのためには，手元にある教科書における活動と内容の結び付きについて明晰な理解を持つことが不可欠である。よく，教科書をアレンジして利用すると言われるが，アレンジするには，その素性を十分に把握しておく必要がある。

手元にある教科書の素性を明らかにする具体的な手法として古くから行われてきたものに，教科書比較がある。複数の教科書を集め，相互に比較，検討してみるという作業である。同じ内容を指導するために盛られた教材を複数の教科書間で見比べてみると，ずいぶんと多くの発見がある。
　たとえば，5年生算数の面積の学習では，多くの教科書が平行四辺形から入って，その後，三角形，さらに多角形へと進む展開になっている。一方，三角形から入って，その後で平行四辺形へと進む，つまり逆の流れの教科書もある。それぞれの教科書執筆者は，どうしてこのような流れにしたのか。
　平行四辺形も含め，すべての多角形の面積は，基本図形である三角形に分割しさえすれば必ず求めることができる。その意味では，三角形の求積を先行させる方が自然であろう。ところが，三角形の求積では高さの概念を獲得しなければならない。それ以前の面積学習が扱ってきた正方形や長方形では，高さは一辺やタテといった辺に対応するが，三角形では辺ではないところに高さを見出す必要がある。さらには，鈍角三角形の場合，高さは図形の外側に出てしまう。高さの概念獲得は難しく，つまずきの原因ともなる。
　その点，平行四辺形から入れば，高さは必ず図形の内側に見出せるし，その求積は正方形や長方形の学習経験を足場に進められる。平行四辺形の一部を切り取って移動させることで長方形にしてしまう，等積変形の学習活動である。そうすることにより，高さ概念の獲得を，既習の内容である辺を足場にしてなめらかに進めることができる。
　つまり，数理そのものの構造を優先するならば三角形先行の活動展開となり，子どもの学びやすさを優先するならば平行四辺形先行になる。それぞれの教科書執筆者は熟慮の後にいずれかを選び取っているのであり，そこには実に明確な活動と内容の結び付きに関する論理が潜んでいる。問題は，これをユーザーである教師が読みとれているかどうかであろう。
　同様に，小学校3年生の理科のある教科書では，学習指導要領の内容領域A「物質・エネルギー」の「日光は直進し，集めたり反射させたりできること」及び「物に日光を当てると，物の明るさや暖かさが変わること」と，B「生命・地球」の「日陰は太陽の光を遮るとでき，日陰の位置は太陽の位置の変化によって変わること」及び「地面は太陽によって暖められ，日なたと

日陰では地面の暖かさや湿り気に違いがあること」を，1つの単元として構成していた。外に出て太陽の日の様子を調べる一連の活動の中で，日なたと日陰のでき方や様子にも気づけるし，日光の動きや日光の当て方による物の明るさや暖かさの変化も指導できる。その一方で，これらを別の単元として構成している教科書もある。ただ，どちらも太陽の光について調べる活動なので，ページ的には連続する2つの単元として配列していた。

　前者は，子どもの活動の自然な展開を大切にしている。対して後者は，Aの物理・化学領域とBの生物・地学領域という内容上の区別を大切にし，子どもの知識獲得が系統的に，また混乱しないように配慮したのであろう。

　算数と理科の例を挙げたが，どの教科書についても教科書執筆者の，あるいは教科書会社の教科観，学力観，単元観，学習観，子ども観などを，そこから推し量ることができる。多くの場合，そこに優劣をつけることは不可能である。それはあくまでも，何を優先させるかという思想や方針の質的な違い，いわば個性に過ぎない。

　いずれにせよ，それらが見えてきたなら，手元にある採択教科書は，もはや無個性で無色透明な存在ではなくなっているであろう。中間，中庸はありえるが，そもそも無色透明な教材など存在しない。それぞれの教材の個性なり色あいが見えていなかった，見る力がなかっただけの話である。

　一番怖いのは，そんなことに一切無頓着なまま，あたかも無色透明であるかのように，上意下達的に子どもたちに下ろしていくことである。そして，それでは効果的な学習の展開など，望めるはずもない。

2　教科書教材の成り立ちと使いこなす技術

　そもそも，教科書教材はどのように生み出されるのだろうか。様々な経緯があるが，全国版として使われている教科書教材の多くは，どこかの教室で，ある教師がある子どもとのかかわりの中からどうしようもない必然性をもって生み出した，極めてローカルな自作教材を起源に持つ。たとえば，かつて盛んであった生活科のザリガニ飼育は，次のような経緯から生まれた。

　生活科の草創期のことである。その年度に担任した1年生のクラスに，どうにもやんちゃな男の子がいた。入学以来大いに手を焼いたその子が，ある

日の朝，ザリガニを手に教室に駆け込んできたという。
「先生，両手がふさがっているんだ。何とかしてよ。」
　担任は理科室から水槽を持ってきて，そこに2匹のザリガニを放してやった。何事かと，クラスの仲間たちも水槽の回りに集まってくる。するとその子は，どこで採ったのか，どんな様子だったのかを，得意そうにみんなに話して聞かせる。みんなも興味津々で，朝の会はザリガニの話題で持ちきりとなった。普段とは違う男の子の表情を見逃さなかった担任は，クラス，さらには学年全体でのザリガニ飼育を決意し，学年の先生たちに相談する。
　かくして，その男の子を中心に100匹を超えるザリガニが教室に持ち込まれ，単元が立ち上がったが，女の子の中にはザリガニの世話や観察はおろか，ハサミではさまれないかと怖がって近づけない子も少なくなかった。
「だらしないなあ。大丈夫。こうやって持つと平気だよ。」
　先の男の子が，やさしく教える。こんな姿は見たことがない。昨日までは乱暴者だと決めつけていた級友たちも，すっかり見直している様子だ。
　エサや水槽内の環境整備についても，その男の子が率先して進めていった。これまでは行ったこともない図書室にも足繁く通うようになり，複数の図鑑を比べ，どれが一番いいなどと言い出すようになったという。こうして，やんちゃでしかたがなかった男の子は，ザリガニと共にめきめき成長し，級友たちとの関係もすっかり良好なものになっていったのである。
　手応えを感じたその先生は，実践を研究会や雑誌に報告した。いい教材は教師仲間の話題になり，だんだんに広がっていき，ついには教科書編集者の目にとまる。教科書教材は，教科書会社と文部科学省を経て私たちの手元へ届けられることもあって，時に絶対視されたり，逆に無味乾燥などと蔑まれもするが，その多くは，元を正せば自作教材である。その意味で教科書とは，時間と空間を超越して，あらゆる時代のあらゆる地域の教師たちと，授業づくりに関わる知恵と経験を交流する場であると言えよう。
　ただ，教科書掲載に際し，どこでも誰でも使えるという条件が課される。そのため，やんちゃな男の子の存在も，ザリガニを持ち込んだ初夏の1日の様子もすべて削ぎ落とされ，数も100匹から班で1匹程度に抑えられる。こうして，自作教材の時には伴っていた実名性の豊かさはことごとく捨象され

て匿名性となり，大幅なパワーダウンさえ余儀なくされる。これが，自作教材に生を受けながら，すっかり違った趣を教科書教材が持つ真相である。

したがって，教科書教材を足場に自分の授業をつくるには，これとは逆の操作，つまり実名性を持つ個性的な存在としてよみがえらせるべく，あなたの手でいのちを吹き込んでやる必要がある。具体的には，今，この子たちと私にとって，なぜこの教材なのか。それも大雑把にではなく，たとえばなぜその例題をその順序で解いていくのか，なぜその位置でそのデータをそのグラフ表現で読みとるのか，なぜそのページでそのキャラクターがその言葉を語るのか，といった具体的な水準で考え抜き，そこにおける子どもたちと自分自身の姿が生き生きと思い浮かぶまで，教科書と対話する必要がある。

第4節　経験単元における単元計画の実際

1　経験単元を選択肢に加える

1951（昭和26）年版学習指導要領（試案）には教材単元と経験単元の両者について詳細な解説があることからもわかるように，当時はこれらを自覚的に運用し，それに基づいて周到に教育課程を編成する文化が学校に存在した。ところが，1958（昭和33）年版学習指導要領以降，単元に関する詳細な説明は割愛され，また内容に内在する論理的系統を重視する考え方が打ち出されたことも影響して，単元というと，もっぱら教材単元がイメージされるようになっていく。

このような中，1989（平成元）年版学習指導要領以降，再び生活科や総合的な学習の時間など，経験単元を基本とする教科や領域が次々と生まれてきた。また，在来の教科等においても，子どもたちの興味・関心や生活経験を重視する授業づくりが求められるなど，経験単元による授業づくり，教育課程編成が一考されてよい状況が生じている。

ところが，現在でもこの点に十分な理解がなされず，結果的に教材単元一辺倒の状況が続いていることは，学校並びに教師の自律的で創造的な教育課程編成や生み出される教育課程の質を考えると，大いに問題がある。そこで

ここでは，経験単元による単元計画のポイントについて整理しておきたい。

2 子どもの求めの取り扱い方

　経験単元では，子どもの求め（夢，願い，気がかり等）が単元の源泉であり，単元構成の出発点である。では，子どもの求めというものをどのようにとらえ，取り扱っていけばよいのか。そこには，主に3つの留意点がある。

　第1の留意点は，子どもの求めとは，子どもの内に閉ざされた固定的で静的なものではなく，環境との相互作用の中で時々刻々形成され，変化している動的なものととらえることである。今現在子どもが抱いている求めは，過去における環境との相互作用の中で形成されてきたものである。そして，今後も様々な相互作用を通して，時々刻々変化していくであろう。

　このような認識に立てば，現在，子どもが抱いている求めだけに単元計画の可能性を閉ざす必要はない。子どもにとって現在の重要な環境の一部である教師の働きかけ等により，新たな求めが今この瞬間に芽生える可能性も決して低くはないからである。そうやって新たに形成された求めを拠り所に単元を生み出す可能性をも含めることで，単元構成の幅は飛躍的に広がる。

　と同時に，教師の働きかけによって，何でも自在に生み出せるわけではなく，いかに工夫しても特定の求めをうまく生じさせることができない場合があるのも事実である。このこともまた，子どもの求めが相互作用的であるとの理解と符合する。相互作用の一方の担い手は教師の意図的な関わりをも含めた環境であるが，もう一方は子どもであり，その子どもはただされるがままの存在ではなく，学びの主体だからである。工夫を凝らして働きかけても，子どもの求めが主体的な活動を展開する程までに切実なものとなってこない場合には，潔く断念なり撤退を決意する勇気もまた重要である。

　第2の留意点は，子どもの求めは，そのすべてが本人の意識に上っているとは限らず，潜在している部分も多いことである。

　主体的で粘り強い問題解決活動を生み出すには，出発点である子どもの求めが本人にとって真に切実なものであることが不可欠である。しかし，何が自分にとって切実な求めか，十分に自覚できていなかったり，適切に言語化できていないことは少なくない。興味のあること，疑問に思っていること，

取り組んでみたいことについて話したことや書いたことのみを頼りに子どもの求めをとらえ，単元を計画してもうまくいかないのは，このためである。

これは，子どもがまだ幼いからだけではない。大人にしたところで，自分の関心事や問題意識のすべてを明晰に自覚し，適切に言明することは容易ではなかろう。単元計画に際しては，真に切実な求めは何か，潜在しているものも含めて丁寧にみとり，探ることが教師に望まれる。

具体的には，日常生活の中での語りやつぶやき，日記その他の文章，保護者から寄せられた子どもの様子など，子どもの求めがうかがえる各種の資料や表現を精査することが，まずもって重要である。

あるいは，休み時間や給食の折など日常の何気ない機会をとらえ，子どもの求めをめぐって丁寧に対話する機会を設けるのも有効である。教師の傾聴や問いかけに応じて自分の考えや思いを様々に語る中で，潜在していた切実な求めを子ども自身が自覚化できることは少なくない。そのためにも，このような機会に恵まれた際には，子どもの内面世界に心からの深い関心を寄せ，じっくりと対話を楽しみ，子どもが進んで多くを語るよう配慮したい。

第3の留意点は，子どもにとって切実な求めであれば何を取り上げてもよいというわけではなく，それに応じる形で組織された活動の展開過程で，教師から見ても教育的に価値ある内容に結びつく見込みのあるものを，明確な意図をもって選択的に取り上げ，単元を計画することである。

教師が選択的に取り上げるという点について，それでは子どもの求めに十分に応えることにならないのではないか，との疑念を持つかもしれない。しかし，経験単元において，子どもの求めを大切にし，それを拠り所として活動を生み出すのは，その先で価値ある学びを実現するためである。

また，子どもの求めは1つではない。第2の留意点で述べた通り，尋ねれば子どもは1つの関心事を挙げるかもしれないが，それが唯一の願いでも，気がかりのすべてでもない。今現在子どもが気がかりなものや実現を願うことはたくさんあるし，さらに環境との相互作用の中で新たな求めが今この瞬間に生まれてくるかもしれない。大切なのは，それが子どもにとって真に切実な求めのうちに含まれていることであって，この条件さえ満たしていれば，教師がそのうちの1つを教育的な意図で選択的に取り上げることもまた，子

どもの求めに応えることの範疇にあると考えたい。

　いくら活動として楽しくても，ただそれだけでは当の子どもも大きな満足を覚えはしない。活動の展開過程で価値ある学びが生じることによって，子どもも活動に取り組んでよかったと感じる。しかも，どのような活動に取り組むことが深い学びをもたらすか，子どもは判断できない。これこそが教師が専門性をかけて行う高度な判断であり，その結果として意図的選択が行われる。この教師による意図性の発揮が，子どもに大きな満足をもたらす。むしろ，そうすることが子どもを大切にすることなのだと考えたい。

3　活動から意図した内容へと迫る方法

　では，子どもの求めに即して組織された問題解決活動のまとまりとしての単元において，どのような価値ある内容の実現が見込まれるかは，いかにして判断すればよいのか。先述の通り，これは経験単元による単元計画の最大の難所であり，豊かな学びを実現するポイントでもある。

　まず，その求めから，子どもはどのような活動を求め，展開していくだろうか，と予測する。次に，活動の展開過程において出合う様々な問題場面と，その解決を目指して子どもが行う問題解決活動の様相，さらにそれぞれの問題解決活動を通して子どもが学び取る可能性のある内容について，できるだけ多面的，網羅的に予測し，描き出す。もちろんその際には，学習指導要領や，各教科等別に文部科学省が公表している解説を参照する。

　併せて，子どもだけでは生じないが，教師が意図的，指導的な関わりを行うことにより無理なく生じさせうる活動，問題場面，問題解決活動の様相，学び取られる可能性のある内容についても検討する。

　この作業には，2つの重要なポイントがある。

　1つは，各段階における子どもの意識や活動の向かう先を正確に予測できるかどうかである。不正確であれば，実際の単元展開時における学習成立が危うくなるだけに，予測はどこまでも慎重に行う必要がある。

　具体的には，複数の教師で予測を行い，意見が異なった点についてはとくに慎重に議論するといった工夫が望まれる。また，タイプの異なる子どもを何人か想定し「この子どもであればこの場面ではこう考えるのではないか」

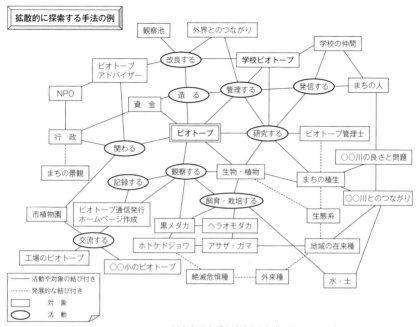

(文部科学省『小学校学習指導要領解説　総合的な学習の時間編』)

図9-1　「ビオトープ」のウェビング

などと，可能な限り具体に即して丁寧に予測を巡らせることも有効である。

　もう1つのポイントは，十分な教材研究である。経験単元でも教材研究が決定的に重要なことに変わりはないが，教材単元の場合とはやや趣を異にする。教材単元では，先に内容を定め，その内容の実現の観点を中心に教材研究を進めていくので，基本的に収束的な作業となる。これに対し，経験単元の場合には，子どもによる主体的な活動展開の途上においてどのような学びの可能性があるのかを検討するための教材研究であるから，むしろできるだけ幅広く，拡散的に思考を巡らせることが重要である。

　具体的には，まず用紙の真ん中に教材名を書き，そこから探索的，拡散的に外へ外へと，関連する対象や展開可能な活動，またそれを通して実現が見込まれる内容をできるだけ幅広く書き出していく（図9-1）。この教材研究の手法をウェビングと呼ぶ。このウェビングをいわば地図として，どこにでか

けて何をしようかと構想し，計画する作業が単元構成ということになる。

　このこととの関係で重要なのは，経験単元では，1つの単元の中で複数の内容の実現が見込まれる場合が多いとの理解である。教材単元では，先に内容を定め，内容のまとまりを基盤に単元を生み出すから，多くの場合，1つの単元で実現が見込まれる内容は1つである。一方，経験単元では，子どもにとって意味のある活動のまとまりを基盤に単元を生み出すので，その活動の展開過程において実現可能な内容は1つとは限らない。むしろ，複数である場合が一般的で，異なる教科や領域にまたがることも十分にあり得る。

　たとえば，子どもたちが秋の公園に出かけて思い思いの活動に取り組む生活科の「あきをみつけよう」といった単元では，活動を通して，学習指導要領でいうと (5) 季節の変化と生活，(6) 自然や物を使った遊び，(4) 公共物や公共施設の利用という3つの内容が，少なくとも実現可能である。したがって，経験単元の単元計画に際しては，1つの内容の実現が見込まれたからといって検討を終了するのではなく，ほかにも実現可能な内容がないかと，さらに検討を続ける姿勢が望まれる。

学びを深めるための参考図書

奈須正裕『子どもと創る授業——学びを見とる目，深める技』ぎょうせい，2013年。
田村学・廣瀬志保『「探究」を探究する——本気で取り組む高校の探究活動』学事出版，2017年。

学びを深めるための課題

(1)　教科書比較を行い，それぞれの教科書の「個性」について考えてみよう。なお，国語科の物語文のようにそもそもの作品自体が異なる場合には，教科書会社が提供する情報等に基づき，その作品を通して指導することが想定されている内容をしっかりと確認するようにしよう。
(2)　生活科や総合的な学習の時間以外でも，経験単元による単元計画は可能である。ラフな計画で構わないので，実際に単元を作ってみよう。

第10章 年間指導計画とカリキュラム・マネジメント

　本章では，まず第9章で学んだ単元との関わりにおいて年間指導計画の作成手順について理解し，さらにその改善の営みとしてのカリキュラム・マネジメントについて考えていく。

　まず，カリキュラム・マネジメントとは何か，どのような構造と構成要素を有するのかを学び，2017年版学習指導要領における位置付けを確認する。そして，①カリキュラム・デザイン，②PDCAサイクル，③内外リソースの活用というカリキュラム・マネジメントの3つの側面について，教科等横断的な視点や資質・能力の評価といった事項をも理解しながら，それぞれの実践化のポイントについて考えを深めていくことを目指す。

第1節　年間指導計画

1　学習指導要領の方法的組織化

　第1章で述べたように，学習指導要領は国家が定める教育課程の基準であり，その記述は原則として目標・内容水準にとどまっている。そこで，さらに各学校において，地域や学校，子どもたちの実態を考慮し，活動・教材水準にまで踏み込んだ教育内容の計画としての教育課程を編成する必要がある。その意味で教育課程とは，各学校が主体性を存分に発揮し，学習指導要領に示された目標・内容を，創意工夫を凝らして方法的に組織化したものであると言える。

　原理的には，教育課程は様々に表現することが可能ではあるが，典型的には年間指導計画という形を採る。年間指導計画とは，教科や領域など何らかの分類的区分を縦軸，1年間の流れを横軸として描き，その中に1年間に実

表10-1　年間指導計画の例（小学校2年生の1学期分を抜粋）

		4月	5月	6月	7月
国　語		みんなで読もう⑯	じゅんじょに気をつけて読もう⑳ 書いてしらせよう⑦	書いてしらせよう⑰ 本と友だちになろう⑨	本と友だちになろう⑱
書　写		しせいとえんぴつのもち方をたしかめよう③	かん字のひみつをさぐろう③	かん字のひみつをさぐろう① かたかなのことばを書いてみよう②	かたかなのことばを書いてみよう① かたかなのひょうげん①
算　数		町たんけん⑥ 1000までの数⑨	1000までの数③ 長さのたんい⑨ たし算⑤	たし算⑩ ひき算⑧	ひき算⑨ 考えてみよう②
生　活		がんばるぞ2年生③ 生きものだいすき③ とびだせまちへ①	とびだせまちへ⑨ 生きものだいすき④	とびだせまちへ⑥ 生きものだいすき⑦	生きものだいすき⑥ とびだせまちへ②
音　楽		うたでともだちのわをひろげよう⑤ みんなで1・2・3 ロンドンばし こむぎあそびうた おちゃらかほい	うたでともだちのわをひろげよう⑤ 小犬のビンゴ かくれんぼ えがおできょうも	ドレミであそぼう⑧ ドレミのうた ドレミあそび かっこう	ドレミであそぼう⑥ かえるのがっしょう ぶっかりくじら
図画工作		たのしいな② いっぱいゆめいっぱい④	いっぱいゆめいっぱい② わっ！すごいな⑥	これいいかんじ⑥ どんどんできるよ②	どんどんできるよ② かたおしかたぬき④
体　育		鉄棒② かけっこリレー② サーキット①	かけっこリレー⑥ 鬼ごっこ② サーキット②	水あそび⑥ サーキット②	表現③ 水あそび⑥
道　徳		2年生になったら① 「アンパンマン」たん生①	ぼくのわたしのじまん会① くつ① どうぶつがないている①	ひとみちゃん　みんなでまってます① ハートぴったりはだあれ① もののおきばしょ① かぎのかかったーりん車ごや①	学校のつくえの中① お母さん①
特別活動	学級活動	学級開き① 学級づくり① 当番活動①	生活習慣① 図書館利用について① 児童集会に向けて②	雨の日のすごし方① 学級活動の見直し②	チャイムを守る① 1学期の反省① 夏休みに向けて①
	学校行事	始業式① 入学式と練習② 離退任式と練習② 聴力検査① 歯科検診① 発育測定① 遠足⑥　視力検査① 合計⑮	内科検診① 耳鼻科検診① 眼科検診① 合計③	鑑賞② 避難訓練① 体力テスト④ 発育測定① 防犯教室① 交通安全教室① 合計⑩	終業式① 合計①

施されるすべての単元を集成し，適切に配列して表現したものである。年間指導計画を見ることで，どのような内容の実現を目指したどのような活動を，どのような時期に，どのくらいの時数規模で実施するのかなど，その学校における学習指導要領の方法的組織化の様子を一目瞭然に把握することが可能となるし，またそうなるよう表現する工夫が望まれる（表 10-1）。

2　年間指導計画の作成手順と単元との関係

　単元と年間指導計画は，相互参照的で相互依存的な関係にある。それは，コース料理における個々の料理の立案とコース全体の構想との関係と同型である。全体を何品で構成するか，デザートまで含むのか等，コース全体のモチーフが決まってはじめて，個々の皿の中身を考えることが可能となる。と同時に，メイン料理が野性味あふれるジビエのステーキになるか，小振りな白身魚のムニエルになるかで，コース全体のモチーフはもとより品数すら大きく変わってくる。

　とは言え，これも料理と同様，実際にはいずれかを先行して仮案として作成し，それを基盤としてもう一方を組み上げていくことになる。具体的には，年間指導計画（コース料理）の大枠を先に定め，それに基づいて個々の単元（個々の料理）を作り込んでいくという手順と，逆に基本となる単元（メインの皿）をまずは作り込み，それとの相対的関係で他の部分（前菜やスープ）を開発し，最後に全体のバランスを調整する（品数や個々の料理のボリューム，ソースの微妙な味付けを変更する等）といった手順とが考えられる。いずれによるかは，年間指導計画に含み込まれる単元の構成原理が教材単元であるか，経験単元であるか（第 9 章参照）に，大きく依存する。

　教材単元を基本として単元構成を行う場合には，単元が指導する内容とほぼ 1 対 1 対応するという特質を生かすことになる。すなわち，学習指導要領に示された内容について，1 年間を通じてどの内容をどの時期にどのくらいの時数規模で指導するかを先に構想すれば，それがほぼ自動的に単元の配当計画になる。したがって，その仮案を定めた後に，個々の単元を作り込み，それを受けて年間指導計画の集成，調整を行うのが自然であろう。

　一方，経験単元を基本とする場合には，まずは主要な単元のいくつかを構

想し，そこで実現が見込まれる内容を整理することになる。次に，これと学習指導要領をすりあわせ，すべての内容が適切に扱えるよう単元構成の一部を修正したり，補完的な単元を構成する（この場合にはどうしても教材単元にならざるを得ない場合があるが，両者が混在すること自体にはとくに問題はない）などの調整を行うという手順である。生活科や総合的な学習はもとより，在来の教科や道徳，特別活動でも，この手順による年間指導計画の作成は可能であり，時に効果的である。

第2節　カリキュラム・マネジメントとは何か

1　今なぜ，カリキュラム・マネジメントなのか

　単元と年間指導計画という2つの水準における学習指導要領の方法的組織化が，各学校で進める教育課程編成という作業の中核をなす。そこでは，各学校が地域や学校，子どもたちの実態を的確に把握し，自律性と創造性を発揮しながら，よりよい教育課程の創造を目指し，努力し続けることが求められるが，そのことを集約的に表す概念として近年注目を浴びているのが，カリキュラム・マネジメントである。

　カリキュラム・マネジメントは，「教育課程行政の裁量拡大を前提に，各学校が教育目標の具現化のため，教育の内容・方法とそれを支える条件整備との対応関係を確保しながら，ポジティブな学校文化＝組織文化を媒介として，各学校が自律的にカリキュラムを作り，動かし，変えていく動態的な営み」[1]と説明される。

　1958（昭和33）年に学習指導要領が法的拘束力を持って以来，我が国では教育課程（カリキュラム）は，国→都道府県→市区町村→学校現場という一方向的な流れの中で，万事が管理的に決定・実施されるものと見なされがちであった。担任教師の仕事は，もっぱら与えられた教育課程の効果的実施であって，マネジメントなどという概念は，およそ必要ではなかった。

　これに対し，規制緩和に基づく地方分権化の流れを受け，地方自治体と学校現場の裁量権が拡大する中で，教育課程の開発・実施・評価の主体は学校

であり，すべての教師もその担い手であるとの考え方が生まれてくる。

さらに，1998（平成 10）年版学習指導要領で特色ある学校づくりが奨励され，目標・内容から各学校で定める総合的な学習の時間が創設されるに及んで，各学校におけるカリキュラム・マネジメントの確立と日常化は，今や質の高い教育の実現における不可欠な要素となってきている。

2 カリキュラム・マネジメントの構造と構成要素

カリキュラム・マネジメントは，各学校が教育の主体として，法令や学習指導要領を踏まえ，地域や学校，子どもたちの実態に即して，カリキュラムを創り，動かし，変えていく営みである。そこでは多様な要因が複雑に絡み合っているが，田村はその全体像並びに各要素間の関係を図 10-1 のようなモデルに表しており，参考になる[2]。

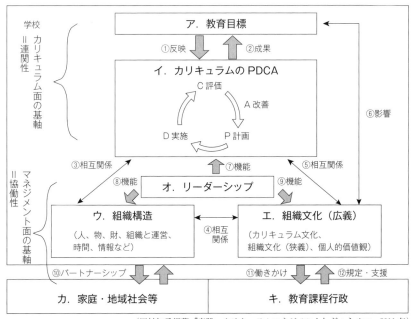

（田村知子編著『実践・カリキュラムマネジメント』ぎょうせい，2011 年）

図 10-1　カリキュラムマネジメント・モデル

まず，学校におけるすべての教育活動は「ア．教育目標」の実現を目指して行われる。当たり前のことではあるが，学校の教育目標が十分な実効性を兼ね備えているか，毎日の授業に反映されているか，達成状況が適切に評価されているか，と考えると，実際には不十分なことも少なくない。

　そこで，「イ．カリキュラムのPDCA」（P〔Plan〕：計画，D〔Do〕：実施，C〔Check〕：評価，A〔Action〕：改善）のプロセスを適切に循環させることが，具体的な活動として重要になってくる。学校の教育目標，年間指導計画，その部分計画としての教科等ごと，学年ごとなどの計画，さらにそれらを支える膨大な数の単元計画のそれぞれが，当初の思惑通りの働きをなしているかどうかを，子どもの姿や教師の実感，さらには外部の目なども通して，具体的に評価し，必要に応じて改善を図っていくのである。

　また，カリキュラムを創り，動かし，変えていく営みを支えているのが，人，物，財，組織と運営などの「ウ．組織構造」と，教職員の意識，学校の体質や校風といった「エ．組織文化」，校長をはじめとする「オ．リーダーシップ」の適切な発揮である。さらに，学校外の「カ．家庭・地域社会等」や「キ．教育課程行政」との関係も，カリキュラム・マネジメントの重要な要素となってくる。

　このモデルに基づき，田村はカリキュラム・マネジメントのベースとなる考え方として，次の4点を挙げている。

　①課題解決志向：どの学校にも課題はある，課題が見えているのは素晴らしいことだと考える。目指すものと現状の差としての課題を攻めの姿勢で設定し，解決に臨むことからカリキュラム・マネジメントははじまる。
　②子ども中心志向：目の前の子どもを起点として課題を設定する。
　③連関性と協働性：教科や領域を超えて，カリキュラムの内容・方法が相互につながり（連関性），また，それを支える教職員，さらには学校内外の人的なつながり（協働性）が促進されることを重視する。
　④創造性：学校を基盤としたカリキュラム開発（SBCD: School Based Curriculum Development）の考え方に立ち，目の前の子どもに対し，

より適切で効果的なカリキュラムを常に創り続けようとする。

3　2017年版学習指導要領での位置付け

　2017年版学習指導要領では，カリキュラム・マネジメントの考え方が第1章総則の中に明確に位置付けられた。たとえば，小学校学習指導要領では，総則の第1「小学校教育の基本と教育課程の役割」の4として，以下のように記されている。

> 　各学校においては，児童や学校，地域の実態を適切に把握し，教育の目的や目標の実現に必要な教育の内容等を教科等横断的な視点で組み立てていくこと，教育課程の実施状況を評価してその改善を図っていくこと，教育課程の実施に必要な人的又は物的な体制を確保するとともにその改善を図っていくことなどを通して，教育課程に基づき組織的かつ計画的に各学校の教育活動の質の向上を図っていくこと（以下「カリキュラム・マネジメント」という。）に努めるものとする。

　法令文書らしく不自然に長い一文であり，難解な印象を抱くかもしれないが，試しに箇条書きにしてみると，案外と平易なものとなる。
　各学校は，
①児童や学校，地域の実態を適切に把握する。
②教育の内容等を教科等横断的な視点で組み立てていく。
③教育課程の実施状況を評価してその改善を図っていく。
④教育課程の実施に必要な人的又は物的な体制を確保する。
⑤①～④を通して，教育課程に基づき組織的かつ計画的に各学校の教育活動の質の向上を図っていく。

　ここに記された事柄は，前掲の図10-1やそれを支える考え方と軌を一にしている。したがって，これからの学校における教育課程編成では，課題解決志向と子ども中心志向を基軸に，カリキュラムとそれを支える多様な人々のつながり（連関性と協働性）を豊かに生み出すと共に，よりよい状態を求

め，常に創造し続けていくことが望まれていると言えよう。

なお，学習指導要領に先立つ2016年12月21日の中央教育審議会答申では，カリキュラム・マネジメントは，以下の3つの側面に整理されていた。

①各教科等の教育内容を相互の関係で捉え，学校教育目標を踏まえた教科等横断的な視点で，その目標の達成に必要な教育の内容を組織的に配列していくこと。
②教育内容の質の向上に向けて，子供たちの姿や地域の現状等に関する調査や各種データ等に基づき，教育課程を編成し，実施し，評価して改善を図る一連のPDCAサイクルを確立すること。
③教育内容と，教育活動に必要な人的・物的資源等を，地域等の外部の資源も含めて活用しながら効果的に組み合わせること。

内容的には総則の記述と一致しているが，分節化されている分，把握しやすくなっており，①はカリキュラム・デザインの側面，②はPDCAサイクルの側面，③は内外リソースの活用の側面として理解できよう。次節以下では，この3つの側面に沿って，各学校の教育課程編成におけるカリキュラム・マネジメントのあり方について，さらに具体的に考えてみたい。

第3節　カリキュラム・デザインの側面

1　合科的・関連的な指導の工夫

カリキュラム・マネジメントの第1の側面は，「各教科等の教育内容を相互の関係で捉え，学校教育目標を踏まえた教科等横断的な視点で，その目標の達成に必要な教育の内容を組織的に配列していくこと」であり，各学校におけるカリキュラム・デザインのあり方を問題としている。

まず，取り組みたいのは，各教科等で計画・実施される単元が，1年間の流れの中でどのように相互に連関を持ちつつ，全体としての子どもの学びや育ちを生み出すのかを俯瞰しながらの単元配列の工夫である。

具体的には，各教科等の指導計画を個々バラバラのものと見るのではなく，より教育的な意義が高まるよう，相互に関わり合い，相乗効果を生み出すような取り扱いを工夫したい。たとえば，社会科の調査活動や理科の観察で，特定のデータの時間的な変化を検討する必要の生じる場合があるが，それらと算数の折れ線グラフの学習を同時期に実施するといった具合である。
　その際，単元としては教科ごとの活動展開としながらも，算数で学んだ成果を理科に応用するとか，理科での気付きを算数の言葉や概念で確認するなど，子どもの意識の中では教科を横断し，相互に関連づいた学びとする工夫を，関連的な指導と呼ぶ。
　一方，理科で生じた必要感から算数の学習を開始し，折れ線グラフの単元の一部，あるいは全体を理科の観察データを用いて進めるなど，複数の教科が教材や活動を全面的に共有し，単元それ自体も一体不可分のものとして展開する。したがって指導案としても1枚の中に複数の教科内容やその活動の展開を書き込む取り扱いを，合科的な指導と呼ぶ。
　当然のことながら，合科的な指導では単元内の特定の1時間が算数であるか，理科であるかの判別が困難となる場合が生じるが，何ら問題はない。そもそも，子どもは教育課程の全体を通して学び育つのであり，この時間が算数か理科かを過剰に気にする教師の意識こそが，各教科等の教育内容を相互の関係で捉える発想や，教科等横断的な視点に反している。
　指導案のタイトルをどうするかもしばしば問題となるが，いずれかの教科名を冠することで，時数を取った，取られたといった無意味な揉め事を引き起こしかねないようであれば，単に「第○学年学習指導案」とだけ書き，時数の欄に，○○科○時間，○○科○時間と記すという方法もある。なお，単元の時数については，それぞれの教科の内容を別々の単元として指導した場合に必要となったであろう時数を計上すればよい。

2　教科等横断的な資質・能力の育成

　合科的・関連的な指導は，各教科等に配当された個別的な内容を教科等横断的な視点でつなぐことにより，相互に「連関性」を持った学びを創出する指導の工夫であった。これは，従来の学習指導要領にもあった規定である。

さらに，2017年版学習指導要領では，総則の第2「教育課程の編成」の2として「教科等横断的な視点に立った資質・能力の育成」が掲げられている。具体的には，「言語能力，情報活用能力（情報モラルを含む。），問題発見・解決能力等の学習の基盤となる資質・能力」と「豊かな人生の実現や災害等を乗り越えて次代の社会を形成することに向けた現代的な諸課題に対応して求められる資質・能力」の2つを，教科等横断的な視点で育成できるよう，各学校の特色を生かした教育課程の編成を図ることが求められている。

　たとえば，言語能力の1つである「話し合う力」の育成に独自に取り組んでいる学校は現状でも少なくないが，国語科の指導だけで，あるいは話し合う活動や場面の量を増やすだけで達成できるものではない。一口に「話し合う」といっても実際には多様な話し合いがあり，それらをしっかりと身に付け，状況に応じて適切なものを自在に繰り出せる必要があるからである。

　もっとも，まったくの一から始める必要はない。なぜなら，すでに各教科等では，それぞれの特質に応じた多様な話し合いがなされている。たとえば，理科での話し合いでは，より妥当性の高い推論は何かといったことを目指し，厳密に定義された言葉を携え，高い批判精神を持って冷静沈着に進められることが期待されている。一方，社会科でも同様の話し合いはなされるが，加えて，相手の立場を共感的に理解することに重点を置いた話し合いや，お互いにとって納得のいく妥協点を見出そうとする話し合いもしばしば行われる。また，美術科の鑑賞では，いずれが真であるか決着を着けるといった話し合いはほぼなされず，同じ1枚の絵に対し，思いもよらなかった感じ方やその表し方をしているクラスメートの背中に回って，友が見ている世界を自分も見たいと願っての言葉の交歓になるであろう。当然，そこでは理科のような厳密に定義された言葉ではなく，メタファーやアナロジー，さらにはその場で独自に生み出した言葉をも駆使しての話し合いになる。

　ならば，これらの経験を子どもたちが明晰に自覚し，教科等横断的に整理・比較・統合する機会を教育課程の中に設けてはどうだろう。子どもたちは，なぜ，この教科ではこのような話し合いをするのか，そこでの目的や構え，暗黙のルールや用いる言語の特質はどのようなものであり，なぜそれが有効なのかを考えていく。そして，どのような場合にはどのような話し合い

が，なぜ効果的であるのかを俯瞰的・統合的に理解し，また個々の話し合い方を身に付けて自在に繰り出せるようになった時，それが「話し合う力」という教科等横断的で汎用的な資質・能力が身に付いたことになるのである。

　具体的な教育課程編成としては，すでに得ている経験を整理・比較・統合する場面を設けるだけで十分であるかもしれない。あるいは，一定の時期に複数の教科等で話し合いに焦点を当てた学習活動を展開し，各教科等ならではの話し合いの様相について，まずは自覚的で分析的な学習を行い，さらにその経験を教科等横断的に整理・比較・統合する場面を設定するといった組み方が必要となる場合もあるであろう。こういった判断は，子どもの実態や目指す資質・能力の水準等に大きく依存する。まさに，その学校ならではのカリキュラム・デザインの問題であり，創意工夫のしどころと言えよう。

第4節　PDCA サイクルの側面

1　評価・改善の段階をスムーズに機能させる

　カリキュラム・マネジメントの第2の側面は，「教育内容の質の向上に向けて，子供たちの姿や地域の現状等に関する調査や各種データ等に基づき，教育課程を編成し，実施し，評価して改善を図る一連のPDCAサイクルを確立すること」である。

　第1章でも述べたように，教育は責任ある営みであり，やりっぱなしではいけない。そのカリキュラムがどのような成果をもたらしたのか，あるいはもたらさなかったのか，子どもの事実で確かめ，よりよいものを目指して改善し続けるプロセスが不可欠である。これがカリキュラム評価の考え方であり，より具体的にはPDCAサイクルとして展開される。

　しかし，現状では評価・改善（C・A）の段階が十分になされておらず，PDCAが循環的なサイクルとして動いていないことが多い。したがって，まずは計画（P）段階に評価計画を組み込むことが大切である。具体的には，評価規準・基準，評価方法，評価時期，評価結果の分析と活用の方法などをあらかじめ定めておくことが考えられる。

悩ましいのは，きめ細やかで総合的な評価の実施には，膨大な時間と労力を要することである。しかし，そのために評価・改善段階が機能しないのでは元も子もない。迅速かつ簡便な方法で実用上十分な質と量の評価情報を得ると共に，評価から改善の段階へとスムーズに連なる工夫が望まれる。
　たとえば，単元が終わるたびに気づいたことや臨機応変に変更したこと，またその結果などを共通のフォーマットや記号を用いて効率的に書き溜めていき，学年末にはそれらの蓄積を基にカリキュラム評価を行うと共に，次年度に向けての改善策を検討するといった具合である。
　また，運動会等の行事の振り返りは，その日のうちに全教職員と地域の関係者で行い，その場で次年度に向けての改善案も出し合う。担当者は，それをもとに１週間以内に次年度の計画書を策定し，管理職等の指導を経て完成させるといった取り組みを行っている学校もある。
　あるいは，今年度のカリキュラム評価の作業を，カリキュラムの実施が終了する３月から本格化したのでは，４月までに改善策を検討する時間的な余裕がない。そこで，12月までの段階でいわば中間決算を行い，そこで見出された課題について，１月以降，校内で改善策をじっくりと練り上げ，４月に備える。なお，改善策のうち，可能なものについては３月までの段階で試行的に実施し，その感触を確かめることも可能となってくる。
　研究授業とその協議会は，PDCAサイクルを通して，教師が力量形成を図る絶好の機会である。ところが，せっかく多くの同僚の目で子どもの学びを見てもらい，授業に対する様々な角度からの批評や意見を受け取っているのに，単なるその日の授業の反省に終り，具体的な改善策として先々に生かされないこともしばしばであった。そこである学校では，協議会の中に，授業者が同僚の支援も得て改善計画を作成する段階までを含めることにした。
　また，別の学校では，同じ教師が数週間おきに３回の研究授業を連続して実施し，前回の研究授業で得た教訓が生かされたかどうかを検討する。そして，十分に生かしきれなかった場合には，その理由を探究し，次回に向けて，より見込みのある方策を参加者全員で知恵を出し合って考えるのである。

2 逆向き設計

 カリキュラム評価には様々な評価情報が利用可能であり，教師自身の振り返りのほか，保護者のアンケートなどももちろん有用である。しかし，最も正攻法にして重視すべき評価情報は，子どもの学習評価の情報である。

 子どもの学習評価について，カリキュラム評価やPDCAサイクルとの関連でとくに重要なことの第1は，逆向き設計と呼ばれる授業づくりの考え方であり，そこにおける学習評価の位置付けである。

 伝統的な授業づくりでは，学習評価の構想は最後に行われることが多かった。これに対し逆向き設計では，最初に単元なり授業が終了した時点で「求められる結果」（目標）を明確に定める。そして次に，目標が達成された時に子どもに現れる具体的な望ましい姿（ルーブリックと言う）などの「承認できる証拠」（評価方法）を構想し，決定する。

 この作業の後にはじめて，ルーブリックで示された姿を生み出すには，子どもにどのような教育経験を提供すべきか，さらにそのためにはどのような教材をどのような扱いで，何時間かけて教えればよいか，つまり単元計画の立案に取りかかる。このように，逆向き設計では，通常の流れとは正反対に学習評価から逆算して指導計画を立案することにより，真に合理的で合目的的な授業設計が可能になると考える。

 授業であれカリキュラムであれ，その計画が功を奏したかどうかを適切に評価するには，計画段階で実現が見込まれていた目標が，具体的な評価方法や評価規準・基準を伴って明示されている必要がある。ところが，従来の授業づくりでは必ずしもそうはなっておらず，このことがカリキュラム評価を困難ないしは曖昧なものとし，その後に続く改善段階の実行を結果的に阻んでいた。前項で述べたように，PDCAサイクルを循環させるには，計画段階にしっかりと評価計画を組み込むことが重要であるが，逆向き設計の考え方はこれと軌を一にしており，大いに参考になる。

 その一方で，逆向き設計の考え方やそれに基づく評価では，ややもすればあらかじめ想定した範囲にのみ評価者の関心が限定され，それ以外に生じた価値ある学びや育ちを見過ごしかねない。したがって，逆向き設計の考え方

を用いる際には，目標にとらわれない評価（ゴールフリー評価）の視点を意識的に併せ持つようにすることが望まれる。カリキュラム評価に基づきPDCAサイクルを動かす際にも，この点は校内でしっかりと共有したい。

3 パフォーマンス課題

　子どもの学習評価について，カリキュラム評価やPDCAサイクルとの関連でとくに重要なことの第2は，資質・能力を基盤とした学力論への拡張に伴う，評価方法の改善なり多様化である。

　領域固有知識の所有を重視する学力論であれば，学習評価もカリキュラム評価もそれを中心に計画・実施すればよく，評価方法としては，伝統的な多肢選択問題や穴埋め問題などの客観テストがこの目的に適合する。

　一方，資質・能力，より具体的には思考力・判断力・表現力や主体的に学習に取り組む態度までを学力論に含めるのであれば，それらを的確に評価する方法を学習評価に組み入れる必要が出てくる。具体的には，レポートやリーフレットの作成など，様々な知識やスキルを総合して使いこなせることを要求するような複雑な課題（パフォーマンス課題）を課し，そこに示された学習成果の質を，ルーブリックに基づいて評価するといった具合である。

　各教科等には，その教科等における多様な学びを貫く「本質的な問い」が存在する。たとえば，社会科の歴史的分野であれば，「歴史的に見て，社会はどのような要因によって変化しているのか」という「本質的な問い」が想定できよう。これを単元水準に当てはめると，「明治維新によって社会はどのように変化したのか」といった「本質的な問い」が浮かび上がってくる。

　パフォーマンス課題の作成に際しては，単元の「本質的な問い」を問わざるを得ないような状況を設定すればよい。たとえば，「時は1901年，20世紀の始まりです。あなたは明治時代の新聞社の社員であり，社会が大きく変化した明治維新を記念する特集記事（A4判1枚）を書くことになりました。明治維新による社会の変化を説明するとともに，今後の改革のあり方について提案するような記事を書いてください」といった課題が考えられる[3]。

　子どもたちにこのような学習評価課題を課すには，当然のことながら，それに先立つ授業自体が，課題の解決に見合った目標，内容，方法で実施され

る必要がある。したがって，このような授業づくりは逆向き設計を原理として行うことで，学習評価，さらにはカリキュラム評価をも含めた全体が無理なく，整合的に計画・実施できる。

第5節　内外リソースの活用の側面

1　協力的な校内風土の醸成

　カリキュラム・マネジメントの第3の側面は，「教育内容と，教育活動に必要な人的・物的資源等を，地域等の外部の資源も含めて活用しながら効果的に組み合わせること」であり，内外リソースの活用のあり方に関わっている。

　子どもたちのよりよい学びづくりのために，校内の教職員が互いに協力しあうのは当然のことである。しかし，いくら気持ちがあっても，誰がどこで何を求めているのかを具体的に知らなければ，協力のしようがない。そして，日々同じ校内で仕事をしていながら，あるいは職員室で机を並べていながら，授業づくりにおける同僚の困り事や悩みについて気が付かずにいることは意外なほど多い。リソースの活用の観点からすれば何とももったいないことであるが，ちょっとした工夫で事態は大きく改善される。

　まず，校内の風土を，各自が困っていることや求めている情報などについて，いつでも気兼ねなく話題にできるような風通しのよいものとしていきたい。具体的には，たとえば管理職やベテランが率先して若手に授業や学級の様子について話を聞くように努める。聞かれた若手は，答えるうちに困り事や悩み事，あるいはできればこんなことがしてみたいといった構想を話したりする。すると，そういうことであれば，どの先生が知っているとか，詳しいとか，特技や資格を持っているといったことがわかり，実際の協力や情報提供へと展開していく。このような経験を得た若手は，同僚に相談することが授業改善につながると考えるようになり，次第に自分から進んで相談するようになる。また，そのような様子を見た同僚たちの中にも，よいこと，望ましいことと考え，その輪を拡げていく者が現れてくるだろう。

あるいは，もっと組織的に情報交流の機会を設ける方法もある。総合的な学習の時間を学級ごとの独自な展開としている学校では，一人一人が単元の構想，教材の開発と準備，地域の教育リソースの発掘などをすべて担うことになり，思いがけない学びや深い充実感が得られる反面，困り事や悩み事が絶えない。そこで，職員会議や校内研修の折に，総合的な学習の時間での取り組みをごく簡単にではあるが，定期的に報告し合う場を設けたところ，お互いの取り組みを知ることで，協力の申し出や情報の提供が日常的に行われるようになった。

また，職員室の一角にソファとテーブルを設置し，自由にお茶やコーヒーが飲める談話コーナーとしたところ，ちょっとした合間に教室での子どもの様子や授業の構想などを話すようになり，そこからお互いの困り事やアイデアなどが活発に交流されるようになったという事例もある。

2　学校外のリソースの活用

地域など，学校外の人的資源の活用としては，すでに多くの学校で，様々な立場，経験，専門性を有する人々との出合いや交流の機会が，授業や行事の中で展開されている。その経験自体が子どもたちには貴重であり，多くの学びや育ちの契機となっているが，かえってそのことが，教師をしてそれだけで満足してしまい，しっかりとした計画や相談を欠いたままでの実施に甘んじかねない点に注意したい。

まず，ゲストティーチャーとして招く人が，いくら高度な専門性や特殊な経験を有する人であっても，授業としての明確な意図を持たず，あるいは伝えず，自由に話をしてもらうといったことでは不十分であろう。学校の教育活動の一貫として招く以上，そこには教師としての意図や計画があってしかるべきであり，またそのことを事前にしっかりと相手にも伝えることが不可欠である。もちろん，相談の中で相手から新たな提案や注文が出ることもあるだろうし，それをも含めて計画を練り直すことにより，さらに授業としての質が高まることも予測される。むしろ，そうやってゲストティーチャーにも授業づくりに参画してもらうことは望ましいことであるが，そのためにも，まずはこちら側がしっかりとした意図と計画を持つことが大切である。

また，貴重な機会であり，子どもたちにできるだけ多くの情報を得させたいからという意図で，1時間中，ただただゲストティーチャーから話を伺うという計画を立てる事例にも時折出合うが，あまり感心しない。仮に多くの情報を得ることを目指すにしても，子どもからの質問に答えたり，交流したりする方が，結果的に子どもたちが知りたいこと，親密な双方向的関わりの中でこそ聞けることを，子どもたちは享受できるのではないだろうか。

　なお，最近では企業その他の社会貢献活動の一環として，いわゆる出前講座など，パッケージ化された教育プログラムが比較的容易に，また多くは無料で利用可能となっている。真摯な努力と潤沢な資金を背景に，多くのプログラムが学校教育のニーズを適切に踏まえた，また周到に練り上げられた質の高いものとなってきており，全般的には歓迎すべき状況と言える。

　問題は，提供されるプログラムを，各学校がその独自な意図や計画との関係において，どのように位置付け，上手に生かすことができるかであろう。言うまでもなく，教育課程は学校が主体となって編成し，実施するものである。この基本を堅持し，またすべての教職員が自覚しつつ，子どもたちのより豊かな学びのために，様々なリソースを利活用していきたいものである。

参考文献
1) 中留武昭「カリキュラム・マネジメントによる学校改善」田中統治編著『確かな学力を育てるカリキュラム・マネジメント』教育開発研究所，2005年，53頁。
2) 田村知子編著『実践・カリキュラムマネジメント』ぎょうせい，2011年，7頁。
3) 西岡加名恵「「資質・能力」の育成を見取る評価方法の追究」吉冨芳正編著『新教育課程とこれからの研究・研修』ぎょうせい，2017年，92頁。

学びを深めるための参考図書
田村知子・村川雅弘・吉冨芳正・西岡加名恵編著『カリキュラムマネジメント・ハンドブック』ぎょうせい，2016年。
G・ウィギンズ，J・マクタイ著，西岡加名恵訳『理解をもたらすカリキュラム設計――「逆向き設計」の理論と方法』日本標準，2012年。

学びを深めるための課題
(1) 特定の学年について年間指導計画を作成し，合科的・関連的な指導の可能性を探ってみよう。
(2) 具体的な単元について，パフォーマンス課題をつくってみよう。

第11章 学習指導要領の変遷

　この章では，日本の教育課程の大綱的基準となってきた学習指導要領がどのように変遷してきたのかを整理する。戦前は概ね修身を中心とした教科課程が中心であった。戦後初期はコア・カリキュラムを中心とした経験主義カリキュラムが各地で作成された。1957年のスプートニク・ショック以降は，系統主義を重視した教育課程となったが，1970年代以降はゆとり教育といわれる教育内容の精選や厳選が進められた。2000年代に入り，基礎基本とそれらを活用する力のバランスを考えた教育課程へと変化しつつある。

第1節　明治時代から昭和前半の教育課程

1　修身中心の教育課程

　明治時代よりも前の江戸時代，武士の子どものための学校として藩校が，庶民の子どものための学校として寺子屋が，それぞれあった。寺子屋では「読み書き算盤」を中心とした，日常生活に必要な知識を教えていた。生活のための学校である。一方，藩校では儒学を中心とした「素養」を教えていた。こちらは，教養のための学校，学問・科学のための学校と言えよう。

　明治維新によって，日本は近代化を進める道を選択した。日本における近代学校の歴史は，1872（明治5）年9月5日の学制の頒布に始まる。1872年の学制頒布により，近代学校制度は，小学校を下等小学4年と上等小学4年とに区分するよう構想されていた。これに合わせて1872年9月5日には「小学教則」が出され，小学校の教育課程を規定している。この時代の学校制度の特色は，下級小学校4年間を半年ごとの8つの級に区分して，課程を

修了することを試験で確認し，合格すると進級し，不合格すると原級に留置していた。実際の内容を履修・習得したかどうかを進級の基準とする習得主義であった。

1879（明治12）年4月28日には「教育令」が出されている。3条では，小学校で習う学科として，読書，習字，算術，地理，歴史，修身があげられている。また，状況に応じて罫図，唱歌，体操，物理生理博物の大意，さらに女子には裁縫を教えるものとされた。

1879年の教育議論争を経て，1880（明治13）年12月28日，教育令が改正される。小学校で学ぶべき学科は，修身，読書，習字，算術，地理，歴史とされ，状況に応じて罫図，唱歌，体操，物理生理博物の大意を教え，女子には裁縫を加えることとした。この時代から教科では修身が最初に置かれ，重視されていくことになる。

翌1881年に出された「小学校教則綱領」（文部省令12）は，文部卿（当時の文部大臣）が教育課程の基準として定めたもので，今日の学校教育法施行規則の内容に相当するものである。小学校初等科の学科は，修身，読書，習字，算術の初歩，唱歌，体操を，小学校中等科ではこれに加え，地理，歴史，図画，博物，物理の初歩，裁縫（女子）を，小学校高等科ではその他に化学，生理，幾何，経済の初歩か家事経済の大意（女子）を，それぞれ教えることとした。

1886年には，小学校令等の諸学校令が出される。森有礼文相は，欧米の教育制度を勘案しながら，日本の実情に合うような学校制度を構想した。1889（明治22）年には大日本帝国憲法が発布され，天皇を元首とした日本の国家体制が固まっていく。

こうした修身を中心とした学校教育は，1890（明治23）年10月30日に示された「教育ニ関スル勅語」により，強固なものとなっていく。教育勅語は，「爾（ナンジ）臣民父母ニ孝ニ兄弟ニ友ニ夫婦相和シ朋友相信シ……」という形で，臣民が目標とすべき15の徳目を挙げている。「教育勅語」は，後に元日（1月1日），紀元節（2月11日），明治節（11月3日），天長節（4月29日）といった祝日大祭日に，校長が学校で奉読することになっていた（1891年6月17日，小学校祝日大祭日儀式規程等）。また，学校には天皇の写真を納

```
1872年  学制頒布
1879年  教育令
1880年  改正教育令  修身が学科の最初に
1881年  小学校教則綱領
1886年  小学校令，中学校令，師範学校令（森有礼文相）
1889年  大日本帝国憲法
1890年  教育勅語，改正小学校令
1891年  小学校教則大綱
1903年  改正小学校令  教科書が国定に
1907年  改正小学校令  義務教育が4年から6年に
1941年  国民学校令
```

図11-1　戦前の小学校関連主要規定

めた奉安殿が設けられ，生徒はその前を通るときはお辞儀をしていくよう指導された。

　1890年の改正小学校令（勅令）の規定に基づき（第12条），文部省は1891年に「小学校教則大綱」（文部省令）を公表した。ここでは道徳教育・国民教育（徳性の涵養）が重視されるとともに，知識技能は日常生活に必要な事項を反復練習して習得することが規定されている。

　文部大臣が定めた「小学校教則大綱」に基づいて，府県知事は府県の学級編制及び修業年限に応じて教科目の教授程度（小学校教則）について定めるものとされた（第18条）。さらに校長は，小学校教則に従って教授細目を定めるものとされた（第20条）。こうして，教育内容を国（小学校教則大綱）―府県（小学校教則）―学校（教授細目）それぞれに規定するという制度ができあがっていった。

　学校の教育内容は，実際には教科書を中心として規定される。近代日本における教科書制度は，もともとは①認可制（1883年の教科用図書認可の達）であったが，後に国が内容について検定する②検定制（1886年の教科用図書検定条例）となった。1902（明治35）年には教科書採択をめぐっての不正が問題とされ（教科書疑獄事件），国が直接著作権を持つ③国定制となった（1903年の小学校令改正）。

　また，就学率の向上に伴い，1907（明治40）年には義務教育が4年から6年に延長された。

2 大正自由教育から皇国民教育へ

19世紀末から20世紀初頭にかけて，ヨーロッパやアメリカを中心に新教育（改革教育学）運動が起こる。デューイ（Dewey, J.），モンテッソーリ（Montessori, M.），エレン・ケイ（Key, E.）といった児童中心主義，経験主義による教育論が展開された。こうした動きは日本にも影響を与え，多様な教育実験が行われた。日本でのこうした動きは大正自由教育と呼ばれている。大正自由教育が最高潮に達したのは八大教育家による講演会が開催された1921（大正10）年の頃であろう。木下竹次や及川平治，小原國芳（玉川学園の創始者）といった教育家が活躍したのがこの時代である。教科の枠にとらわれない，子どもの活動に即した教育が試みられた。

1931（昭和6）年に満州事変が起こり，1937年には日中戦争へと進み，日本は戦争色を強めていく。同時に大正自由教育も下火となり，国による教育内容の統制が厳しくなる。1938年には国家総動員法が公布され，戦争に勝利するための教育が学校にも浸透していく。1939年には「青少年学徒に賜はりたる勅語」が出され，同年には武道が小学校に導入されるようになる。こうした状況の中で，1941（昭和16）年には国民学校令が出され，小学校は国民学校と改称される。国民学校の目的は，「皇国ノ道ニ則リテ初等普通教育ヲ施シ国民ノ基礎的錬成ヲ為ス」ことである（第1条）。

国民学校令における教育課程についての特色は，国民学校初等科（従来の尋常小学校，6年）の教科目を大きく4教科（国民科，理数科，体錬科，芸能科）にまとめていることである（高等科〔2年〕にあっては実業科を加え5教科）（第4条）。

以上のように，戦前の「教科課程」は，暗唱型とされ，今日的にいえば「詰め込み型」教育であったとされる。国が教育課程の枠組みを決定し，府県がそれに基づいた規則を作成し，学校で詳細な内容が定められていくようになっていた。こうした国家中心的な教育課程が，国家体制の維持，戦争遂行に資するものであったという反省が戦後になって生まれていく。

```
国民科—修身，国語，国史，地理
理数科—算数，理科
体錬科—体操，武道（女子は履修しないこと可）
芸能科—音楽，習字，図画，工作，裁縫（初等科女子のみ），家事及び裁縫（高等科女子のみ）
（実業科—農業，工業，商業，水産）＊高等科のみ
```

図 11-2　国民学校令における国民学校教科目の構成

第2節　学習指導要領の変遷

1　学習指導要領の移り変わり

　学習指導要領は，部分的な改正を除くと9回公表されている。戦後初期は別として，ほぼ10年ごとに改訂が行われている。これを大まかに整理すると，①経験主義・児童中心主義によるカリキュラムの影響が強い時代（1947年，1951年），②系統主義・学問中心主義によるカリキュラムの影響が強い「教育内容の現代化」の時代（1958年，1968年），③人間性を重視した「ゆとり教育」の時代（1977年，1989年，1998年），そして④基礎基本の重視と思考力・判断力・表現力等の活用を重視し，学習意欲を高めようとする時代（2008年，2017年）と整理できるであろう（年代はいずれも小学校）。

　以下，それぞれの時代の特色をみていこう。

表 11-1　戦後の学習指導要領の主な変遷と特色

順	年	形式	特　　　色
1	1947	試案	経験主義，単元学習
2	1951	試案	問題解決学習
3	1958	告示	系統性重視　特設「道徳」
4	1968	告示	内容の向上　教育内容の現代化
5	1977	告示	教育内容の精選　ゆとり教育
6	1989	告示	主体的な学習の仕方　新学力観　生活科
7	1998	告示	生きる力　教育内容の厳選　総合的な学習の時間
8	2008	告示	基礎基本と活用力　言語活動　外国語活動
9	2017	告示	学びに向かう力，人間性，カリキュラム・マネジメント

図11-3 学習指導要領変遷模式図

2 経験主義・児童中心主義の時代
　　──1947年・1951年の学習指導要領

　1945（昭和20）年8月15日，日本はポツダム宣言を受諾し，敗戦を迎える。アメリカ合衆国を中心とした占領軍統治の下，1945年10-12月にはいわゆる「四大指令」（軍国主義的及び極端な国家主義的イデオロギーの禁止や軍事教練廃止，軍国主義的な教育関係者の解職，国の国家神道への支援廃止，修身・日本歴史及び地理の停止等）が出され，軍国主義的，極端な国家主義的な教育内容が禁止された。1946年3月にはアメリカ教育使節団が来日し，日本の教育改革についての提案を行った。1947（昭和22）年3月31日には教育基本法（旧法），学校教育法が成立し，戦後教育改革の基本的な枠組みが創られていく。

　教育課程については，学校教育法において，「小学校の教科に関する事項は……監督庁が，これを定める」とされ（第20条，他の学校には準用規定），「監督庁は，当分の間これを文部大臣とする」（第106条）となっていた。小学校等の教科は学校教育法施行規則に提示され，これを受けて学習指導要領

によって内容を示す形になっている。

(1) 教師の手引き書としての学習指導要領

1947年3月に『学習指導要領　一般編（試案）』が作成される。この学習指導要領は，「試案」と明示されているように，法的な拘束力を持つものではなく，教員の「手引き書」としてつくられた。この学習指導要領の目的・性質は次のように記されている。

> この書は，学習の指導について述べるのが目的であるが，これまでの教師用書のように，一つの動かすことのできない道をきめて，それを示そうとするような目的でつくられたものではない。新しく児童の要求と社会の要求とに応じて生まれた教科課程をどんなふうにして生かして行くかを教師自身が自分で研究して行く手びきとして書かれたものである。

教科に関して，戦前の国民学校令と主な相違点は，次の3点である。
①従来の修身（公民），日本歴史及び地理を廃止し，新しく社会科が設たこと。
②家庭科が，新しい名まえとともに，内容を異にして加えられていること。
③新たに自由研究の時間が設けられたこと。

この3点については，解説が施されている。第1に，社会科は従来の教科目の寄せ集めではなく，「社会生活についての良識と性格」とを養うことを目的としている。第2に，家庭科は男女ともに課することをたてまえとする。第3に，自由研究は，児童それぞれが教科の学習内容を発展させ，「児童の活動をのばし，学習を深く進めることが望ましい」場合に活用することが予定されている（章末「小中学校の授業時数の推移」参照）。

新制中学校は，戦前にはなかった学校であり，戦後教育改革によって義務教育の学校として新たに位置づけられた。中学校の教育課程の特色は，以下の通りである。第1に，必修科目と選択科目からなっている。中学校では選択教科（科目）がその後も継続されていくが，これは義務教育終了後の進路

の多様性に対応するためのものである。第2に，小学校では独立した教科であった家庭科が，必修教科（科目）である職業科（農業・商業・水産・工業・家庭）の中の1つの科目になっている。この他，小学校で必修であった自由研究が選択科目の中に配置されている。また，外国語も選択科目として位置づけられている。外国語が必修教科となったのは，1998年の学習指導要領からである。

　新制高等学校は，小中学校より1年遅れて1948年4月に設置された。その教育課程は，1947年に示された「新制高等学校の教科課程に関する件」に示されている。高等学校の教育課程は，大きく分けて，大学進学の準備課程と職業人の準備課程とに区分される。それぞれに卒業までに必要な単位数は85単位以上とされるとともに，卒業までに共通に修める単位が計38単位とされた（国語9単位，社会10単位，体育9単位，数学5単位，理科5単位）。

(2) 1951年版学習指導要領

　1951（昭和26）年に提示された学習指導要領は，幾つかの変化がある。第1に，従来の「教科課程」ではなく「教育課程」の語が使われている。これは教科の課程と教科外の課程（活動）を意識した結果であると考えられる。小学校における教科以外の活動は，①民主的組織のもとに，学校全体の児童が学校の経営や活動に協力参加する活動（児童会，委員会，児童集会，奉仕活動），②学級を単位としての活動（学級会，委員会，クラブ活動）に区分されている。

　中学校では，必修教科（科目）のうち，「体育」が「保健体育」に，「職業」が「職業・家庭」にそれぞれ変わっている。選択教科（科目）では，「自由研究」がなくなり，選択教科とは別に「特別教育活動」が設定された。

　戦後教育政策において，日本の教育政策に大きな影響を与えたのはアメリカの教育理論，とりわけアメリカの新教育運動の端緒となったデューイの教育理論である。デューイは，1896年から1899年までシカゴ大学の実験学校での経験をまとめた『学校と社会』（1899年）を著した。デューイの教育思想の特色は，第1に「なす事によって学ぶ（learning by doing）」という言葉

に示されているように，学校は教師中心で知識を詰め込むのではなく，子どもが教材・内容に興味を持ち，主体的に学ぶよう仕向けることである。第2に，生活と労働の分離が進行する時代において，基本的な生産活動を仕事（occupation）として学校に取り入れた。これは『学校と社会』の中で糸つむぎの例がよく取り上げられる。

戦後の早い時期には，各学校で教育課程編成が盛んに行われた。コアとは中心，中核の意味であるが，カリキュラム編成における中心を社会科や教科以外の活動に据えた実践が試みられた。明石プラン，本郷プラン等がある。桜田小学校プランの「郵便ごっこ」に代表される「〇〇ごっこ」が流行した。こうしたコア・カリキュラム運動は，梅根悟氏により提唱された「三層四領域」のような形で理論的な体系化が試みられた。

しかしこうした子どもの生活や経験を中心とする教育課程に対して，その後「はいまわる経験主義」と呼ばれたように，その教育的な効果に疑問が提示されていった。1950年代後半以降，教育課程編成の考え方は大きく変化していく。

3　系統主義（学問中心）カリキュラム
　　——1958年・1968年の改訂

1950年の朝鮮戦争をきっかけとして，日本では経済的な復興が進められていく。1955年の経済白書では「もはや戦後ではない」と記述されるまでとなった。1960年以降は池田勇人首相の提唱した「所得倍増計画」により，日本は高度経済成長を実現する。1964年の東京オリンピックや東海道新幹線の開通は，こうした高度経済成長による豊かさを実感する出来事であった。

政治的には，1955年に保守政党が合同して自由民主党となり，日本社会党も右派と左派が合同して「55年体制」となり，自民党が1993年まで与党となる。こうした中で，戦後教育改革も実態に合わせて修正されていく。1956年には教育委員会法が廃止され，地方教育行政法が新たに制定されるとともに，教員の勤務評定制度が導入されていった。さらに1961年には全国一斉学力テストが実施され，受験競争が激しくなっていくのもこの時代である。1966年には中教審答申として「期待される人間像」が示され，高度

経済成長を支えるための勤勉な労働者像が示された。こうした時代の中で，学習指導要領は，科学技術を推進するために各教科の系統性を重視した教育内容を規定するようになっていく。

戦後の東西対立におけるアメリカとソ連における科学技術競争は，1957年の「スプートニク・ショック」によって，大きな転換点を迎え，教育政策にも大きな影響を与える。それまで科学技術競争において，アメリカはソ連に対し優位を保っていた。しかし人工衛星の打ち上げにおいて，ソ連がアメリカに先立って成功を収めた。この結果，アメリカでは，それまでの経験主義を中心とした教育理論から，科学技術を重視した教育課程を学校に持ち込むようになる。

学校に科学技術の系統性を重視する内容を導入する契機となったのが，ブルーナー（Bruner, J. S.）の編著『教育の過程』である。ブルーナーによって取りまとめられた教科の系統性を重視する考え方は「教育内容の現代化」と呼ばれている（第2章参照）。ブルーナーの『教育の過程』で重視された点は，教育課程の構造化である。教科の根底にある科学の基本的概念や原理の学習を重視し，従来よりも早い段階で学校に導入することとなった。

(1) 1958年版学習指導要領

1958（昭和33）年に改訂された学習指導要領は，小学校で1961年度から，中学校では1962年度から，それぞれ全面実施された。第1の特色は，「道徳」の特設である。小中学校の教育課程は，学校教育法施行規則において，各教科，道徳，特別教育活動及び学校行事等によって編成することになった（中学校の各教科は必修教科と選択教科）。また，中学校では，「図画工作」が「美術」に，「職業家庭」が「技術・家庭」に教科名が変更された。

第2の特色は，文部省が学習指導要領を法的拘束力をもつものとして告示という形で示したことである。文部省は，教育課程の基準における法体系を，学校教育法，同法施行規則，告示という形で整備した（文部科学省『小学校学習指導要領総則編解説』2008年，98頁）。学校教育法施行規則において，各教科等の構成，授業時数等は学校が守るべき教育課程の最低基準として位置づけられた。また，学習指導要領は従来の一般編及び各教科編という形式か

ら1つにまとめられ,「試案」の文字もなくなっている。

　第3に,従来の生活・経験を重視する立場から教科の系統性を重視する立場が強調されている。ここでは基礎学力,とりわけ国語と算数が重視され,授業時数が増加された。また,科学技術教育の向上を図るために,算数や理科の充実が図られた。

(2) 1968年版学習指導要領

　1968(昭和43)年に改訂の学習指導要領は,小学校で1971年度から全面実施された(中学校学習指導要領は1969年告示で72年実施,高等学校学習指導要領は1970年告示)。同時に行われた学校教育法施行規則の改正と合わせ,次のような改正が行われた。

　ア．小学校では各教科,道徳及び特別活動によって編成されること。
　イ．各教科及び道徳の授業時数を,最低時数から標準時数に改めたこと。
　特別活動は,1958年版では特別教育活動とされていたが,1968年版以降,特別活動で統一されている。

　1968年版学習指導要領の最大の特色は,「教育内容の現代化」の影響によって,教育内容が非常に多くなったことである。小学校の算数には集合・関数・確率などの新しい概念が導入された。中学校の理科は第1分野と第2分野に区分され,科学的な方法や考え方が重視された。高等学校普通科の必履修単位は47単位であった。いわゆる「詰め込み式教育」の典型といわれる教育課程となった。その結果,「落ちこぼれ」と呼ばれる,学習についていけない児童生徒を多く産むこととなった。

　1950年代後半から1960年代にかけて,教育政策に関わる争いが頻発した。当時の文部省が教員の勤務評定,学習指導要領の法的位置づけの変更,全国一斉学力調査の実施等を行うことに対して,教員等の労働組合の連合組織である日本教職員組合(日教組)が反対していた。たとえば,1958年の学習指導要領の改訂に合わせて,教育課程の実施状況を調査するものとして,1961年度から全国一斉学力調査が実施された(悉皆調査は1964年度まで,抽出調査は1966年度まで)。日教組は,このテストの実施に反対し,実施阻止を指

示したため，多くの学校で混乱が生じ，組合員（教員）は公務執行妨害等で訴えられて裁判となった。また，1965（昭和40）年には教科書検定によって不合格とされた家永三郎氏が検定結果の取り消しを求めて裁判を起こした（いわゆる家永教科書裁判）。学習指導要領の法的位置づけや教科書検定制度といった，教育内容に関わる行政の適法性が問われたのである。

4 ゆとり教育の時代
――1977年・1989年・1998年の学習指導要領

　1960年代に高度経済成長を遂げた日本は，全体として豊かになっていった。同時に，経済成長を重視することにより，経済の二重構造（大企業と中小企業の格差，都市部と地方の違い），公害問題の発生等，社会のゆがみも目立つようになってきた。1973年には石油ショックによって物価が著しく上昇し，高度経済成長期以降初めて，経済はマイナス成長となった。日本の企業は，こうした経済環境の変化にすばやく対応し，1980年代後半にはバブル景気を迎える。しかし1990年代には「失われた10年」といわれるように，経済活動が停滞・後退していく。

(1) 1977年版学習指導要領

　1976（昭和51）年12月の教育課程審議会答申は，学校教育が知識の伝達に偏らないよう，①人間性豊かな子どもを育てること，②ゆとりのある充実した学校生活が送れるようにすること，③国民として必要とされる基礎的・基本的な内容を重視するとともに子どもの個性や能力に応じた教育が行われるようにすること，を目指すべきとした。この答申を受けて1977（昭和52）年に学校教育法施行規則の改正及び学習指導要領の改訂が行われた。小学校では1980年度から全面実施された。
　その特色は，第1に，各教科の基礎的・基本的な事項を確実に身に付けられるように教育内容の精選が図られた。各教科の内容の一部が後の学年にまとめられたり，小学校から中学校に移されたりした。第2に，各教科の標準授業時数が削減された。併せて地域や学校の実態に即して授業時数の運用に創意工夫を加えることができるようになった（「ゆとりの時間」）。高等学校で

は，卒業に必要な修得単位数が従来の85単位以上から80単位以上に引き下げられるとともに，専門学科における専門教育の単位数が35単位以上から30単位以上へと引き下げられた。しかし実際には，教育内容の削減と授業時数の削減が同時に行われたため，学校におけるゆとりは十分には生まれなかった。

こうした考え方はアメリカを中心とする「教育の人間化」の影響を受けている。これは1960年代の学問中心カリキュラムに対する反動として生まれた，全人的な教育を目指す考え方を基盤とする。また，1960年代後半から70年代にかけて，イリッチ（Illich, I.）の「脱学校論」やオープン・スクール等，学習者を中心とした考え方が大きな影響を与えたとされる。

(2) 1989年版学習指導要領

1989（平成元）年版学習指導要領は，「新学力観」を提唱し，知識・理解・技能の習得とともに，児童生徒の「関心・意欲・態度」を重視する姿勢を打ち出した。小学校低学年で社会科，理科に代わり，生活科が導入された。これは幼稚園との連携を意図した合科的な指導を可能にするものとして位置づけられる。中学校では各学年の幾つかの教科等の時間数に幅ができ，学校が時間数を決める裁量幅が拡大した。高等学校では教科「社会科」が「地理歴史科」と「公民科」とに分割され，世界史が必修とされた。また，1994年度に普通科，専門学科に次ぐ第3の学科として総合学科が設けられ，原則履修科目として，「産業社会と人間」「情報」「課題研究」が設定された。

(3) 1998年版学習指導要領

1998（平成10）年版学習指導要領への改訂は，前回の新学力観の考え方を進め，「生きる力」を基本的な考え方として打ち出した。完全週5日制に対応し，授業時数を削減するとともに，「教育内容の厳選」を行い，児童生徒の興味・関心を喚起し，主体的な学習を促し，それをまとめて発表する力を養うことを意図していた。一部の学年・教科では教育内容を2学年まとめて示すように改められた。さらに小学校3年以上及び中学校，高等学校の各学年に週3時間程度の時間枠で「総合的な学習の時間」が設定された。一方，

2002年度から実施される完全週5日制の導入を見越し，総授業時数は削減された。小・中学校では各学年で週当たり2時間分の授業時数が減少した。中学校では，外国語が選択教科から必修教科へと変更になった。高等学校では，卒業までに必要な修得単位数が80単位以上から74単位以上に引き下げられるとともに，卒業までに必要な必履修科目が38単位以上から31単位以上へと引き下げられた。また，専門学科において履修させる専門教育の教科・科目は，30単位以上から25単位以上へと変更された。

第3節　新しい能力観への転換
　　　——2008年・2017年の学習指導要領

1　新しい能力観

　1998（平成10）年に学習指導要領が公表された直後，内容3割削減に対する不安が生じた。こうした学力への不安は，1999年に発刊された『分数ができない大学生』（岡部・戸瀬・西村編著，東洋経済新報社）やいわゆる「学級崩壊」と呼ばれる状況と相まって，公立学校不信を呼び起こした。こうした流れの中で，2003（平成15）年12月には学習指導要領が一部改訂された。全面実施から2年ほどしか経過していない中での改訂は異例といえる。この改訂によって，「歯止め規定」と呼ばれていた，「○○は取り扱わないものとする」といった表現の部分は，全員に対しては教授しないが，発展的な学習として取り扱うことができることが明確にされた。

　2004年12月には2003年に実施されたOECDの学習到達度評価調査（PISA）結果が公表され，日本の学力が低下していることがデータによって明らかにされた。読解力が前回の8位から14位に低下するなど，日本における基礎学力への不安が高まることとなった。このため，2007（平成19）年度から小学6年生と中学3年生全員を対象とした，国語，算数（数学）についての全国学力・学習状況調査が実施されるようになった。

　こうした中で，2006（平成18）年に教育基本法，2007年に学校教育法が改正された。学校教育法第30条第2項において，①基礎的な知識及び技能

の習得，②思考力，判断力，表現力等を活用する力，③主体的に学習に取り組む態度，という学力の3要素が規定された。こうして知識や技能にとどまらない，新しい学力についての考え方が法律に規定された。これはPISA調査の基盤となる「キー・コンピテンシー」やアメリカ等の「21世紀型スキル」等の世界的な考え方に即している[1]。

2 主体的・対話的で深い学びとカリキュラム・マネジメント

　2008（平成20）年版学習指導要領の改訂は，こうした新しい能力観に基づいている。この改訂では「生きる力」という基本理念は変わらず，学校教育法に示された学力の育成が目指されている。「生きる力」とは，①確かな学力，②豊かな心（人間性），③健やかな体（健康・体力）という3つの要素からなり，確かな学力の内容が学校教育法第30条第2項に示されている。具体的な改正点は，基礎基本の習得が重視され，算数・数学や理科等の授業時数が増加し，小学校5・6学年には「外国語活動」が導入された。この結果，小中学校における総授業時数は増加した。

　こうした考え方は2017（平成29）年版学習指導要領の改訂にも引き継がれていく。資質・能力は，①知識及び技能，②思考力，判断力，表現力等，③学びに向かう力，人間性等の3つの柱に再整理されている。こうした資質・能力を獲得するためには，授業方法が「主体的・対話的で深い学び（アクティブ・ラーニング）」へ転換されていく必要があるとしている。「何ができるようになるか」という教育の成果を意識し，社会に開かれた教育課程を編成すること，また，各学校におけるカリキュラム・マネジメントを確立することが重要であるとされる。

　以上のように，第2次世界大戦後の日本の教育内容は，経験中心カリキュラムから学問中心カリキュラムへ，そして教育の人間化の影響からゆとり教育へと推移してきた。2000年代に入り，新しい能力観の影響を受け，知識の量とその活用，さらにはコンピテンシー型の教育観へと発展してきた。今後は，こうした新しい能力観に対応した学習の評価方法を開発し，「計画カリキュラム―実施カリキュラム―到達カリキュラム」のPDCAサイクルを

機能させていくことが重要である。

注
1) 松下佳代編著『「新しい能力」は教育を変えるか——学力・リテラシー・コンピテンシー』ミネルヴァ書房，2010年。

参考文献
奈須正裕『「資質・能力」と学びのメカニズム』東洋館出版社，2017年。
田中耕治ほか『新しい時代の教育課程（第4版）』有斐閣，2018年。

学びを深めるための参考図書
水原克敏『学習指導要領は国民形成の設計書——その能力観と人間像の歴史的変遷（新訂）』東北大学出版会，2018年。

学びを深めるための課題
(1) 系統主義カリキュラムからゆとり教育へと転換していく理由を整理してみよう。
(2) 新しい能力観は，どのような学力観に基づくのか調べてみよう。

資料　小中学校の授業時数の推移

1　1947（昭和22）年版学習指導要領時

小学校	1学年	2学年	3学年	4学年	5学年	6学年
国　語	175（5）	210（6）	210（6）	245（7）	210-245（6-7）	210-280（6-8）
社　会	140（4）	140（4）	175（5）	175（5）	175-210（5-6）	175-210（5-6）
算　数	105（3）	140（4）	140（4）	140-175（4-5）	140-175（4-5）	140-175（4-5）
理　科	70（2）	70（2）	70（2）	105（3）	105-140（3-4）	105-140（3-4）
音　楽	70（2）	70（2）	70（2）	70-105（2-3）	70-105（2-3）	70-105（2-3）
図画工作	105（3）	105（3）	105（3）	70-105（2-3）	70（2）	70（2）
家　庭					105（3）	105（3）
体　育	105（3）	105（3）	105（3）	105（3）	105（3）	105（3）
自由研究				70-140（2-4）	70-140（2-4）	70-140（2-4）
総時間	770（22）	840（24）	875（25）	980-1050（28-30）	1050-1190（30-34）	1050-1190（30-34）

出典：『学習指導要領　一般編（試案）』昭和22年版第三章教科課程小学校の教科と時間数。

中学校		7学年	8学年	9学年
必修科目	国　語	175（5）	175（5）	175（5）
	習　字	35（1）	35（1）	35（1）
	社　会	175（5）	140（4）	140（4）
	国　史		35（1）	70（2）
	数　学	140（4）	140（4）	140（4）
	理　科	140（4）	140（4）	140（4）
	音　楽	70（2）	70（2）	70（2）
	図画工作	70（2）	70（2）	70（2）
	体　育	105（3）	105（3）	105（3）
	職　業	140（4）	140（4）	140（4）
	必修科目計	1050（30）	1050（30）	1050（30）
選択科目	外国語	35-140（1-4）	35-140（1-4）	35-140（1-4）
	習　字			35（1）
	職　業	35-140（1-4）	35-140（1-4）	35-140（1-4）
	自由研究	35-140（1-4）	35-140（1-4）	35-140（1-4）
	選択科目計	35-140（1-4）	35-140（1-4）	35-140（1-4）
	総　計	1050-1190（30-34）	1050-1190（30-34）	1050-1190（30-34）

出典：『学習指導要領　一般編（試案）』昭和22年版　第三章教科課程　新制中学校の教科と時間数。

2 1968/69年版学習指導要領時

小学校		1学年	2学年	3学年	4学年	5学年	6学年
各教科	国語	238	315	280	280	245	245
	社会	68	70	105	140	140	140
	算数	102	140	175	210	210	210
	理科	68	70	105	105	140	140
	音楽	102	70	70	70	70	70
	図画工作	102	70	70	70	70	70
	家庭					70	70
	体育	102	105	105	105	105	105
道徳の授業時数		34	35	35	35	35	35
総授業時数		816	875	945	1,015	1,085	1,085

出典: 学校教育法施行規則別表第1,『小学校学習指導要領』昭和43年7月。
注: 特別活動は表に示されていない。

中学校		1学年	2学年	3学年
必修教科	国語	175	175	175
	社会	140	140	175
	数学	140	140	140
	理科	140	140	140
	音楽	70	70	35
	美術	70	70	35
	保健体育	125	125	125
	技術・家庭	105	105	105
道徳の授業時数		35	35	35
特別活動の授業時数		50	50	50
選択教科にあてる授業時数		140	140	140
総授業時数		1,190	1,190	1,155

出典: 学校教育法施行規則,『中学校学習指導要領』昭和44年4月。

3　1998年版学習指導要領時

小学校		1学年	2学年	3学年	4学年	5学年	6学年
各教科	国　　語	272	280	235	235	180	175
	社　　会			70	85	90	100
	算　　数	114	155	150	150	150	150
	理　　科			70	90	95	95
	生　　活	102	105				
	音　　楽	68	70	60	60	50	50
	図画工作	68	70	60	60	50	50
	家　　庭					60	55
	体　　育	90	90	90	90	90	90
道徳の授業時数		34	35	35	35	35	35
特別活動の授業時数		34	35	35	35	35	35
総合的な学習の時間				105	105	110	110
総授業時数		782	840	910	945	945	945

出典：学校教育法施行規則別表第1,『小学校学習指導要領』平成10年12月。

中学校		1学年	2学年	3学年	計
必修教科の授業時数	国　　語	140	105	105	350
	社　　会	105	105	85	295
	数　　学	105	105	105	315
	理　　科	105	105	80	290
	音　　楽	45	35	35	115
	美　　術	45	35	35	115
	保健体育	90	90	90	270
	技術・家庭	70	70	35	175
	外　国　語	105	105	105	315
道徳の授業時数		35	35	35	105
特別活動の授業時数		35	35	35	105
選択教科等に充てる授業時数		0-30	50-85	105-165	155-280
総合的な学習の時間の授業時数		70-100	70-105	70-130	210-335
総授業時数		980	980	980	2940

出典：学校教育法施行規則別表第2,『中学校学習指導要領』平成10年12月。

4　2008年版学習指導要領時

小学校		1学年	2学年	3学年	4学年	5学年	6学年
各教科	国　　語	306	315	245	245	175	175
	社　　会			70	90	100	105
	算　　数	136	175	175	175	175	175
	理　　科			90	105	105	105
	生　　活	102	105				
	音　　楽	68	70	60	60	50	50
	図画工作	68	70	60	60	50	50
	家　　庭					60	55
	体　　育	102	105	105	105	90	90
道徳の授業時数		34	35	35	35	35	35
外国語活動の授業時数						35	35
総合的な学習の時間の授業時数				70	70	70	70
特別活動の授業時数		34	35	35	35	35	35
総授業時数		850	910	945	980	980	980

出典：学校教育法施行規則別表第1,『小学校学習指導要領』平成20年3月。

中学校		1学年	2学年	3学年	計
各教科の授業時数	国　　語	140	140	105	385
	社　　会	105	105	140	350
	数　　学	140	105	140	385
	理　　科	105	140	140	385
	音　　楽	45	35	35	115
	美　　術	45	35	35	115
	保健体育	105	105	105	315
	技術・家庭	70	70	35	175
	外　国　語	140	140	140	420
道徳の授業時数		35	35	35	105
特別活動の授業時数		35	35	35	105
総合的な学習の時間の授業時数		50	70	70	190
総授業時数		1015	1015	1015	3045

出典：学校教育法施行規則　別表第2,『中学校学習指導要領』平成20年3月。

5 2017年版学習指導要領時

小学校		1学年	2学年	3学年	4学年	5学年	6学年	計
各教科の授業時数	国　　語	306	315	245	245	175	175	1461
	社　　会	／	／	70	90	100	105	365
	算　　数	136	175	175	175	175	175	1011
	理　　科	／	／	90	105	105	105	405
	生　　活	102	105	／	／	／	／	207
	音　　楽	68	70	60	60	50	50	358
	図 画 工 作	68	70	60	60	50	50	358
	家　　庭	／	／	／	／	60	55	115
	体　　育	102	105	105	105	90	90	597
	外 国 語	／	／	／	／	70	70	140
特別の教科である道徳の授業時数		34	35	35	35	35	35	209
外国語活動の授業時数		／	／	35	35	／	／	70
総合的な学習の時間の授業時数		／	／	70	70	70	70	280
特別活動の授業時数		34	35	35	35	35	35	209
総授業時数		850	910	980	1015	1015	1015	5785

出典：学校教育法施行規則別表第1,『小学校学習指導要領』平成29年3月。

中学校		1学年	2学年	3学年	計
各教科の授業時数	国　　語	140	140	105	385
	社　　会	105	105	140	350
	数　　学	140	105	140	385
	理　　科	105	140	140	385
	音　　楽	45	35	35	115
	美　　術	45	35	35	115
	保健体育	105	105	105	315
	技術・家庭	70	70	35	175
	外 国 語	140	140	140	420
特別の教科である道徳の授業時数		35	35	35	105
特別活動の授業時数		35	35	35	105
総合的な学習の時間の授業時数		50	70	70	190
総授業時数		1015	1015	1015	3045

出典：学校教育法施行規則別表第2,『中学校学習指導要領』平成29年3月。

第12章 社会における学校の役割とカリキュラム

これまで、本書では学校で教えられている教育内容がどのような考え方で構成されているのか、どのように学校の教育活動で具体化されているのか、そしてどのように評価されているのかをみてきた。最後の章である本章では、学校は何のために、何を教えるのか、という根本的な、そして重要な課題として、学校の役割とカリキュラムについて考えていく。

第1節　近代学校の成立と学校教育の機会均等

1　近代における学校・国家・個人

　学校はもともと、個人の必要性によって誕生した。個人の日常的な教育要求に対して、学校は対応する知識や技能を提供してきた。庶民の学校は日常生活に必要な読み書き計算といったスリー・アールズ 3 R's を提供することが本来の在り方であった（実用性・有用性のための教育）。16世紀にヨーロッパで起こった宗教改革は、学校教育にも影響を与えた。聖書の読み方や書き方を教えるとともに、教義に従って行動することに重点が置かれていた。徳育に関係する内容は、学校教育の中核であった。学校は個人の諸要求に答えるとともに、社会や国家の一員としての教育、国民としての教育を提供するという役割を果たしてきたのである。

　17世紀から19世紀になると、ヨーロッパ各国では市民革命、そして産業革命が起こる。市民革命は社会における政治の在り方の変化であり、産業革命は生産過程における変化と理解することができよう。1789年に起こったフランス革命と、それに続くナポレオンの政治は、学校から教会を排除して

いった。その理由は、教会勢力は古い社会秩序に与するものであり、教会が学校を支配することにより、革命政府の考え方が妨げられることになったからである。学校から宗教は排除され（中立性、世俗性）、教育内容は実用性が重視されるようになる。フランスの学校では、今日でも宗教教育は学校ではなく、教会で行われている。子ども達が教会で宗教教育を受けられるように、水曜日の午後は学校での授業がない。学校の役割（知識教育）と教会の役割（宗教教育）が明確に区分されているといえよう。現代の多くの国々では、宗教教育も学校で行っているが、異なる宗教や宗派の子どもが不利益を受けないように配慮されていることが通例である。

このように、国家が学校教育に強く関与するようになり、国民（市民）育成という目的が強調されるようになる。国家に有用な者を育成するためには、学校に通うことを義務づける必要が生じ、学校に通うことが義務化されていく（義務制）。19世紀後半のドイツでは、学校と兵役をつなぐ役割が期待され、定時制義務教育が課されるようになっていく。今日では、学校に通うことを義務づける就学義務を基本とする国（例：日本、ドイツ等）と、保護者が学校あるいは他の方法で子どもを教育する義務のみを課す教育義務を基本とする国（例：イギリス、アメリカ等）とに分かれる。

一方、貴族階級、統治者階級では、統治者として必要な教養を身につけさせるための教育が行われた。日本では武士階級の師弟が藩校において四書五経を教授されていた。ヨーロッパでは中世大学で中心となっていた学問である神学、法学、医学を学ぶために必要な自由七科（リベラル・アーツ）を中心に教授されていた（文法、修辞学、弁証論又は論理学、算術、天文学、幾何学、音楽学）。19世紀以降、国民教育が普及していくようになると、貴族階級や裕福な階層に属する者達は、自分たちの特権や利益を維持しようとする。多くの国々では、特権的な立場にある者の子弟への教育を行う学校と、庶民の子ども達への教育を行う学校は別々に発達していった。イギリスのパブリックスクール、フランスのリセ、ドイツのギムナジウムといった学校は、大学進学準備のための学校であるとともに、特権階級に必要な様々な教養を伝達するための学校でもあった。

こうして学校制度は身分や階層で学校系統が分離された学校制度（複線型

学校制度）として成立した。特権階級の教養や大学進学向けの学校と庶民のための学校とでは，教育内容が異なり，大学進学向けの学校系統に移動する場合には，学年を戻って始めることが必要となる等，不利益を受けることが一般的であった。ヨーロッパ諸国の学校で，教育内容の違いとなっていたのがラテン語である。キリスト教を深く理解するためにラテン語は不可欠な言語であったとともに，特権階級の教養としてのシンボルでもあった。日本や中国において，古典に精通していることが上級階級に必要な教養として捉えられていたことは，これと同様であると理解して良いであろう。

2　社会階層の再生産システムとしての学校

　20世紀に入ると，国の立場からも，教育によって国民がより積極的に知識や技能を習得していくことが，国家を発展させていくために不可欠な要素と考えられるようになる。これに伴い，学校制度は従来の特権階級のみならず，庶民の中から有能な者を選抜し，その能力にふさわしい職業や地位に配置することが求められるようになる。これは特権階級の中に，優秀な庶民の子どもが学校制度を通じて取り込まれるようになることを意味する。個人の立場からみると，学校は経済的，社会的に高い地位を獲得する事を目指す，立身出世のために不可欠な社会的制度となっていく。学校システムは，出自・家柄といった血統主義から，能力主義（メリトクラシー）へと転換していく，割り当て・配分機能を担う重要なシステムとなっていくのである。

　有用な者を発掘し，育成していくためには，より多くの者，そしてすべての者が学校に通い，教育を受けることができるよう，様々な措置を講ずることが求められる。すべての者が学校に通うためには，それを阻む大きな要因であった経済的負担，すなわち授業料を免除したり，学校に通うための費用を援助したりする必要が生じる。その結果，学校の授業料を徴収しない措置（無償制）が普及していく。義務教育の無償制は，こうした文脈において国の利益と国民の希望に合致するものであった。

　しかし，形式的，経済的な教育機会への条件が整えられても，進学や通学を実質的には妨げる要因が存在しうる。1960年代以降，恵まれない環境の子どもが，大学を中心とした高等教育制度を経由し，高い社会的地位を獲得

することを阻む要因として考えられたものは，学校文化，すなわち各教科の教育内容に加え，教科以外の学校文化や慣習，更には学校で使用する言葉等があった。こうした点を指摘したのが，バーンステインやブルデューといった社会学者達であった。

　フランスのブルデュー（Bourdieu, P.）は，学校における様々な慣習や行動様式は，上流階級のそれに倣ったものであり，労働者階級の子どもは，そうした慣習や行動様式を獲得するための努力が別途必要であることを指摘した。そうした慣習等（「ハビトゥス」と名付けられた）を上流階級の子どもは家庭で獲得しており，学校の生活に慣れることが容易であり，その結果，学校制度の中で成功しやすいとブルデューは主張したのである。こうした慣習等は学校である種の利益となるため，ブルデューはこれを「文化資本」と呼んでいる。

　イギリスの社会学者であるバーンステイン（Bernstein, B.）は，階級によって，言葉の精密さが異なることを指摘した（限定コードと精密コード）。学校における成功は，こうした言語の精密さと密接に関係しており，下層階級出身の子どもが学校制度で成功するためには，まず，こうした精密な言語を獲得することが必要であるとした。

　このように，学校教育は，経済的条件による不利益を少なくしても，文化的な要因によって，出身家庭の影響が反映しやすい，階層再生産のためのシステムという批判がなされたのである。

　教育の機会均等という考え方が重視されるようになったのは，学校教育によって，将来の職業や社会的地位が大きく左右されるという事実，そして，能力以外の要素（身分，家庭の経済的地位等）によって教育を受ける機会が異なるということが知られるようになったからである。高い社会的地位の家庭に生まれた子どもは，良い学校教育を受けやすく，その結果高い学歴を得て，高い経済的・社会的地位を得ることが容易であることが多くの人に知られるようになったのである。

　逆に，社会的地位が低く貧しい家庭に生まれた子どもは，学校制度で成功を収めることが難しく，結果として豊かさを獲得することが困難になりやすい。その結果，子どもは親と同等の社会階層に留まることになりやすい。こ

れが学校制度による社会階層の再生産システムとして指摘される問題である。

　ドーア（Dore, R.）は『学歴社会 新しい文明病』（1978）の中で，近代化の後発国ほど学歴競争が激しくなること，そして選別が学力テストになること，世代を重ねるにつれて社会移動率が下がり，新しい階級社会となっていくことを，幾つかの国を具体的な事例として挙げながら説明した。つまり学校制度が階層の再生産を助長していることを批判したのである。もちろん，経済的に恵まれない家庭の子どもでも，奨学金や銀行ローン等の経済的支援を得て，高校や大学に進むことは可能であろう。しかし進学のための経済的条件がなんらかの手段で確保できたとしても，経済的条件以外の要因が実際の学校制度の中で成功を阻んでいるのではないかと考えられるようになる。こうした有用な人材が教育を受けられないことは，本人にも，社会・国にも不利益であると考えられるようになる。

　さらに，こうした学校教育は，国の利益となるための教育であるとの批判もある。イリッチ（Illich, I.）は，国の定めた知識体系に従って子どもが学校階梯をのぼることによって，能力を証明することになり，学校が社会的地位を配分することになると批判した。イリッチは，こうした学校制度を批判した上で，学校に頼らない教育（脱学校論）を主張したのである。アメリカでも，ボウルズ（Bowles, S.）やギンタス（Gintis, H.）[1]は，学校が経済の社会的関係との対応を通じて経済的不平等を再生産し，人格的発達を歪めていることを批判している。

　これらの批判の背景には，近代社会において学校制度が社会的・職業的地位を配分することに強く影響しているとの指摘がある。学校で教えられる教育内容は国の意図や社会で成功している上層階層の子どもに有利な内容であること，同時に下層階層の子ども達が学校制度で成功することが容易ではないことを指摘しているのである。たとえば，アメリカではWASP（白人 Whiteのアングロ＝サクソン系 Anglo-Saxonでプロテスタント Protestant）の文化が教育内容の中心として位置付けられる傾向があった。一方，黒人やヒスパニック等の文化は，学校の教育内容として十分に配慮されてきたわけではない。近年，異なる文化を学校教育の内容として尊重するようになってはきたが，彼らが学校で成功するためには，日常生活とは異なる文化や習慣を学

校で習得していくことが求められる。

こうした学校制度における成功・不成功の結果は，一般に個人の責任として理解されている。学校でうまくいかない子どもは，失敗者の烙印をおされ，高い社会的・職業的な地位を獲得することが難しくなる。こうして，学校カリキュラムは，各教科等で明示されている顕在的カリキュラム（overt curriculum）のみならず，学校で成功するためには必要だが，必ずしも明示されていない潜在的カリキュラム（hidden or latent curriculum）が，大きな影響を持っていることが明らかにされ，批判されるようになってきたのである。

1989年，国連は「児童の権利条約」を採択し，日本は1994年にこれを批准した。同条約は第28条において，初等教育や中等教育の無償化等を推進することを規定しているが，第29条では教育において子どもの文化や言語等を尊重することを規定している。

3 就学前教育と学校教育の接続

ブルデューやバーンステイン等は，学校システムにおける不平等があること，顕在的カリキュラム，あるいは潜在的カリキュラムにより不平等が拡大していることを指摘した。

近年では教育における格差を是正するために，学校に入る以前の教育・保育の重要性が指摘されている。2000年にノーベル経済学賞を受賞したヘックマン（Heckman, J.）は，その後の人生の格差を是正していくためには幼児教育が重要であることを指摘している[2]。彼は学校教育を受ける前の時点から格差が進行していることを根拠に基づいて示した。

ヨーロッパ連合（EU）は，2002年に3歳あるいは4歳以上の子どもの保育参加率を2010年までに100％に近い状態に，3歳未満児のそれを33％にすることに合意している[3]。また，OECD（経済協力開発機構）は1998年に幼児教育・保育に関する研究調査を開始し，「人生の始まりこそ力強く（Starting Strong）」プロジェクトを継続的に行い，2017年までに5次に渡る報告書をとりまとめている。

こうした就学前教育・保育への関心は，女性の就労環境を整えるという側面とともに，子どもの就学準備という側面をも併せ持つ。実際に諸外国の就

学前教育・保育の内容・方法は，アメリカやフランス等に代表される就学準備（アカデミック）型と，北欧諸国に代表される生活基盤（ホリスティック）型がある。就学準備型は文字や数，知識等を重視するのに対し，生活基盤型は学びへの意欲，創造性等を重視する[4]。

　日本における就学前施設は，幼稚園（文部科学省所管），保育所（厚生労働省所管），認定こども園（内閣府所管）に分かれている。しかし，2017年版の幼稚園教育要領，保育所保育指針，そして幼保連携型認定こども園教育・保育要領は，ねらい及び内容（健康，人間関係，環境，言葉，表現の5領域）について，記述がそろえられている。就学前施設における教育・保育のねらいと内容は多様な解釈が可能であり，子ども達は多様な教育・保育を受けて小学校に入学してくる。2017年版の幼稚園教育要領等の特色の1つは，「幼児期の終わりまでに育ってほしい姿」を示し，入学時までに獲得している資質・能力にある程度共通の目安を持たせようとしたことである。これを就学準備型として理解するのか，生活基盤型として捉えるのかは各園の方針によって分かれるであろう。小学校入学までにある程度必要と考えられる資質・能力を獲得するために，就学前施設においてアプローチカリキュラムの開発を進めるとともに，小学校においても子どもが小学校教育になじめるようなスタートカリキュラムを開発していくことが必要である。

第2節　学校教育の目的・目標と学校カリキュラム

1　学校教育の目的及び目標

　学校のカリキュラムは誰が，何のために，どのように決めているのか，あるいは決めるべきなのか。現代社会においては，国や学校設置者が学校教育の内容の枠組みを決め，実際のカリキュラムを学校が決めることが一般的である。まずは日本の教育目的・目標と教育内容に関する法的枠組みを確認しておこう。

　教育の目的及び目標に関わる規定は，教育基本法や学校教育法等に規定されている。教育の目的は，教育基本法第1条に定められている。同法第1条

は、「人格の完成」という文言で、個人の能力の育成を目指すことを規定している。これは、個人が国や社会に自分の知識や能力を伸ばすために、必要な様々な要求を行うことが認められていることになる（個人―（要求）→国・社会）。他方、「平和で民主的な国家及び社会の形成者」あるいは「国民の育成」という文言は、国や社会がその成員として成長するために必要な要求を個人（子ども）に向けていくことが認められていることになる（国・社会―（要求）→個人（子ども））。それをより具体的にした教育の目標は教育基本法第2条に5項目にわたり記されている。

こうした個人と国・社会との間にある双方向的な要求の中で、学校教育の目的や目標、そして教育内容が決まっていく。さらには、義務教育の目的や目標、各学校の教育の目的や目標がそれぞれ学校教育法に規定されている（表12-1参照）。たとえば小学校の教育目標として、学校教育法第30条第2項には、「①基礎的な知識及び技能を習得させるとともに、②これらを活用して課題を解決するために必要な思考力、判断力、表現力その他の能力をはぐくみ、③主体的に学習に取り組む態度を養うこと」という学校教育における目標が示されている（引用の〇数字は引用者が便宜的に加えたものである）。この規定は中学校や高等学校等にも適用されている。

こうした教育の目的や目標を実現するために、国は、教育振興基本計画を5年ごとに閣議決定している。国の教育振興基本計画を参酌し、地方公共団

表 12-1　学校教育等の目的・目標に関する法規定

学校教育等	目的	目標
教育	教育基本法第1条	教育基本法第2条
義務教育	教育基本法第5条第2項	学校教育法第21条
幼稚園	学校教育法第22条	学校教育法第23条
小学校	学校教育法第29条	学校教育法第30条
中学校	学校教育法第45条	学校教育法第46条
義務教育学校	学校教育法第49条の2	学校教育法第49条の3
高等学校	学校教育法第50条	学校教育法第51条
中等教育学校	学校教育法第63条	学校教育法第64条
特別支援学校	学校教育法第72条	―

体も教育振興のための基本計画を定めるように努めなければならない（教育基本法第17条）。

　国が定めた法令等を参考とし，都道府県や市町村はそれぞれの教育方針や教育計画を策定する。都道府県や市町村が作成する教育の方針等は，教育振興のための基本計画に加え，教育大綱（後述），教育総合計画等がある。地方公共団体では学校教育に関する権限の多くは教育委員会にあるが，知事や市町村長（「首長」という）は，首長と教育委員会で構成される総合教育会議を開き，教育大綱について協議し，決定する（地方教育行政法第1条の3ほか）。教育大綱のほかに，都道府県等では一般の行政全体の総合計画を作成している。一方，教育委員会は当該自治体の教育振興基本計画等を作成しているため，教育の目的や目標を示す計画が，国，都道府県，市町村と複数作成されているのが実情である。さらにこれらの教育目標等を踏まえて，各学校は学校教育目標を設定している。学校教育目標は，知育，徳育，体育の3つを中心に設定されていることが多い（例：考える子ども，思いやりのある子ども，たくましい子ども）。

2　教育の目的及び目標と国・県・市町村・学校の役割

　教育内容に関わる構造も複雑である。国は教育課程の基準を作成するが，学校設置者や学校も教育課程の編成に携わる。学校教育法第33条等は文部科学大臣が学校の教育課程に関する事項を定めるとしている。この規定に従って，学校教育法施行規則（文部科学省令）で各学校の教育課程における各教科等や授業時数等が定められ（小学校では第50条，第51条），さらに教育課程の基準として学習指導要領が公示されるのである。そこでは上述の学校教育の目的や目標に関する規定を受けて，その内容が選択・配列され（スコープ），発達段階に即して順序づけられている（シーケンス）。

　国の教育課程の基準（枠組み）に基づき，学校を管理するのは学校設置者である（学校教育法第5条）。公立学校の教育課程を管理し，執行するのは公立学校を設置している地方自治体の教育委員会である（地方教育行政の組織及び運営に関する法律第21条）。教育委員会は，学校管理規則と呼ばれる学校の運営及び管理に関する規則を定めるが，その中で学校の教育課程等につい

て規定している。学校管理規則において，一般に，学期（2学期制か3学期制か），休業日，教育課程の編成，教育課程の届け出（許可），教材の使用等が規定されている。また，学校管理規則の中で学校が教育課程編成を行い，教育委員会に届け出あるいは許可を受けることを規定している。つまり，教育課程の編成主体は学校である。学習指導要領の総則には学校が教育課程の編成を行うことが記されている。

　学校の校務に関する責任は校長が負う（学校教育法第37条等）。教育課程の編成においては，一般に学校に設置されている教務委員会等で原案が作成され，企画委員会や職員会議で検討され，最終的な案が作成される。通例では学年度に合わせた1年サイクルでこうした教育課程（届）案が作成される。学校は教育課程案を学校設置者である教育委員会に事前に提示し，国や地方公共団体の教育方針に合致しているのかを確認してもらう。多くの自治体では学年度が開始された速やかな時期に届け出ることになっている（東京都では前年度末）。学校運営協議会を設置している学校（地域運営学校，通称「コミュニティ・スクール」）では，学校運営協議会が学校運営の基本的方針を承認することとなっている（地方教育行政法第47条の6）。

　実際に学校で教育活動を行う際には，教育課程届等を基にして，各教科等の指導計画を部会や委員会で作成する。最近は教科別にシラバスを作成し，何を何時学習するのかを公表している学校も少なくない。また，年間行事計画を作成し，各学年で何時何をするのかを計画することが通例である。

　このように，学校は国や学校設置者の意向（計画カリキュラム）を踏まえて，1週間の教育活動の案（週案）や単元指導計画と本時案といった実施カリキュラム，実際に児童生徒がどの程度理解できたのかを確認するテストや課題等の測定による到達カリキュラムで動いている。

　2016年の中央教育審議会（中教審）答申「幼稚園，小学校，中学校，高等学校及び特別支援学校の学習指導要領等の改善及び必要な方策等について」は，各学校におけるカリキュラム・マネジメントの確立を求めている（同答申23頁）。各学校は，「子供たちの姿や地域の実情等を踏まえて，各学校が設定する学校教育目標を実現するために，学習指導要領等に基づき教育課程を編成し，それを実施・評価し改善していくこと」が重要な役割なのである。

具体的には，①学校教育目標を踏まえ，各教科等の内容を教科等横断的な視点で組織的に配列していくこと，②調査や各種データ等に基づき，教育課程を編成し，実施し，評価して改善を図る一連のPDCAサイクルを確立すること，③教育内容と，教育活動に必要な諸条件を，地域等の外部の資源を含めて効果的に組み合わせること，である（同23-24頁）。学校における教育課程を編成していくことが今後ますます重視されることになるであろう。そのために必要なのは「社会に開かれた教育課程」の実現である。要は学校教育のための学校教育・教育内容ではなく，「よりよい学校教育を通じてよりよい社会を創るという目標を持ち，教育課程を介してその目標を社会と共有していくこと」（答申19-20頁）である。

　以上のように，教育課程の編成には多くの関係者が関わり，教育活動が実施されている。

第3節　学校教育の内容とその評価

1　学校における学習の成果をどう測るのか

　児童生徒の学習及び健康の状況は，指導要録という表簿によって記録される（学校教育法施行令第31条，学校教育法施行規則第24条）。指導要録は学籍に関する記録（何時その学校に在籍していたのか等）の欄と指導に関する記録の欄がある。指導要録は保護者に渡される「通信簿（通知表，あゆみ等）」の原本にあたり，高校入試等において選抜の資料とされる調査書（内申書）の基でもある。学習の記録等をどのように評価して記録するのかは，教員のみならず，児童生徒や保護者の大きな関心事である。こうしてみると，学校における評価は，第1に指導のための機能と，第2に外部に対する証明機能とを持つ。

　指導要録における各教科の評定は，戦後しばらくの間，集団のなかでの位置を示す集団準拠評価（相対評価）により行われてきた（例：上位7％が「5」）。これは，高校入試等の外部への証明機能が重視されてきたためと考えられる。その後，2001（平成13）年の改訂からは目標準拠評価（絶対評価）

によって評価が行われており，指導のための評価としての位置づけが重視されるようになったといえよう。そこでは，各教科において評価のための観点が設定され，評価を行ってきた。確かな学力の3要素のうち，「知識・技能」にあたる部分は，テスト等による評価が比較的容易であり，こうした部分が評価対象の中心となってきた。しかし，「思考力・判断力・表現力等」や「関心・意欲・態度」に相当する部分の評価は必ずしも容易ではなく，工夫と改善が求められてきた（章末資料参照）。

こうした評価の在り方は，小学校では2018年度から，中学校では2019年度から実施される「特別の教科である道徳（道徳科）」を導入する際に大きな議論となった。そこでは数値による評定は行わず，「成長の様子を継続的に把握し，指導に生かすよう努める」としている（文部科学省初等中等教育局長「学習指導要領の一部改正に伴う小学校，中学校及び特別支援学校小学部・中学部における児童生徒の学習評価及び指導要録の改善等について（通知）」2016年7月29日）。

諸外国をみてみると，児童生徒の成長の様子を記述によって行う方法と，評定（例：「1」から「5」等）によって行う方法があり，後者はさらに目標準拠評価と集団準拠評価とに区分できる。調査書（内申書）のように，上級学校等への入学選抜資料としての機能は，児童生徒の継続的な学習の記録として，社会的に重要視されるべきものである。現在のような絶対評価による調査書は，学校間のばらつきが起きやすく，選抜のための参考資料としての機能性は高くないと言えよう。そのため，選抜を行う学校は調査書を重視しないという結果を生むことになる。何を意図して評価を行うのかにより，これらの方法を使い分け，あるいは組み合わせていくことが必要であろう。

2 何を測るのか──国及び国際的な学力調査

1980年代以降，イギリスやアメリカを中心に，国が教育課程の基準を作成し，その到達度を州あるいは全国の統一的テストで評価する政策が進んでいる[5]。日本でも2007（平成19）年度から全国学力・学習状況調査が毎年実施されている。文部科学省は，全国学力・学習状況調査の目的を以下のように説明している（文部科学省HP「全国学力・学習状況調査の概要」から）。

・義務教育の機会均等とその水準の維持向上の観点から，全国的な児童生徒の学力や学習状況を把握・分析し，教育施策の成果と課題を検証し，その改善を図る。
・学校における児童生徒への教育指導の充実や学習状況の改善等に役立てる。
・そのような取組を通じて，教育に関する継続的な検証改善サイクルを確立する。こうした学力調査は，教育政策の検証を行うための資料として意味のあるものである。しかし，その結果をどのように使うのかを十分に考える必要がある。

　調査結果は，国全体，各都道府県・指定都市，地域の規模等によって比較することが可能である。さらには市町村別に調査結果を公表することも一定の手続きで可能である。こうした結果の公表は，国や都道府県等の教育政策の課題を見つけ，その改善を図るための手がかりとなる。しかし同時に，こうした調査結果の公表は，関係者の間により良い結果を得るための競争へと転化しやすい。本来，学校の教育指導の充実や学習状況の改善を目指していたテストが，学校に市場競争を持ち込み，結果として本来の目的ではなかったテストのための教育へと転化していく可能性がある。実際に日本でも多くの学校でテストへの準備のための指導が行われている（内田良「全国学力テスト　事前練習に追われる学校現場　授業が進まない」2018 年。https://news.yahoo.co.jp/byline/ryouchida/20180829-00094820/181026 最終 access）。
　実際に学校における指導の改善に活用するためには，指導は始める段階での状況を整理し（Research: R），どのように指導していくのか計画を立て（Plan: P），実際の教育活動を行い（Do: D），その結果を測定・評価し（Check: C），次の改善へと結びつける（Action: A）必要がある（いわゆる PDCA サイクル）。全国学力・学習状況調査は，結果の測定・評価に該当すると考えられるが，児童生徒が学校に入ってくる時点での状況は必ずしも同じではない。スタート地点での多様性を考慮せずにゴール地点の結果のみで評価をすれば，実際の教育活動の善し悪し（プロセスの評価）を見分けることは難しい。さらに，日本では，小学校に入学する時点では学校教育の内容

を何も学習していないという前提で教育を始めている。しかし，実際に小学校に入学する段階で，自分の名前を書いたり，数を数えたりすることができる子どもが多いことは周知の事実である。小学校入学段階で，子ども達は何ができるのか，経験の違う子どもに対してどのように指導していくのかが問われている。出発点，プロセス，そしてゴールにおけるそれぞれの学習状況とその変化を確認することが必要である。

こうした学力競争を刺激しているのが国際学力調査である。OECD が実施している国際学力到達度調査（PISA）は，義務教育終了段階にあたる15歳児を対象に，思考プロセスの習得，概念の理解，及び各分野の様々な状況の中でそれらを生かす力を重視した各国比較調査である。日本を含む多くの国は，PISA 調査を教育政策の成果を検証する指標として位置づけている。こうした国際学力調査で良い結果を生むための競争が生じている。

さらにはこうした国際的な学力調査で測られている内容（例：PISA 調査の読解力，数学的リテラシー，科学的リテラシー）が，学校教育の成果として適切なのかを疑問視する研究者もいる（東京大学2009所収の佐藤学論文等）。学校教育の成果がすべて測定・評価されているわけではないことに留意したい。

3 生涯学習と学校教育

1990年代以降，経済的理由による「教育格差」が広がり，進学率の差，就職に有利とされる学校への入学等が，世代を越えて再生産されていることが指摘されている[6]。さらには，その要因が家庭の学校教育への親和性（文化資本），本人の将来への希望の強さにより生じると考えることもできる[7]。

2006年に改正された教育基本法は，教育を学校教育，家庭教育，社会教育の3つに区分している。それらを包括する考え方として，生涯学習の理念が規定されている（第3条）。第3条は，「国民一人一人が，自己の人格を磨き，豊かな人生を送ることができるよう，その生涯にわたって，あらゆる機会に，あらゆる場所において学習することができ，その成果を適切に生かすことのできる社会の実現が図られなければならない」と規定している。

教育が雇用と密接に関係していること，そして先進国における雇用は，高度の知識を基盤とした雇用が中心となることがイメージされている（知識基

盤社会）。OECD の「キー・コンピテンシー」はもともとは労働に必要な能力を基盤として作成された。こうした社会における学校教育は，教えることから学ぶことへの転換が必要であると考えられている。教育の機会均等は，こうした雇用の機会を保証するための土台となっている。高等教育を含めた，学校で教育を受ける者の年齢，経済条件や社会条件といった諸条件の違いを前提としつつ，各人がより良い教育を受け，より高く，より豊かな資質・能力を獲得することが，今日は国の重要な課題である。グローバル化，国際化の波は，日本の国際競争力を必要としており，優秀な人材を育成することが，国の，そして国民の関心事となっている。学校教育は，労働能力のみならず，人生をより豊かに生きていくために必要な「生涯にわたり学習する基盤が培われる」（学校教育法第30条）ことを目指しているのである。

注

1) S・ボウルズ, H・ギンタス著, 宇沢弘文訳『アメリカ資本主義と学校教育──教育改革と経済制度の矛盾』岩波書店, 1986年。
2) J・J・ヘックマン著, 古草秀子訳『幼児教育の経済学』東洋経済新報社, 2015年（原書2013）。
3) 泉千勢『なぜ世界の幼児教育・保育を学ぶのか』ミネルヴァ書房, 2017年。
4) 3）に同じ。
5) 石井英真『現代アメリカにおける学力形成論の展開──スタンダードに基づくカリキュラムの設計（増補版）』東信堂, 2015年。田中耕治編著『新しい学力テストを読み解く』日本標準, 2008年。
6) 橘木俊詔『日本の教育格差』岩波書店, 2010年。小林雅之『進学格差──深刻化する教育費負担』筑摩書房, 2008年。苅谷剛彦『教育と平等』中央公論新社, 2009年。
7) 山田昌弘『希望格差社会──「負け組」の絶望感が日本を引き裂く』筑摩書房, 2004年。

参考文献

M・アップル著, 門倉正美ほか訳『学校幻想とカリキュラム』日本エディタースクール出版部, 1986年（原著1979）。
I・イリッチ著, 東洋・小澤周三訳『脱学校の社会』東京創元社, 1977年（原著

1970)。
国立教育政策研究所『生きるための知識と技能〈1〉～〈6〉——OECD生徒の学習到達度調査（PISA）』ぎょうせい，2002年。
東京大学学校教育高度化センター編『基礎学力を問う——21世紀日本の教育への展望』東京大学出版会，2009年。
文部科学省「全国的な学力調査（全国学力・学習状況調査等）」（http://www.mext.go.jp/a_menu/shotou/gakuryoku-chousa/zenkoku/1344101.htm 2018/10/26 最終access）。

学びを深めるための参考図書
中澤渉『日本の公教育——学力・コスト・民主主義』中央公論新社，2018年。
細尾萌子・田中耕治編著『教育課程・教育評価』ミネルヴァ書房，2018年。

学びを深めるための課題
(1) 学校教育の内容は，どのように決まっているのかを調べてみよう。
(2) 国や国際的な学力調査の問題を調べ，どのような資質・能力をのばそうとしているのかを考えてみよう。

資料

中 学 校 生 徒 指 導 要 録 （参考様式）

様式1（学籍に関する記録）

区分＼学年	1	2	3
学　級			
整理番号			

学 籍 の 記 録

生徒	ふりがな		性別		入学・編入学等	平成　年　月　日　第1学年 入 学 　　　　　　　　　　第　学年編入学
	氏　名					
	生年月日	平成　　年　　月　　日生			転 入 学	平成　年　月　日　第　学年転入学
	現住所					
保護者	ふりがな				転学・退学等	（平成　　年　　月　　日） 平成　　年　　月　　日
	氏　名					
	現住所				卒　業	平成　　年　　月　　日
入学前の経歴					進学先 就職先等	

学 校 名 及 び 所 在 地 (分校名・所在地等)	

年　度	平成　年度	平成　年度	平成　年度
区分＼学年	1	2	3
校 長 氏 名 印			
学 級 担 任 者 氏 　名 　印			

222

様式2（指導に関する記録）

中学校生徒指導要録（参考様式）

生 徒 氏 名	学 校 名	区分	学年	1	2	3
		学　級				
		整理番号				

各 教 科 の 学 習 の 記 録

Ⅰ 観 点 別 学 習 状 況

教科	観　点　＼　学　年	1	2	3
国語	国語への関心・意欲・態度			
	話す・聞く能力			
	書く能力			
	読む能力			
	言語についての知識・理解・技能			
社会	社会的事象への関心・意欲・態度			
	社会的な思考・判断・表現			
	資料活用の技能			
	社会的事象についての知識・理解			
数学	数学への関心・意欲・態度			
	数学的な見方や考え方			
	数学的な技能			
	数量や図形などについての知識・理解			
理科	自然事象への関心・意欲・態度			
	科学的な思考・表現			
	観察・実験の技能			
	自然事象についての知識・理解			
音楽	音楽への関心・意欲・態度			
	音楽表現の創意工夫			
	音楽表現の技能			
	鑑賞の能力			
美術	美術への関心・意欲・態度			
	発想や構想の能力			
	創造的な技能			
	鑑賞の能力			
保健体育	運動や健康・安全への関心・意欲・態度			
	運動や健康・安全についての思考・判断			
	運動の技能			
	運動や健康・安全についての知識・理解			
技術・家庭	生活や技術への関心・意欲・態度			
	生活を工夫し創造する能力			
	生活の技能			
	生活や技術についての知識・理解			
外国語	コミュニケーションへの関心・意欲・態度			
	外国語表現の能力			
	外国語理解の能力			
	言語や文化についての知識・理解			

Ⅱ 評 定

学年＼教科	国語	社会	数学	理科	音楽	美術
1						
2						
3						

学年＼教科	保健体育	技術・家庭	外国語
1			
2			
3			

特 別 の 教 科 道 徳

学年	学習状況及び道徳性に係る成長の様子
1	
2	
3	

総 合 的 な 学 習 の 時 間 の 記 録

学年	学習活動	観点	評価
1			
2			
3			

特 別 活 動 の 記 録

内容	観　点　＼　学　年	1	2	3
学級活動				
生徒会活動				
学校行事				

生 徒 氏 名

行 動 の 記 録

項　　目	学年	1	2	3	項　　目	学年	1	2	3
基本的な生活習慣					思いやり・協力				
健康・体力の向上					生命尊重・自然愛護				
自主・自律					勤労・奉仕				
責任感					公正・公平				
創意工夫					公共心・公徳心				

総合所見及び指導上参考となる諸事項

第1学年	
第2学年	
第3学年	

出 欠 の 記 録

区分 学年	授業日数	出席停止・忌引等の日数	出席しなければならない日数	欠席日数	出席日数	備　　考
1						
2						
3						

索　引

あ　行

アクティブ・ラーニング　90, 93, 115, 127, 199
預かり保育　56, 71
アドミッションポリシー　128
生きる力　43, 58, 59, 63, 69, 87, 104, 126, 197, 199
異文化理解　87
イリッチ（Illich, I.）　197, 210, 220
インクルーシブ教育　131, 132
ウェビング　165

か　行

外国語活動　35, 77, 81, 86, 87, 95, 100, 114, 118, 137, 142, 199
階層再生産　210
カウンツ（Counts, G. S.）　29
科学技術教育　195
科学的リテラシー　219
各教科等の特質に応じた見方・考え方　38, 46, 47, 48, 93, 105
学制頒布　185
学籍に関する記録　111, 216
学問中心カリキュラム　23, 25, 48, 197, 199
学力の３要素　45
『学歴社会　新しい文明病』　210
課題解決志向　172, 173
学級活動　82, 88, 103, 142
学級経営の充実　109, 110, 112
学校カリキュラム　8, 9, 10, 211, 212
学校管理規則　104, 214, 215
学校教育法　6, 45, 47, 56, 57, 69, 70, 78, 81, 82, 84, 88, 95, 96, 102, 104, 108, 111, 114, 124, 132, 136, 190, 194, 198, 199, 212-216, 220
学校教育法施行規則　6, 8, 56, 81-83, 85, 97, 99, 100, 102, 114, 115, 135, 136, 186, 190, 194-196, 214, 216
学校教育目標　91, 174, 214-216
学校行事　88, 103, 194
学校設定教科　125, 139
家庭科　51, 52, 119, 121, 144, 191, 192
家庭教育　3, 77, 219
家庭や地域との連携・協働　104, 109, 110

カリキュラム　3-6, 8-30, 33-37, 67, 87, 88, 92, 170-173, 177-179, 183, 185, 189, 193, 199, 200, 206, 212, 220
カリキュラム・デザイン　167, 174, 177
カリキュラム評価　5, 177-181
カリキュラム・マネジメント　5, 55, 71, 72, 75-77, 91, 96-98, 104, 107-109, 112, 115, 117, 126, 128, 129, 142, 148, 157, 167, 170-174, 177, 181, 183, 199, 215
環境　12, 15, 18, 33-35, 56-62, 64-68, 70, 71, 76, 94, 105, 109, 116, 141, 160, 162, 163, 196, 208, 211, 212
環境を通して行う教育　58, 64, 71
関心・意欲・態度　111, 197, 217
キー・コンピテンシー　42, 199, 220
基礎的な知識及び技能　78, 96, 199, 213
義務教育　56, 57, 69, 77, 78, 88, 96, 106, 113, 114, 129, 147, 187, 191, 192, 208, 213, 218, 219
義務教育学校　57, 89, 90, 96, 113, 147, 207
逆向き設計　179, 181, 183
キャリアプラン　116
教育課程行政　87, 170, 172
教育課程の基準の特例　89, 124, 125, 130
教育課程編成　3, 4, 38, 48, 53, 77, 78, 81, 84, 85, 92, 94, 99, 104, 113, 128, 129, 135, 141, 146, 157, 161, 170, 173, 174, 177, 193, 215
教育基本法　6, 55, 56, 70, 77, 78, 82, 84, 102, 104, 110, 131, 132, 198, 212-214, 219
教育基本法（旧法）　190
教育勅語　86, 186
教育内容の厳選　197
教育内容の現代化　23, 194, 195
教育内容の精選　185, 196
『教育の過程』　23, 37, 194
教育の人間化　197, 199
教育方法　5, 6, 8, 29, 32, 34, 136, 156
教育目標の具現化　170
教科学習　34, 88
教科課程　35, 36, 37, 185, 188, 191, 192
教科書　3, 9, 18, 22, 68, 71, 83, 86, 107, 112, 128, 135, 152-155, 157-161, 166, 187
教科カリキュラム　22
教科書教材　159-161
教科書検定　196
教科書裁判　196
教材単元　154
教科等横断的な視点　91, 92, 97, 98, 105, 107, 108, 129, 167, 173-176, 216

教科用図書　9, 85, 187
教材研究　165
教師の働きかけ　162
協働　16, 34, 84, 88, 90, 110, 117, 129, 172
キルパトリック（Kilpatrick, W. H.）　28, 30, 154
ギンタス（Gintis, H.）　211, 221
クラブ活動　88, 192
ケイ（Key, E.）　188
計画　3-6, 10, 15-17, 28, 32-34, 41, 50-53, 55, 58, 68, 70, 71, 85, 90, 91, 94, 98, 103, 107, 109, 111, 112, 122, 126, 128, 129, 142, 143, 146-148, 150, 151, 153, 154, 156, 157, 161-164, 166, 167, 169, 172-174, 177-183, 193, 213-215, 218
計画カリキュラム　167, 199, 215
経験カリキュラム　30
経験単元　150, 154, 155, 156, 161, 162, 163, 164, 165, 166, 169
形式陶冶　13, 14, 15, 28, 29, 39
形成的評価　86, 87
系統学習　22, 34
系統主義　43, 185, 189, 193, 200
健康　26, 59, 62, 64, 66, 70, 88, 91, 98, 103, 145, 199, 212, 216
言語能力　105, 118, 176
顕在的カリキュラム　17, 18, 19, 211
合科　32, 67, 82, 85, 92, 174, 175, 184
合科授業　82
合科的な指導　175, 197
公民科　118, 119, 197
言葉　4, 8, 16, 22, 48, 51, 59, 61-63, 65, 66, 68, 70, 76, 101, 142, 153, 154, 161, 175, 176, 193, 209, 212
子ども中心カリキュラム　30, 31, 34
子どもの求め　21, 29, 30, 32-35, 155, 162-164
個別の指導計画　131, 136, 143, 146, 147
コミュニケーション　41, 43, 85-87, 101, 121, 146

さ　行

産業社会と人間　123, 197
試案　84, 154, 161, 191, 195
シーケンス　5, 24, 214
思考・判断・表現　111, 115
思考力　13, 39, 40, 42, 65, 70, 78, 94, 138, 213
思考力・判断力・表現力（等）／思考力, 判断力, 表現力（等）　41, 44-47, 49, 63, 77, 90, 92, 93, 96, 98, 101, 102, 105, 115, 116, 118, 127, 128, 138, 141, 180, 189, 199, 217

資質・能力　13, 26, 34, 38, 41-50, 53-55, 63, 64, 67, 73, 77, 85, 88, 91, 92, 96, 98, 101-106, 112, 113, 115, 117, 118, 126, 127, 130, 140, 142, 144, 151, 156, 167, 175-177, 180, 183, 200, 212, 220, 221
持続可能な社会　84
実施カリキュラム　167, 199, 215
実質陶冶　13-15, 29
児童会活動　88
指導計画　8, 10, 67-73, 82, 85, 87, 98, 112, 126, 137, 141, 145, 154, 175, 179, 215
指導内容　6, 86, 87, 90, 138, 141, 146, 153, 156
指導に関する記録　111, 216
児童福祉法　56, 57
指導方法　86, 106, 111, 115, 127, 131, 138, 146
指導目標　140, 146
指導要録　111, 216, 217, 223-225
自発的な活動としての遊び　59, 62, 67, 68
市民科　82, 94
市民教育（シティズンシップ教育）　29
社会科　18, 52, 53, 82, 86, 175, 176, 180, 191, 193, 197
社会改造主義　27-29, 37
社会教育　3, 77, 219
社会スキル　41, 42
週当たりの授業時数　124
就学前教育　55, 58, 59, 68, 71, 76, 77, 92, 211
自由研究　191, 192
修身（科）　86, 185, 186, 190, 191
集団準拠評価　216, 217
自由七科（リベラル・アーツ）　207
主体的・対話的で深い学び　90, 93, 104-107, 109, 111-113, 115, 118, 126, 127, 129, 156, 199
主体的に学習に取り組む態度　45, 78, 90, 96, 111, 115, 180, 199, 213
主たる教材　9, 71, 157
小1プロブレム　93
生涯学習　116, 219
小学校設置基準　81, 89
職業教育　118, 123, 141
職業生活　141, 143
情報科　119, 121, 144
情報活用能力　105, 176
情報リテラシー　94
自立活動　135-137, 142, 144, 145, 148
人格形成　55, 58
人格の完成　213
新学力観　197
人生の始まりこそ力強く（Starting Strong）　211

身体の動き　138, 146
人的・物的資源　72, 74, 91, 174, 181
数学的リテラシー　219
スコープ　5, 22, 214
健やかな体　99, 199
スタートカリキュラム　212
スプートニク・ショック　185, 194
スペンサー（Spencer, H）　26, 27
スリー・アールズ（3R's）　17, 206
生活科　18, 35, 67, 142-144, 151, 152, 154, 155, 157, 159, 161, 166, 170, 197
生活課程　35-37
生活単元学習　143, 144
生活年齢　140-142, 144
生徒会活動　103
絶対評価　127, 216, 217
全国一斉学力調査　195
潜在的カリキュラム　16-20, 211
全日制　113, 114, 122, 124
専門学科　53, 113, 114, 116, 122, 123, 130, 139, 144, 197, 198
専門教科・科目　116, 123
総合学科　113, 114, 122, 123, 130, 197
総合的な学習の時間（総合学習）　8, 10, 22, 32, 34-37, 53, 77, 81, 82, 87, 93, 95-97, 100, 103, 111, 114, 116, 118, 121, 137, 155, 161, 166, 171, 182, 198
総合的な探究の時間　8, 114, 116, 119, 121, 123, 124, 129
創造性　13, 90, 114, 170, 172, 212
相対評価　216
素材　33, 66

た行

大学入試　116, 122, 127
体験学習　86, 90, 122, 126
体験活動の充実　118
タイラー（Tyler, R. W.）　5
確かな学力　98, 183, 199, 217
脱学校論　197, 210
単位時間　100, 115, 124, 148, 156
探究　24, 25, 30-32, 34, 35, 40, 44, 53, 65, 93, 94, 103, 113, 116, 119, 121, 124, 128, 155, 166, 178
単元　5, 8, 10, 82, 85, 105, 111, 144, 146, 150, 153-157, 159-167, 169, 170, 172, 174, 175, 178-180, 182, 184, 215
地域社会　75, 94, 111, 117, 129

知識・技能　14, 22, 38, 41, 45, 49, 63, 77, 87, 96, 111, 115, 127, 128, 217
知的障害　135-137, 139-143, 148, 149
地方教育行政法　193, 214, 215
中１ギャップ　93, 106
中央教育審議会　6, 7, 44, 72, 76, 83, 97, 115, 174, 215
中学校設置基準　89
中高一貫教育校　124, 125, 126
中等教育学校　113, 114, 124-126, 130, 147
調査書（内申書）　216, 217
地理歴史科　118, 119, 197
ツィラー（Ziller, T.）　153, 154
通級による指導　131, 132, 135, 136, 148, 149
通信制　113, 114, 122
定時制　113, 114, 122, 124, 207
デューイ（Dewey, J.）　28-30, 154, 188, 192
転移　14, 15, 19, 38, 39
ドーア（Dore, R.）　210
到達カリキュラム　199, 215
到達度評価　87, 198
道徳　28, 29, 32, 35, 65, 77, 81, 82, 86, 90, 95-97, 100, 102, 103, 111, 114, 116, 118, 129, 137, 142, 170, 187, 194, 195, 217
道徳教育推進教師　103
道徳教育の充実　98, 118
徳育　206, 214
特別活動　22, 35, 53, 77, 81, 82, 88, 96, 97, 100, 103, 111, 114, 116, 119, 137, 142, 170, 195
特別支援学級　131, 132, 135, 148, 149
特別支援学校　44, 72, 76, 78, 83, 91, 96, 97, 113, 115, 131, 132, 135, 136, 137, 138, 139, 140, 141, 144, 146, 148, 149, 215, 217
特別支援教育　131, 132, 133, 135, 147, 148, 149
読解力　86, 198, 219

な行

日常生活の指導　142, 148
人間関係　59, 62, 66, 88, 109, 110, 146, 212
人間性　45, 46, 47, 49, 63, 77, 92, 93, 96, 101, 102, 105, 114, 115, 118, 127, 141, 189, 196, 199
年間指導計画　3, 6, 8, 9, 10, 103, 146, 156, 167, 169, 170, 172, 184

は行

バーンステイン（Bernstein, B.）　209, 211

発見学習　24, 25, 90, 156
パフォーマンス課題　180, 184
判断力　78, 103, 213
汎用的（generic）認知スキル　41
必履修科目　119, 121, 130, 198
非認知的能力　40, 41, 42
評価規準・基準　177, 179
評価方法　86, 177, 179, 180, 183, 199
表現　6, 16, 24, 45, 47, 48, 49, 51, 59, 62, 63, 65, 66, 70, 85, 90, 101, 118, 119, 121, 154, 155, 161, 163, 167, 169, 198, 212
表現力　70, 78, 213
標準授業時数　81, 89, 99, 115, 196
標準単位数　115, 119, 123
部活動　100
普通科　113, 114, 121, 122, 123, 125, 130, 195, 197
ブルーナー（Bruner, J. S.）　23, 24, 25, 37, 194
ブルデュー（Bourdieu, P.）　209, 211
プログラミング　15, 94
文化資本　209, 219
ペスタロッチー（Pestalozzi, J. H.）　29
ヘックマン（Heckman, J.）　211, 220
ヘルバルト派　153
保育者　58, 59, 61, 63, 66, 68, 69, 73, 75, 76
保育所　55, 56, 57, 58, 64, 68, 212
保育所保育指針　55, 56, 57, 63, 64, 67, 73, 76, 212
法的拘束力　170, 194
ボウルズ（Bowles, S.）　210, 220
ホームルーム　124
ポートフォリオ評価　16
保健体育科　119, 121
ボビット（Bobbitt, F.）　26, 27
本質主義　21, 22

ま 行

マクレランド（McCleland, D.）　40, 41, 44
学びに向かう力　45, 46, 47, 49, 63, 77, 92, 93, 96, 101, 102, 105, 115, 116, 118, 127, 128, 141, 199
見方・考え方　43, 44, 46, 47, 49, 50, 52, 53, 58, 68, 75, 101, 103, 105, 106
メタ認知　43, 46
メリトクラシー　208
目的的活動　30, 154
目標準拠評価　216, 217
目標・内容水準　6, 10, 11, 167

森有礼　187
問題解決学習／問題解決活動　30, 31, 34, 86, 90, 154, 155, 162, 164
問題発見・解決能力　105, 176
モンテッソーリ（Montessori, M.）　188
文部科学大臣　6, 44, 56, 81-83, 97, 114, 214

や 行

融合カリキュラム　22, 92
豊かな心　90, 99, 199
幼児期の終わりまでに育ってほしい姿　55, 64, 66, 67, 72, 73, 76, 92, 212
幼稚園　6, 44, 55-59, 63-65, 67-76, 83, 91, 92, 97, 115, 136, 137, 197, 212, 215
幼稚園教育要領　55-57, 59, 63, 64, 66, 70-74, 92, 115, 212
幼保二元化　57
幼保連携型認定こども園　55-57, 64, 68
幼保連携型認定こども園教育・保育要領　55-57, 63, 64, 73, 213
読み書き算盤　185

ら 行

螺旋型カリキュラム　24
理数科　119, 121, 188
理数教育の充実　118
リテラシー　42, 200
領域固有知識　40, 43, 44, 49, 180
ルーブリック　179, 180
ルソー（Rousseau, J. J.）　29
レヴィ＝ストロース（Lévi-Strauss, C.）　51
連関性と協働性　172, 173

欧 文

3つの柱　44-47, 50, 54, 91, 92, 96, 101, 102, 115, 118, 199, 127
5つの領域　26, 59, 62, 73, 77, 102
21世紀型スキル　42, 199
OECD　42, 45, 198, 211, 219-221
PDCAサイクル　72-74, 91, 94, 167, 174, 177-180, 200, 216, 218
PISA　42, 198, 199, 219, 221

執筆分担（掲載順）　＊2019年1月現在

【編著者】

奈須正裕（なす・まさひろ）＝1章，2章，3章，9章，10章

1961年生まれ。東京大学大学院教育学研究科修了。博士（教育学）。上智大学総合人間科学部教授。専門は教育方法学，カリキュラム論，教育心理学。おもな著書に『「資質・能力」と学びのメカニズム』（東洋館出版社），『子どもと創る授業　学びを見とる目，深める技』（ぎょうせい），『カリキュラムと学習過程』（共編著，放送大学教育振興会）など。

坂野慎二（さかの・しんじ）＝7章，11章，12章

1961年生まれ。東北大学大学院教育学研究科修了。博士（教育学）。玉川大学教育学部教授。専門は教育経営学，比較教育学，教育課程論。おもな著書に『学校教育制度概論』（編著，玉川大学出版部），『統一ドイツ教育の多様性と質保証』（東信堂），『学力の総合的研究』（共著，黎明書房），『教育改革の国際比較』（共著，ミネルヴァ書房），など。

【執筆者】

津金美智子（つがね・みちこ）＝4章
名古屋学芸大学ヒューマンケア学部教授

今尾佳生（いまお・よしお）＝5章
玉川大学教育学部教授

湯藤定宗（ゆとう・さだむね）＝6章
玉川大学教育学部准教授

丹野哲也（たんの・てつや）＝8章
前文部科学省初等中等教育局視学官

玉川大学教職専門シリーズ
教育課程編成論 新訂版

2019年3月1日　初版第1刷発行
2025年3月20日　初版第6刷発行

編著者————奈須正裕・坂野慎二
発行者————小原芳明
発行所————玉川大学出版部
　　　　　〒194-8610 東京都町田市玉川学園6-1-1
　　　　　TEL 042-739-8935　FAX 042-739-8940
　　　　　www.tamagawa-up.jp
　　　　　振替 00180-7-26665
装幀————渡辺澪子
印刷・製本——株式会社精興社

乱丁・落丁本はお取り替えいたします。
©Masahiro Nasu, Shinji Sakano 2019　Printed in Japan
ISBN 978-4-472-40558-7 C3037 / NDC375